Daniel Huhn

RÜCKEROBERUNG

Die Geschichte von Manfred Gans,
der im Mai 1945 Deutschland durchquerte,
um seine Eltern aus dem KZ zu befreien

Hoffmann und Campe

Dieses Buch basiert auf der
Audible Original Podcast-Produktion
»Befreiung. Die Geschichte von Manfred Gans«.

Das Motto auf S. 9 stammt aus Amanda Gorman:
The Hill We Climb – An Inaugural Poem for the Country. Viking,
2021. Der Abdruck erfolgt mit freundlicher Genehmigung der Autorin.

Das Zitat auf S. 179f. stammt aus Stefan Heym:
Nachruf. C. Bertelsmann Verlag, 1988. Der Abdruck erfolgt
mit freundlicher Genehmigung des Verlags.

1. Auflage 2022
Copyright © 2022 Hoffmann und Campe Verlag, Hamburg
www.hoffmann-und-campe.de
Umschlaggestaltung: © Rothfos & Gabler, Hamburg
Karte im Vorsatz: Peter Palm, Berlin
Satz: Dörlemann Satz, Lemförde
Gesetzt aus der Stempel Garamond
Druck und Bindung: GGP Media GmbH, Pößneck
Printed in Germany
978-3-455-01319-1

HOFFMANN
UND CAMPE

Ein Unternehmen der
GANSKE VERLAGSGRUPPE

RÜCKEROBERUNG

Für meinen Vater

For while we have our eyes on the future,
history has its eyes on us.

Amanda Gorman – **The Hill We Climb**

Inhalt

Prolog

Der 29. Juli 2016 ist ein windiger Tag in Goes, einer niederländischen Kleinstadt. Der hoch aufragende Rathausturm und schmale rote Backsteinhäuschen umgrenzen den Marktplatz. Vor vielen Türen stehen Holzkübel, aus denen blühende Blumen ragen. Am Himmel über dem Stadtzentrum kreist ein Schwarm Möwen. Die Küste ist nicht weit. Die Straßen der beschaulichen Innenstadt sind allerdings menschenleer. Durchbrochen wird die morgendliche Ruhe nur von uns: einer Reisegruppe, die gut gelaunt und im Wirrwarr unterschiedlicher Sprachen durch die engen Gassen zieht, die an diesem Morgen wie eine Filmkulisse wirken – als ob sie eigens für uns Gäste aufgebaut wurden. Auf einem Parkplatz am Rande des Stadtzentrums wartet bereits ein Reisebus mit laufendem Motor und offenen Türen. Andy, unser Reiseleiter, steht an der vorderen Tür und mahnt zur Eile: Der Weg, der vor uns liege, sei weit und das Programm an den Zwischenstationen sehr umfangreich. Schnell verstauen die Letzten ihre Rollkoffer im Gepäckraum des Busses. Andy zählt durch. Alle sind da. Mit einem lauten Zischen schließt die Tür. Der Reisebus setzt sich in Bewegung. An Bord sind 18 Personen: die eine Hälfte der Gruppe stammt aus den USA, die andere Hälfte aus Israel. Sie sind Nachfahren der Familie Gans aus Borken im Münsterland und nun erstmals gemeinsam unterwegs, um sich auf die Spuren ihrer Familiengeschichte zu begeben. Hinten, in der letzten Reihe des Busses, nehmen Malte und ich Platz. Malte ist Historiker und im Auftrag der Stadt Borken dabei, um Recherchen zur Stadtgeschichte zu machen. Ich bin mit einer kleinen Filmausrüstung an Bord. Es geht los.

Dass ich mit im Bus sitze, habe ich dem Stadtarchivar Norbert Fasse aus Borken zu verdanken. Er rief mich nur wenige Wochen vor der Reise an und erzählte mir, dass er Ende des Monats die Nachfahren einer ehemals stadtbekannten jüdischen Familie erwarte. Er fragte, ob ich bei dieser Gelegenheit nicht einige Interviews mit ihnen führen wollen würde. Zu diesem Zeitpunkt war uns beiden noch unklar, was aus dem gesammelten Material der Reise entstehen könnte. Ich hatte zudem noch nie von Manfred, Theo und Karl, von Moritz und Else Gans gehört. Aber es bedurfte nur weniger Sätze, und ich wurde hellhörig – auch wenn mir damals die ganze Dimension dieser Geschichte noch nicht bewusst war.

Erst einen Tag vor der Abreise lernte ich die Familie Gans in einem Hotel in Amsterdam kennen: ein gemeinsames Abendessen, erste Gespräche in gemütlicher Atmosphäre, aber noch sind wir uns fremd und stecken die Themen vorsichtig ab. Ich habe unzählige Fragen, bin unsicher. Was kann ich fragen, was darf ich fragen, was muss ich fragen?

Am nächsten Morgen sitze ich dann inmitten der Großfamilie im Reisebus. Mehr als 1000 Kilometer liegen vor uns. Wir folgen den Spuren von Manfred Gans, der im Mai 1945 quer durch sein zerstörtes Heimatland fuhr, um seine Eltern zu suchen: von den Niederlanden quer durch Deutschland bis zum ehemaligen Ghetto Theresienstadt im heutigen Tschechien. Die Tage sind lang. Für die geplanten Interviews ist oft nur abends im Hotel Zeit – manchmal erst nach elf Uhr. Doch das Vertrauen wächst, und mit jedem Gespräch werden die Umrisse einer eindrücklichen Geschichte sichtbarer.

Als ich 2016 auf diese Reise ging, wusste ich nur, wohin sie mich geographisch führen würde. Welche Gespräche und Begegnungen vor mir lagen, habe ich nicht erahnt. Nach unserer gemeinsamen Reise besuchte ich einzelne Familienmitglieder in den USA und Israel und sammelte immer mehr Materialien zur Familienhistorie. Je länger ich die Briefe, Fotoalben und Tagebücher durchstöberte, umso spannender und vielschichtiger wurde die Geschichte, die sich um Manfred Gans, seine Eltern und Brüder entfaltete. Aus den Beobachtungen und Interviews entstand ein erster Zeitungsartikel, danach ein Hörfunkfeature und ein Dokumentarfilm über die Reise, später ein sechsteiliger Podcast bei Audible und nun dieses Buch, das den Raum bietet, Manfred Gans' bewegte und bewegende Lebensgeschichte zu erzählen.

Ein reicher Fundus an Briefen, Kalendernotizen und Tagebucheinträgen bildet die Grundlage dieses Buches und ermöglichte mir einen unmittelbaren Einblick in diese außergewöhnliche Biographie. Manfreds Spuren folgend, berührt die Erzählung viele große Themen jener Zeit: das Schicksal der deutschen Flüchtlinge in England, den D-Day und den weiteren Kriegsverlauf, die Umstände im Ghetto Theresienstadt, die Diskussionen um den Zufluchtsort Palästina, die gebrochene deutsche Nachkriegsgesellschaft. All das und noch viel mehr schildere ich weitestgehend durch die Augen und Worte von Manfred Gans, der Hauptfigur dieses Buches, der die Geschehnisse nicht nur durchlebt, sondern auch reflektiert hat. Um die Dimensionen seiner Welt einzuordnen, werden Orte und Ereignisse der Geschichte in kurzen Exkursen erläutert. Manfred Gans' Lebensgeschichte eröffnet eine bemerkenswerte Perspektive auf eine Zeit, die, von einer ideologiegetriebenen Unmenschlichkeit geprägt, bis heute schwer begreiflich bleibt und zugleich auch Zeugnisse tiefer Menschlichkeit hervorgebracht hat; eine Zeit, die immer weiter in die Ferne rückt, doch die einem gerade in diesen Tagen gesellschaftlicher und politischer Umbrüche immer wieder überraschend nah erscheint.

Rückkehr zum Ursprung

Der 12. Mai 1945 ist ein sonniger Samstag, bereits am frühen Mittag zeigt das Thermometer knapp 30 °C. In Goes, im Südwesten der Niederlande, packt der britische Offizier Frederick Gray einige wenige Sachen zusammen: zwei Straßenkarten, eine Handfeuerwaffe, etwas Verpflegung und ein Begleitschreiben seines Vorgesetzten. Frederick Gray hat erst am Tag der Abreise das Einverständnis des befehlshabenden Majors im Hauptquartier erhalten, auf eigene Faust Richtung Osten aufzubrechen: »Ihm soll jede Unterstützung zuteilwerden, um sein Vorhaben umzusetzen«, heißt es in dem Schreiben. Unterstützung kann er in der Tat brauchen. Denn er will quer durch das zerstörte Deutsche Reich fahren, wo die Lage in diesen Tagen chaotisch und unberechenbar ist. Sein Ziel ist das Ghetto Theresienstadt nahe Prag. Er hofft inständig, seine Eltern dort noch lebend zu finden.

Nur wenige Tage vor der Abfahrt hat Frederick Gray in seinem Einsatzort Goes ein Brief mit der Nachricht über den Verbleib seiner Eltern erreicht. Er stammt von einer Verwandten, Tante Erna, von der er schon Jahre nichts mehr gehört hatte. Sie konnte in Erfahrung bringen, dass sich seine Eltern Moritz und Else noch kurz vor dem Kriegsende im Ghetto Theresienstadt befanden. Frederick Gray hat sie zu diesem Zeitpunkt seit fünf Jahren nicht mehr gesehen und fast ebenso lang nichts mehr von ihnen gehört.

Kurz vor der Abfahrt stellt Bob, sein Fahrer, fest, dass die Bremsen des Jeeps nicht richtig funktionieren. Gray verspricht, dass sie das unterwegs regeln werden. Er will keine Zeit verlieren; wenn er seine Eltern in Theresienstadt antreffen will, zählt jeder Tag. Vor ihnen liegen immerhin gut 1000 Kilometer und viele unbekannte Herausforderungen. Was er auf dieser Reise erlebt, wird er kurz nach seiner Rückkehr aufschreiben: Die eng mit Maschine beschriebenen Seiten sind bis heute im United States Holocaust Memorial Museum in Washington erhalten. Der Stil: knapp, protokollarisch, eher unsentimental.

>Endlich: Wir sind startklar. Der Fahrer weiß erst seit einer Viertelstunde von dem geplanten Trip. Er ist aber voll und ganz einverstanden. ›Glückspilz‹ rufen ihm einige zu. […] Das Wetter ist perfekt. Wir tragen kurzärmlige Hemden, verlassen GOES gegen zwölf Uhr mittags.«[1]

In Roosendaal nehmen die beiden britischen Soldaten zwei Kanadier mit, die gerade aus Brüssel kommen, wo sie den »VE-Day«, den Siegestag in Europa, gefeiert haben. Die Deutschen hatten vier Tage zuvor kapituliert. Nach sechs Jahren schwerster Kämpfe herrscht endlich Frieden in Europa. In London versammeln sich Hunderttausende am Trafalgar Square, in Paris schwenken die Menschen die Tricolore und tanzen in den Straßen, am

Times Square in New York regnet es Konfetti. »*Have we had a time!*«, lassen die beiden Kanadier verlauten. Nun müssen sie zurück zu ihrer Einheit Richtung Bremen. Frederick und sein Fahrer beschließen, die beiden bis nach Münster mitzunehmen, wo sie am Abend Rast machen wollen. Doch kurze Zeit später, in Tilburg, müssen sie schon wieder anhalten. Die Bremse des Jeeps macht immer noch Probleme. Sie finden zwar eine Werkstatt, aber der Mechaniker lässt sich alle Zeit der Welt. Zeit, die Frederick Gray nicht hat. Er wird ungeduldig. Kurzentschlossen entscheidet er, dass sie mit dem defekten Jeep weiterfahren. Es ist schon spät am Nachmittag, als sie das Rheinufer bei Rees erreichen.

Der Rhein war die letzte große Hürde auf dem Vormarsch der alliierten Truppen im Westen gewesen. Die Deutschen hatten in den letzten Kriegstagen alle noch unversehrten Rheinbrücken oberhalb von Bonn gesprengt. Nun führt eine provisorische Pontonbrücke über den Fluss, der im Frühjahr 1945 viel Wasser führt. Bob manövriert den britischen Militärjeep vorsichtig über die Schwimmbrücke. Dann sind sie auf der anderen Rheinseite.

Mit der Überquerung des Flusses nähert sich Frederick Gray vertrauten Regionen. Obwohl er in Eile ist, beschließt er, noch einen Umweg zu machen.

»CLEVE – EMMERICH – BOCHOLT, überall totale Zerstörung. Bob, mein Fahrer, hat so etwas noch nicht gesehen und kann es nicht fassen. Die Kanadier reißen Witze: ›Da steht noch ein heiles Haus, da wohnen verdammte Einheimische, viel zu gut für die!‹ Meine Karte ist ungenau, aber ich kenne mich hier aus. Die Straßen sind in einem katastrophalen Zustand. Bocholt ist kaum noch zu erkennen, völlig zerstört. Ich erinnere mich an die schönen Tage, die Tage vor 1938.«[2]

Die »schönen Tage«, an die er sich erinnern mag, liegen für ihn schon weit zurück. Damals existierte noch kein Frederick Gray – damals hieß er noch Manfred Gans. Denn aufgewachsen ist der britische Offizier nicht in Großbritannien, sondern in der kleinen westfälischen Stadt Borken. Die Stadt hat er vor sieben Jahren verlassen, nun liegt sie nur noch 15 Minuten entfernt.

Als sie Borken erreichen, bittet Manfred seinen Fahrer, langsamer zu fahren. Er will nicht anhalten und auch nicht aussteigen, aber er will sich einen Eindruck verschaffen. Von vielen Häusern steht nur noch die wacklige Fassade, von anderen ist bloß ein großer Schutthaufen geblieben, vom Gymnasium bis zur Alten Post fast alles zerstört. Der britische Militärjeep biegt in die Bocholter Straße ein. Nach ein paar 100 Metern sieht Manfred schließlich hinter einem großen Baum stolz das Haus seiner Kindheit emporragen. Die hohe Backsteinmauer vorm Haus wurde abgetragen, und am Fahnenmast im Vorgarten weht nun die britische Flagge. Doch das Gebäude steht noch. Die alliierte Militärverwaltung hat hier erst wenige Tage zuvor ihr Hauptquartier eingerichtet. Es ist eines der wenigen Häuser in Borken, das unversehrt geblieben ist.

»Es sieht prächtig aus, das freut mich. Das wird den Jerries eine Lehre sein. Mit ihrem Hang zum Mystischen werden sie die Lektion schon verstehen.«[3]

Jugend in Borken

Borken ist eine Kleinstadt im westlichen Münsterland, nahe der niederländischen Grenze. Nicht weit vom Rhein, aber abseits der größeren Städte der Region gelegen. Landwirtschaft und Textilindustrie prägen die Stadt. Knapp 8000 Menschen leben in Borken in den zwanziger Jahren. Die meisten sind streng katholisch. Doch bereits seit über 600 Jahren leben auch Juden in der Stadt. Die Familie Gans gehört zu den bekannten Familien in Borken. Manfreds Großvater Carl Gans wanderte aus den Niederlanden ein. Mit Hilfe eines Heiratsvermittlers lernte er Amalia Windmüller kennen, die aus einer alteingesessenen Borkener Familie stammt. Entgegen dem damaligen Brauch, dass die Braut zur Familie ihres Mannes zieht, folgt Carl seiner Frau nach Borken, wo er einen Textilgroßhandel aufbaut. Das Paar bekommt zehn Kinder: fünf Jungen und fünf Mädchen. Der vierte in der Reihe ist Moritz, Manfreds Vater, ein lebhaftes und strebsames Kind. Im Alter von 16 Jahren, noch bevor er das Gymnasium beendet, geht Moritz für eine kaufmännische Ausbildung nach Frankfurt. Zurück in Borken übernimmt er schließlich zusammen mit seinen vier Brüdern die gut laufenden Geschäfte des Vaters.

Moritz bleibt seiner Heimatstadt eng verbunden, hat in Frankfurt aber auch das Großstadtleben schätzen gelernt. So zieht es ihn von Zeit zu Zeit nach Köln, um in einem der prächtigen Ballhäuser tanzen zu gehen, besonders zum Karneval. Dort lernt er kurz vor dem Ausbruch des Ersten Weltkriegs Else Fraenkel kennen, eine attraktive und selbstbewusste junge Frau. Die beiden verloben sich schon bald. Doch der Krieg zerschlägt ihre Heiratspläne. Wie seine vier Brüder kämpft auch Moritz für das deutsche Kaiserreich an der Front. Erst nach Kriegsende, 1918, kehrt er nach Borken zurück – dekoriert mit dem Eisernen Kreuz, aber zugleich schwer gezeichnet. Deutschland hat den Krieg verloren, Moritz ein Bein und einen Lungenflügel. Doch die Verlobung hält. Ein Jahr nach Kriegsende heiraten Moritz und Else und lassen sich in Borken nieder. Moritz ist da bereits 33, Else 27 Jahre alt. Sechs Jahre haben sie aufeinander gewartet. Nun geht alles ganz schnell. Innerhalb kurzer Zeit werden ihre Söhne Karl, Manfred und Theo geboren. Zwischendrin gründen sie gemeinsam die Firma M. & E. Gans – En Gros Export. Trotz der schwierigen wirtschaftlichen Situation nach dem Ersten Weltkrieg florieren die Geschäfte. Moritz und Else vertreiben Textilien und Schneidereibedarf in ganz Europa.

Nur ein paar 100 Meter vom Stadtzentrum entfernt, an der Bocholter Straße, kaufen Moritz und Else Mitte der zwanziger Jahre eine stattliche Villa. Zwei Säulen rahmen den Eingang, ein großer Balkon thront über einem üppigen Vorgarten. Familie Gans beschäftigt eine Haushaltskraft und einen Gärtner, und da Moritz nur ein Bein hat, stellt er auch einen Chauffeur ein, denn unter der Woche ist er auf Geschäftsreisen im In- und Ausland unterwegs.

Else Gans posiert im Garten, Borken 1931

Zum Schabbat ist er aber stets zurück in Borken. Moritz Gans ist jüdisch-orthodox aufgewachsen. Ihm sind die religiösen Gebote wichtig. Im Hause Gans wird koscher gespeist und am Schabbat geruht. Aus Liebe zu ihrem Mann passt Else sich dem orthodoxen Lebensstil an, obwohl sie eigentlich aus einer jüdisch-säkularen Familie stammt.

Else wuchs in Völksen bei Hannover auf. Als junges

Mädchen schickten die Eltern sie nach Brüssel auf ein Mädchenpensionat. Sie schwärmt für Musik. In den Briefen an ihre beiden Schwestern schreibt sie seitenweise und begeistert über die Aufführung einer Wagner-Oper oder von neuen Aufnahmen einer Mozart-Sonate. Else tritt weltgewandt, modern und locker auf. Im Sommer läuft sie gerne in Bademode durch den Garten, was nicht nur von den katholischen Nachbarn, sondern auch innerhalb der jüdischen Gemeinde kritisch beäugt wird. Für die Zeit ebenfalls eher ungewöhnlich ist, dass Else nicht bloß auf dem Briefbogen der Firma Gans steht, sondern als vollwertige Partnerin im Unternehmen agiert. Während ihr Mann durchs Land reist, übernimmt sie die Planungen im Büro und zieht nebenbei die Kinder groß, durchaus mit preußischer Strenge, aber auch mit viel Wärme.

Moritz Gans ist nicht nur ein erfolgreicher Geschäftsmann, sondern auch ein engagierter Bürger der Stadt. Er übernimmt den Vorsitz des Verbands der Kriegsopfer im Kreis Borken. Wenn einem Kriegsgeschädigten seine Versehrtenrente gekürzt werden soll, greift er entschieden ein. Er nutzt für diese Anliegen nicht selten auch das Personal seines Firmenbüros und interveniert häufig erfolgreich. Sein Einsatz verschafft ihm Ansehen unter den Mitbürgern, und so wird Moritz 1929 für die SPD in den Rat der Stadt gewählt. Er ist damit der erste jüdische Stadtverordnete in Borken und einer von nur zwei Abgeordneten der SPD überhaupt.

Auch wenn (oder gerade weil) Moritz selbst vier Jahre an der Front gekämpft hat, entwickelt er sich im Laufe der zwanziger Jahre zu einem entschiedenen Kriegsgegner. Politisch hat er mit dem Militarismus und Nationalismus des Kaiserreichs längst gebrochen. Während viele Menschen in Deutschland zu Beginn der zwanziger Jahre noch vom Trauma des Ersten Weltkriegs und den politischen Umwälzungen der jungen Republik verunsichert sind, ist das Ehepaar Gans in Aufbruchstimmung.

Der Terminkalender von Moritz Gans kennt während dieser Zeit kaum noch Lücken. Neben seinem stetig wachsenden Betrieb und seinem politischen Engagement ist er – wie sollte es anders sein – auch in der jüdischen Gemeinde aktiv und wird ihr stellvertretender Vorsitzender. Die Gemeinde zählt gut 100 Mitglieder und verfügt über eine Synagoge und eine kleine jüdische Schule. Manfred und seine Brüder lernen dort rechnen und schreiben, ebenso Hebräisch, jüdische Gesänge und die Schriften der Tora. Nach der vierten Klasse wechseln sie dann auf das katholische Gymnasium. Nachmittags besuchen sie trotzdem weiterhin den Unterricht von Bezabel Jehuda Locker, einem universal gebildeten und zionistisch orientierten Lehrer, den die Gemeinde extra aus Polen nach Borken geholt hat. Wie bei den meisten jüdischen Familien in Borken genießt die Bildung auch im Hause Gans einen besonderen Stellenwert; mindestens ebenso wichtig ist der Familiensinn.

Karl, Manfred und Theo wachsen in einer behüteten Umgebung auf, eingebettet in eine große Familie. Mehr als 20 Familienmitglieder leben in Borken und viele weitere in den nahe gelegenen Niederlanden. Der Zusammenhalt und die Wärme der Großfamilie zeigen sich besonders am Geburtstag von Oma Amalie, der auf den Silvesterabend fällt. Jahr für Jahr nehmen an diesem Tag alle Familienmitglieder Urlaub und kommen in Borken

Moritz und Manfred Gans im Garten, Borken circa 1938

zusammen: Amalies zehn Kinder, zweiundzwanzig Enkelsöhne und zwei Enkeltöchter.

Ein Fotoalbum aus dieser Zeit dokumentiert den Alltag von Manfred und seinen Brüdern und ist gespickt mit kleinen ironischen Kommentaren. »Deutschland erwache« steht unter dem ersten Bild im Album, auf dem man die drei Jungs noch etwas verschlafen, aber bereits mit neugierigen Blicken nach dem Aufstehen sieht. Es ist dieselbe Parole, die zu dieser Zeit auf unzählige Standarten der SA und NSDAP gestickt ist.

Zum Frühstück gibt es eine Schale Haferbrei, dann geht es in die Schule. Karl trägt schon stolz die Schülermütze der höheren Schule, Manfred und Theo ziehen mit einfacher Filzmütze »in den Kampf« – so die Bildunterschrift. Mittags essen sie auf der großzügigen Terrasse,

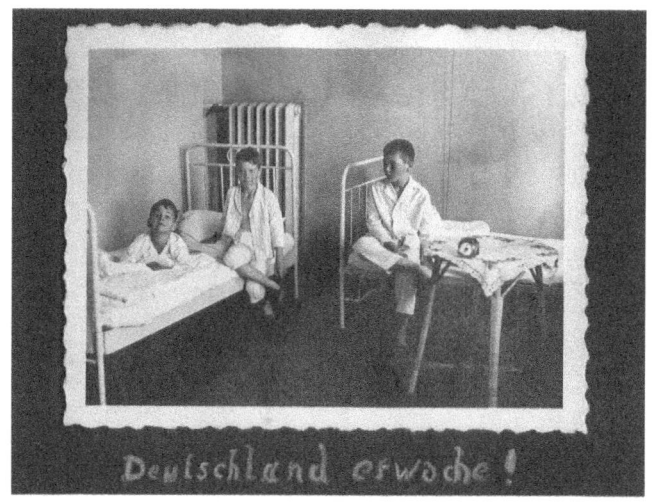

Theo, Manfred und Karl nach dem Aufstehen, Borken 1931

für die Hausaufgaben verteilen sie sich im geräumigen Bücherzimmer. Dann geht es »Auf zum D.J.K.«: Im katholischen Sportverein der Stadt spielen die drei Fußball.

Noch erleben Manfred und seine Brüder nur vereinzelt Antisemitismus. Zwar besuchen sie nicht-jüdische Freunde selten zu Hause, um nicht versehentlich den Speisegeboten der Tora untreu zu werden, aber das Freizeitleben findet ohnehin eher auf der Straße statt. Den Abend verbringen die Brüder mit Büchern oder, noch lieber, am Radio. Gut geputzt stehen da bereits die Schuhe vor der Tür für den neuen Tag bereit.

Das katholische Borken steht den aufstrebenden Nationalsozialisten Anfang der dreißiger Jahre skeptisch gegenüber. Die Zentrumspartei behauptet in der Stadt während der Weimarer Republik stets die Mehrheit und behält diese auch noch, als die NSDAP in anderen Regionen schon die Oberhand gewinnt. Von außen betrachtet ist die jüdische Gemeinde Borkens mit ihrer Synagoge im Ortskern voll integriert. Jedenfalls lassen die Vertreter der Stadt und der Kirche kaum eine Gelegenheit aus, die gute Gemeinschaft mit den jüdischen Bürgern zu betonen. Mit der Machtübernahme Hitlers im Januar 1933 ändert sich die Situation allerdings schlagartig – auch in Borken.

Zeitenwende

Der 30. Januar 1933 ist ein nasskalter Tag in Borken. Else sitzt mit ihren drei Kindern am Mittagstisch, das Radio läuft im Hintergrund. Plötzlich unterbricht der Nachrichtensprecher das laufende Programm. Der Ansager verkündet, dass ihm gerade eine Nachricht hereingereicht worden sei: Reichspräsident Hindenburg habe Adolf Hitler zum Reichskanzler berufen. Für Familie Gans wie für viele Millionen Menschen im Land kommt die Nachricht nicht völlig überraschend. Dennoch ist Else wie versteinert. Manfred, damals zehn Jahre alt, versteht ihre plötzliche Untergangsstimmung noch nicht. Als er in den folgenden Tagen in der Schule jedoch erlebt, welchen Jubel die Ernennung Hitlers unter einigen seiner Klassenkameraden auslöst, ahnt er, dass ihm eine schwere Zeit bevorsteht. Einen ersten Eindruck davon bekommt er schon wenige Wochen später.

Nach wochenlangen Vorbereitungen schwärmen am 1. April 1933 um Punkt zehn Uhr im ganzen Land junge Männer der Sturmabteilung (SA) aus und positionieren sich und ihre Kampfparolen vor jüdischen Geschäften, Kanzleien und Arztpraxen: »Deutsche! Wehrt Euch! Kauft nicht bei Juden!« steht auf ihren Schildern. Auch wenn der Einkauf in den jüdischen Geschäften (noch) nicht verboten ist, versuchen die Nationalsozialisten durch sozialen Druck den Betrieb der jüdischen Geschäfte zu stören. Die Uniformierten mahnen, beschimpfen und bedrohen Kunden, die ihrem Aufruf nicht folgen wollen.

Schon im Kaiserreich und auch noch während der Weimarer Republik ließen Polizei und Justiz antisemitische Hetzer oft tatenlos gewähren. Nun aber sind die Aktionen vom Staat verordnet.

Die Presse in Großbritannien und den USA hat bereits seit der Machtübernahme Hitlers die Maßnahmen der Nationalsozialisten aufmerksam und kritisch verfolgt. Erste Stimmen, die den Deutschen mit Handelsboykotten drohen, wurden schon kurz nach der Machtübernahme laut. Hitler ist wütend und macht eine Verschwörung des internationalen Judentums dafür verantwortlich. Seine Vergeltung lässt nicht lange auf sich warten und mündet dann in jenen sogenannten Reichsboykotttag am 1. April 1933.

In Borken positionieren sich vor dem Kaufhaus der jüdischen Familie Heymans die Braunhemden der SA. Manfred ist an diesem Tag in der Schule. Obwohl er und seine Brüder orthodox leben, müssen sie auch am Samstag zum Unterricht. Ihre Bücher bringen sie schon am Vortag zur Schule, da sie am Schabbat selbst nichts tragen wollen. Ihre Lehrer gestehen ihnen sogar zu, dass sie am Schabbat nicht schreiben müssen. An diesem Tag aber kommt es anders. Um kurz nach elf Uhr steht plötzlich Manfreds Klassenlehrer Heinrich Tinnefeld in der Tür und bittet ihn und die drei weiteren jüdischen Mitschüler, kurz auf den Flur zu kommen. Dort verkündet er ihnen, dass sie die Schule unverzüglich verlassen sollen, da er nicht für ihre Sicherheit garantieren könne. Also gehen Manfred, seine Brüder und die anderen jüdischen Mitschüler nach Hause, wo sie auf verblüffte Eltern treffen. Die Nachricht, dass man die Sicherheit der Schüler in der eigenen Schule nicht mehr gewähren könne, macht Manfreds Vater wütend. Er lässt seine guten Beziehungen spielen und ringt dem Schulleiter das Versprechen ab, dass die jüdischen Schüler zukünftig ohne Bedenken am Unterricht teilnehmen können. Manfred, Karl und Theo besuchen also wieder die Schule, wo sie nun jedoch endgültig zu Außenseitern geworden sind. Die drei Brüder und die verbliebenen sechs jüdischen Mitschüler fassen daher einen Entschluss: Fortan wollen sie sich konsequent von den nicht-jüdischen Schülern auf dem Schulhof fernhalten. Sie finden, dass die selbstbestimmte Abgrenzung leichter zu ertragen ist, als wenn sie bloß abwarten, bis die anderen Schüler sie ausgrenzen oder die Schule die Segregation gar anordnet.

Einen Monat später, am 1. Mai, organisiert der Ortsverband der NSDAP einen Aufmarsch in der Stadt. Während die Borkener katholischen Verbände den Nationalsozialisten noch zu Jahresbeginn voller Misstrauen gegenüberstanden, sind sie nun eifrig bemüht, im Zirkus der NSDAP mitzuspielen. So marschiert die katholische Jugend am »Tag der nationalen Arbeit« einträchtig neben der Borkener Hitler-Jugend. Manfred beobachtet die Parade vom Straßenrand aus. Plötzlich erkennt er inmitten der Menge ein bekanntes Gesicht: Sein Biologielehrer Peter Dahmen, den er eigentlich mag, trägt nun auch das Abzeichen der Partei.

Der Schulalltag im Nationalsozialismus wandelt sich nicht plötzlich, jedoch stetig. Im Deutschunterricht werden unliebsame Autoren aus dem Lehrplan gestrichen. Das Fach »Leibeserziehung« steht nun fast täglich auf dem Stundenplan und wandelt sich für die älteren Schüler zu einer vormilitärischen Ausbildung. Im Geschichtsunterricht wird den Schülern Ehrfurcht vor den Helden der deutschen Vergangenheit eingebläut und zugleich der deutsche Führungsanspruch in der Welt. Den wohl größten Umbruch erfährt das Fach Biologie, in dessen Mittelpunkt die sogenannte Rassenkunde rückt. Bereits in *Mein Kampf* proklamierte Hitler: »Es soll kein Knabe und kein Mädchen die Schule verlassen, ohne zur letzten Erkenntnis über die Notwendigkeit und das Wesen der Blutreinheit geführt worden zu sein.« In Borken übernimmt diese Aufgabe Biologielehrer Dahmen, der von nun an den Rassenkundeunterricht leitet. Gemäß Lehrplan vermittelt er die vermeintlich körperliche und seelische Überlegenheit der »nordischen Rasse« gegenüber anderen Volksgruppen, vor allem gegenüber den Juden. Manfreds Bruder Karl ist der Erste, der sich dieser Unterweisung aussetzen muss. Mit der zweibändigen Ausgabe *Soziologie der Juden* von Arthur Ruppin unter dem Arm zieht Karl in den Unterricht. Lehrer Dahmen trägt vor, warum Juden übermäßig oft verbrecherisch seien und sich kaum sozial engagieren würden. Zu jeder Behauptung, die sein Lehrer in den Raum wirft, liefert Karl

Gegenargumente. Die Mitschüler genießen das Spektakel; wohl weniger, weil sie Karl solidarisch zur Seite stehen, sondern weil sie der offene Schlagabtausch zwischen Schüler und Lehrer, zwischen David und Goliath, amüsiert. Als für Manfred zwei Jahre später der Rassenkundeunterricht ansteht, tut er es seinem Bruder gleich. Dr. Dahmen kommt erneut auf die Judenfrage zu sprechen. Er will seinen Schülern weismachen, die Juden hätten eine Veranlagung zum »Handelsmann«, und wieder freuen sich die Mitschüler über den Schlagabtausch, allerdings ohne für Manfred Partei zu ergreifen. In seinem Notizbuch resümiert Manfred die Stunde: »Zum Schluss glauben wir uns gegenseitig nichts mehr. Die Klasse macht Risches – außer den Anständigen.« *Risches* ist das jiddische Wort für Antisemitismus.

Einige Lehrer im Kollegium stehen den jüdischen Schülern jedoch so gut es geht zur Seite. Als Manfreds Cousin Karl-Heinz Gans als letzter jüdischer Schüler 1934 sein Abitur ablegt, erlaubt sich der Pfarrer und Studienrat Dr. Engelbert Niebecker gar eine Spitze. Er lässt den Abiturienten in der mündlichen Hebräischprüfung einen Absatz aus dem Alten Testament übersetzen. Dieser endet mit dem Satz: »Die Rache ist mein, ich will vergelten, spricht der Herr.« Den zwei uniformierten Nationalsozialisten im Prüfungsgremium, wohl eher ideologisch überzeugt als biblisch gebildet, bleibt der kleine Seitenhieb verborgen. Karl-Heinz Gans aber bekommt ein »Sehr gut« für die Prüfung und erinnert sich noch mehr als ein halbes Jahrhundert später an diesen kleinen Triumph.

Es ist jedoch unübersehbar, dass das NS-Regime seine Präsenz in den Schulen mit jedem Monat verstärkt. Bald

Manfred mit Schulmütze, Borken circa 1935

schon hängen Hakenkreuzfahnen vor dem Gebäude und Porträts von Adolf Hitler in den Klassenzimmern. Schulfeiern werden nun mit dem Deutschlandlied und dem Horst-Wessel-Lied beschlossen. Um diese Schmach nicht über sich ergehen lassen zu müssen, haut Manfred vorher meist heimlich ab. Anfang 1937 verkündet Rektor Dr. Alex Hermandung stolz, dass vor dem Schulgebäude demnächst auch die Fahne der Hitler-Jugend wehen werde. Dies war keine Selbstverständlichkeit, sondern eine Auszeichnung für die Schulen, die nachweisen konnten, dass mehr als 90 Prozent der Schülerschaft der Hitler-Jugend beigetreten waren; eine Quote, die das Borkener Gymnasium kurz zuvor erreicht hatte. Verglichen mit anderen Schulen war das eher spät.

Manfred ist mittlerweile einer von drei verbliebenen jüdischen Schülern. Der Schulalltag wird für ihn immer unerträglicher. Einer der Lehrer nimmt die jüdischen Schüler im Unterricht gar nicht mehr dran, ein anderer gibt ihnen durchgehend die schlechtesten Noten – aus Prinzip.

Die Lokalzeitung ist da bereits längst gleichgeschaltet und preist die Schmähungen gegen Juden als Wohltaten. Lediglich die Presse aus den nahe gelegenen Niederlanden beobachtet die Entwicklung mit Sorge und berichtet regelmäßig über den Sittenverfall im Nachbarland, etwa als im Mai 1935 SA-Männer am Schabbat die Tür zur Synagoge im Borkener Ortsteil Gemen aufstoßen und die Gemeindemitglieder mitten im Gebet beschimpfen, bespucken und mit Steinen bewerfen. Kurze Zeit später besiegeln die Nürnberger Gesetze die weitgehende Entrechtung der Juden. Die letzten Hemmungen fallen. Wer es weiterhin wagt, in einem jüdischen Geschäft einzukaufen, muss befürchten, kurze Zeit später am sogenannten Stürmer-Kasten bloßgestellt zu werden – so heißt der Aushang der antisemitischen Propagandazeitung *Der Stürmer*, die am Marktplatz im Ortszentrum von Borken ausgestellt ist.

Aufgrund der immer weitreichenderen wirtschaftlichen Einschränkungen müssen Moritz und Else Gans ihre Büroräume im Stadtzentrum aufgeben. Ihren Betrieb führen sie so gut es geht von zu Hause weiter. Es ist noch nicht lange her, da gehörten sie zu den wohlhabendsten Borkener Familien, nun ist ihnen die Grundlage jeder wirtschaftlichen Existenz genommen. Es wird immer klarer, dass nur die Auswanderung einen Ausweg bieten könne. Bereits 1934 hatte Moritz auch im niederländischen Utrecht ein Unternehmen aufgebaut. Nun nutzt er seinen Firmensitz dort sowie viele weitere geschäftliche Kontakte im Ausland, um Bekannte bei der Ausreise zu unterstützen. Zusammen mit seinem Schwager Alexander Moch beobachtet er die Situation aufmerksam. Gemeinsam loten die beiden verschiedene Fluchtoptionen aus. So reisen sie 1935 zusammen nach Palästina, um sich ein eigenes Bild von den jüdischen Siedlungen dort zu machen. Mit guten Neuigkeiten kehren sie zurück. Henny, Elses Schwester, war bereits kurz nach Hitlers Machtübernahme emigriert. Mit ihrem Mann hat sie sich inzwischen ein gutes Leben in Tel Aviv aufgebaut. Sie ist bereit, eines der Gans-Kinder aufzunehmen. Doch noch wollen Moritz und Else abwarten, denn je älter die Jungs, desto leichter wäre es, sie ziehen zu lassen. Nur ein Jahr später ist es dann aber so weit. Als Erster im Hause Gans ist Manfreds älterer Bruder Karl an der Reihe. Sein Vater begleitet ihn den weiten Weg bis nach Triest. Wenige Tage nach seinem 16. Geburtstag betritt Karl dort ein Schiff, das ihn nach Palästina bringt. Noch an Bord beschließt er, seinen jüdisch-orthodoxen Glauben und seinen deutschen Namen abzulegen. Weder mit dem Land, aus dem er stammt, noch mit den vielen religiösen Konventionen, die sein Leben bisher prägten, will er fortan zu tun haben. Beides empfand Karl schon länger bloß als eng und lästig. Unter dem Namen Gershon Kaddar immatrikuliert er sich auf der Mikwe Israel, einer führenden Landwirtschaftsschule. Unterkunft findet er bei seiner Tante Henny in Tel Aviv.

Wie es in Borken weitergeht, erfährt Gershon (für die Familie weiterhin Karl) aus den Briefen seines jüngeren Bruders Manfred. Dem gelingt es, sich trotz all der Einschränkungen und Ausgrenzungen einen abwechslungsreichen Alltag zu gestalten, auch weil die Familie noch einige finanzielle Rücklagen hat. Er erkundet mit dem Fahrrad die umliegenden Dörfer, baut aufwendig konstruierte Modellflugzeuge und unternimmt sogar kurze Reisen. Mit seinen Cousins fährt er für eine Woche nach Hamburg – mit vollem Programm. Regelmäßig geht er ins Kino und verpasst kaum einen Kassenschlager der boomenden Filmbranche. Er verschlingt die Bücher von Karl May, liest aber auch eifrig Romane und politische Literatur von Autoren, die längst verboten sind. Manfred musiziert und fotografiert. Vor allem aber organisiert er sich in einer Gruppe jüdischer Jugendlicher, die hitzig über kulturelle und politische Themen diskutiert. Alles dreht sich um die zentralen Fragen: Wie lange können sie noch bleiben, und wo werden sie eine Zuflucht und ihre Zukunft finden? Mit seinen Eltern beratschlagt Manfred verschiedene Optionen: Soll er seinem Bruder schon bald nach Palästina folgen? Oder sich zunächst in Deutschland auf die Auswanderung vorbereiten und eine der vielen jüngst aufgebauten jüdischen Landwirtschaftsschulen besuchen? Soll er sich lieber in den vermeintlich geschützten Raum eines jüdischen Internats begeben? Oder wäre es doch die bessere Option, Verwandten und Bekannten der Eltern nach England oder in die USA zu folgen?

Während im Hintergrund auf Hochtouren Auswanderungspläne geschmiedet werden, läuft der Alltag weiter. Im April 1938 muss Moritz Gans in der *Borkener Zei-*

tung lesen, dass er seinen verbliebenen Besitz fortan dem Finanzamt melden muss und dieses sich vorbehält, sein Vermögen »im Interesse der deutschen Wirtschaft« zu beschlagnahmen. Moritz, den zu dieser Zeit keine antijüdische Maßnahme mehr überraschen kann, ist weitsichtig genug gewesen, einen Teil seines Geldes noch rechtzeitig über die Grenze zu bringen. Ihren Geschäftsbetrieb in Borken müssen die Eheleute Gans aber bald einstellen. Fortan leben sie vom Ersparten.

Dennoch wird in dieser sorgenvollen Zeit noch einmal groß gefeiert. Im Mai 1938 ist das Haus der Familie Gans voller Menschen. Moritz und Else laden zur Bar-Mizwa ihres jüngsten Sohns Theo ein. Die lange Kaffeetafel reicht über drei Räume. Am stilvoll eingedeckten Tisch sitzen dicht beieinander knapp 30 Gäste. Frischer Spargel mit Zunge und Pökelbrust wird gereicht, dazu »Salat Modern«. Es wird der letzte Anlass sein, zu dem die Großfamilie zusammenkommt – und die letzte Bar-Mizwa, die in Borken begangen wird.

Obwohl fast alle in der Stadt Manfred, Theo und ihre Cousins kennen, will spätestens ab 1938 niemand mehr mit ihnen gesehen werden oder gar mit ihnen sprechen. Die Stimmung wird immer feindseliger. Einmal wird Manfred auf offener Straße schwer angerempelt. Ein anderes Mal bekommt er beim Boxtraining gewaltig Haue, weil er Jude ist. Welche Erlösung muss in dieser Situation wohl der Besuch von Familie Lamm gewesen sein, die sich für den Sommer angekündigt hat.

Besuch aus Berlin

Leo Lamm ist ein Bekannter von Moritz Gans. Beide haben gemeinsam in Frankfurt am Main eine kaufmännische Ausbildung durchlaufen. Auch als Moritz zurück nach Borken geht und Leo einen Betrieb in Berlin aufbaut, bleiben sie in engem Austausch.

Als Manfred vom Besuch der Lamms erfährt, wird er sich aber wohl weniger auf Leo und Margarete Lamm als vielmehr auf deren Tochter Anita gefreut haben.

Anita ist ein Berliner Mädchen, wie sie später immer wieder betonen wird. Sie ist ein Jahr jünger als Manfred. Ihr Vater Leo führt, ähnlich wie Moritz Gans, einen Textilgroßhandel mit dem eleganten Namen »Spitzen & Neuheiten«, prominent gelegen in der Berliner Friedrichstraße. Er ist von Modeschau zu Modeschau durch ganz Europa gereist. Die Mutter Margarete (Gretel) ist ausgebildete Pianistin. Ihre Welt ist die pulsierende Berliner Kulturszene der Goldenen Zwanziger. Auch die junge Anita und ihre ältere Schwester Lilo genießen das Großstadtleben. Lilo erinnert sich später, wie Anita und sie Anfang der dreißiger Jahre über den Kurfürstendamm flanierten, wie an jeder Ecke Wörter aus den unterschiedlichsten Sprachen schwirrten. Die beiden Schwestern beschließen, sich mindestens ebenso weltgewandt zu geben wie die Leute um sie herum. Weil sie jedoch noch keine Fremdsprache beherrschen, erfinden sie einen bunten »Mischmasch« aus fremd klingenden Kunstwörtern und exotisch anmutenden Akzenten. Groß gestikulierend ziehen sie an den Cafés, Kinos und Theatern vorbei, in der festen Hoffnung, für weitgereiste Damen aus Russ-

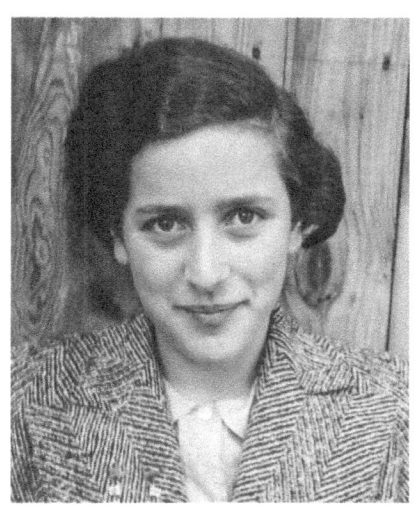

Anita in Berlin, circa 1937

land, Frankreich oder Italien gehalten zu werden. Von diesem kosmopolitischen Geist sind die beiden Schwestern umgeben – bis die Nationalsozialisten auch ihre Lebenswelt zersetzen.

Unter dem Eindruck der NS-Herrschaft werden im Hause Lamm, wie auch bei Familie Gans, bereits seit einiger Zeit Auswanderungspläne geschmiedet. Für Leo und Gretel Lamm ist klar: Sie wollen in die USA. Doch die Vereinigten Staaten begrenzen den Zuzug von Immigranten immer mehr. Bei einer Konferenz in Évianles-Bains am Genfer See im Juli 1938 beraten Vertreter von 32 Staaten und 24 Hilfsorganisationen über die Aufnahme jüdischer Flüchtlinge aus Deutschland und Österreich. Das Ergebnis ist ernüchternd. Mit Ausnahme der Dominikanischen Republik weigern sich alle Staaten, mehr Flüchtlinge aufzunehmen. Die USA schreiben eine Obergrenze für Einwanderer aus Deutschland und Österreich fest. Nur noch knapp 30000 Flüchtlinge pro Jahr dürfen einreisen. Vor den Konsulaten in Berlin und Wien bilden sich lange Schlangen. Die Wartezeit auf ein Visum beträgt im Sommer 1938 bereits mehrere Monate. Ohnehin dürfen nur noch diejenigen einreisen, die sicherstellen können, dass sie dem amerikanischen Staat nicht zur Last fallen werden. Für ihren Weg in die Neue Welt benötigt Familie Lamm daher ein sogenanntes Affidavit, eine Bürgschaftserklärung, in der ihnen ein Bewohner in den USA garantiert, für ihren Unterhalt aufzukommen. Sie setzen all ihre Hoffnung in Herbert Piek, einen Cousin von Anitas Mutter, der in New York lebt und dort einen erfolgreichen Geschirr- und Porzellanhandel führt, somit also über die nötigen finanziellen Kapazitäten für das begehrte Affidavit verfügt. Ein reger Briefverkehr zwischen Berlin und New York setzt ein, und die Bitten haben schließlich Erfolg. Herbert Piek verbürgt sich beim amerikanischen Generalkonsul in Berlin, um Familie Lamm den Weg in die USA zu ermöglichen. Moritz Gans wiederum nutzt seine Kontakte, um für die befreundete Familie eine Schiffspassage zu organisieren. Im Juli 1938 ist es dann so weit. Mit gepackten Koffern verlassen Anita und ihre Eltern Berlin. Ihre Schwester Lilo war schon zuvor in die USA aufgebrochen. Die Abfahrt ist geprägt von gegensätzlichen Gefühlen. In den Schmerz über den Abschied mischt sich die Hoffnung auf ein unbescholtenes Leben. Ihr Schiff wird im französischen Hafen Le Havre ablegen. Auf halber Strecke dorthin liegt die Kleinstadt Borken.

Als Manfred und Anita sich im Juli 1938 in Borken begegnen, ist es für sie ein freudiges Wiedersehen. Die beiden haben bereits mehrere Sommer gemeinsam auf einem Gutshof in dem kleinen Örtchen Neuendorf verbracht, knapp 100 Kilometer östlich von Berlin gelegen. Dort befindet sich seit Anfang der dreißiger Jahre eine Ausbildungsstätte für jüdische Mädchen und Jungen. Das sogenannte Landwerk Neuendorf ist eines der größten Lager der Hachschara-Bewegung (zu Deutsch: Tauglichmachung), die in dieser Zeit zahlreich im ganzen Land entstehen. Ziel der Hachschara war es, jüdische Mädchen und Jungen beruflich wie kulturell auf ihre Auswanderung nach Palästina vorzubereiten. Denn wegen der rechtlichen und sozialen Ausgrenzung im NS-Staat waren die jüdischen Jugendlichen auch um ihre Berufsperspektiven gebracht. Vor diesem Hintergrund reagierten jüdische Organisationen mit dem Aufbau beruflicher Ausbildungsstätten, darunter vor allem Landwirtschaftsschulen, die dazu beitragen sollten, einen Weg nach Palästina zu ebnen. Seit Januar 1933 wurde das Landwerk Neuendorf von Alexander Moch geleitet, der nicht nur Manfreds Onkel war, sondern auch ein Bekannter der Familie Lamm. Zwar durchliefen weder Manfred und seine Brüder noch Anita und ihre Schwester dort eine Ausbildung, denn dafür waren sie noch zu jung, doch sie verbrachten regelmäßig ihre Sommerferien in Neuendorf und lernten sich so besser kennen. Erst wenige Wochen vor dem Besuch der Familie Lamm hatten Manfred und Anita sich in Neuendorf getroffen. Dort waren sie stets umringt von vielen Gleichaltrigen. Nun, in Borken, sind die beiden weitestgehend unter sich, streifen durch die umliegenden Felder und Wälder. Ein Foto aus diesen

Tagen zeigt Manfred und Anita auf dem Auto der Familie sitzend. Lachend und unbeschwert schauen sie in die Kamera. Abseits der Kamera, oben auf dem Dachboden im Hause Gans, werden Manfred und Anita sich kurze Zeit später zum ersten Mal küssen. Es sind nur vier Tage, die sie gemeinsam verbringen – lang genug, dass die beiden sich hoffnungslos ineinander verliebt haben. Ihr Glück währt jedoch nicht lange. Familie Lamm muss weiter: Über Brüssel und Paris geht es nach Le Havre auf die *NORMANDIE*, den elegantesten, luxuriösesten und schnellsten Ozeandampfer seiner Zeit. Schon am 11. Juli 1938 erblicken Anita und ihre Eltern staunend die Skyline von New York am Horizont. In Borken sitzt Manfred und beginnt Anita zu schreiben.

»Was waren auf dem Schiff für Menschen? Du wirst wohl Gelegenheit gehabt haben, Dich zu amüsieren! [...] Siehst und fühlst Du viel Neues? Das ist eine etwas putzige Frage, aber ich kann das nicht anders ausdrücken! Du wirst schon wissen, was ich meine. Sieh Dir nur möglichst viel allein an. Dann sieht man meistens die Dinge so, wie sie sind; sonst guckt man doch nur durch die Augen der anderen. Das gilt nicht für Sehenswürdigkeiten, sondern für lebenswichtige Dinge, z.B. Armenviertel, Geschäftshäuser etc.«[1]

Bereits einige Tage nach der Abfahrt von Familie Lamm beginnt Manfred mit den eigenen Reisevorbereitungen. Nach Karl ist nun er an der Reihe. Die Eltern sagen, es sei nur für den Sommer. In England soll er Englisch lernen, da er im Herbst auf ein jüdisches Internat bei Berlin gehen werde und dort gute Englischkenntnisse gefordert seien. Manfred ist nicht enttäuscht über die Nachricht. Im Gegenteil: Er kann es kaum erwarten. In London – so hofft er – könne er wieder durch die Straßen ziehen und mit jedem sprechen. Niemand dort würde ihm das verbieten, bloß weil er Jude ist.

Fremd in England

Am 13. Juli 1938 bekommt Manfred das Visum für England. Zwei Tage später verlässt er Deutschland. Es ist ein
Abschied, aber vor allem ein Aufbruch. Die Eltern bringen ihn über die Grenze in die Niederlande. Am Grenzübergang wird die Familie ausgiebig kontrolliert. Der
Vater erklärt, dass sie bloß für den Schabbat Verwandte
in Winterswijk besuchen wollen, einem Städtchen gleich
hinter der Grenze. Doch anders als für die Eltern wird
es für Manfred nicht zurück nach Borken gehen. Er
bleibt noch für eine Nacht bei Onkel Bennie und Tante
Berta de Leeuw und nimmt dann am Sonntag einen Zug
von Winterswijk nach Rotterdam. Der jüdische Festtag
Schiwa Assar beTammus fällt auf diesen Tag, normalerweise ein Fastentag für Manfred, dem religiöse Gebote
wichtig sind. Seinem kleinen Taschenkalender, den er auf
der Reise bei sich trägt, vertraut er an, dass er »halb ge-
fastet« hat.

Am Abend des 17. Juli 1938 geht Manfred im Küsten-
städtchen Hoek van Holland an Bord eines Schiffes, das
ihn nach England bringt. Während der nächtlichen Überfahrt stürmt es heftig. Manfred ist 16 Jahre alt. Hebräisch,
Latein und auch Französisch hat er in der Schule flei-

ßig gelernt, aber Englisch spricht er noch so gut wie gar nicht.

Über Bekannte hat sein Vater im Vorfeld eine Kontaktperson in London gefunden und arrangiert, dass Manfred zunächst bei der Familie Jakobs in Golders Green unterkommen kann, einem jüdisch geprägten Stadtteil im Norden Londons. Herr Jakobs ist Versicherungsvertreter und ein entsprechend geselliger Typ. Er verbringt viele Abende zusammen mit Manfred im Kino oder bei der gemeinsamen Zeitungslektüre. Die Jakobs sind gut vernetzt in der jüdischen Gemeinde und stellen Manfred den unterschiedlichsten Leuten vor. Viele der Verbindungen aus dieser Zeit werden ihn während seiner Englandjahre begleiten.

Die Vormittage verbringt Manfred nun damit, sein Englisch zu verbessern. Nachmittags unternimmt er Streifzüge durch die Stadt. Mit staunenden Augen erkundet der Junge aus der westfälischen Provinz die Metropole. Zu Hause in Borken liebte Manfred es, allein durch das Umland zu ziehen. In London ist er nun einer unter acht Millionen.

> »Das Volk lässt sich hier am besten in den Pärken und in den Geschäften beobachten. Ist Dir auch aufgefallen, dass der gemeine Mann hier furchtbar säuft? Es ist fast so schlimm wie in Borken.«[1]

Alles, was Manfred während seiner ersten Tage in London sieht und fühlt, beschreibt er in seinen Briefen an Anita.

»Donnerstag machte ich meinen ersten größeren Ausflug.
Ich fuhr zum Marble Arch. Von dort aus ging ich quer
durch den Hyde Park, der mich aber sehr enttäuschte.
Nachdem ich mich richtig verlaufen hatte, kam ich zum
Buckingham Palace. Dort schaute ich dem Exerzieren
der Leibgarde in den Kasernen zu. So ein Blödsinn!! [...]
Dann marschierte ich zurück zum Marble Arch, wo einige Volksredner sprachen. Einer sprach gegen die Regierung; er wurde furchtbar ausgelacht. Dann sprach ein
Zionist, forderte den Judenstaat in ganz Palästina. Ich
hätte den Kerl fast totgehauen. Das Volk machte wahn-
sinnige Risches.«[2]

Zehntausende jüdische Auswanderer kommen 1938 und
1939 nach England, darunter viele Kinder. Zahlreiche Familien in England nehmen sich der jungen Flüchtlinge
an, doch Teile der Bevölkerung reagieren mit Unbehagen und Widerstand. Manfred spürt die Spannungen und
fragt sich und Anita, »ob die hier auch Faschisten werden?«. Er überlegt zunächst, ob er ihr nicht nach New
York folgen solle, doch er will seine Rücklagen für die
teure Überfahrt lieber noch nicht antasten. Und Anita
schreibt von dort, dass auch in New York eine antisemitische Welle zu befürchten sei:

»Das kann gefährlich werden, die Amerikaner, ich meine
die Juden sind hier wie die Juden in Deutschland 1925.
Vielleicht auch später. Niemand hatte damals die Gefahr gewusst und niemand weiß sie hier. Wie lange kann
es noch dauern und Hitlers Idee ist über ganz Amerika,
teilweise ist sie schon hier. Die Amerikaner glauben nicht
dran: ›No, no, it can not happen here!‹ sagen sie, ich hoffe,

sie haben damit recht. Eine große antisemitische Welle kommt hier nach New York durch die Emigranten. Früher war es eine Sensation, einen Deutschen hier zu treffen, jetzt ist es eine Sensation einen Amerikaner auf dem Broadway zwischen 85. und 110. Straße zu treffen.«[3]

Anita ist mit ihren Eltern in einer Wohnung in der Upper West Side untergekommen. Sie geht zur Schule und lernt nebenher Lederhandschuhe zu nähen. Ihre Mutter zieht zwischen New Yorker Bürotürmen umher und verkauft Nylonstrümpfe. Ihr Vater Leo Lamm, der vor der Emigration Textilien an europäische Topdesigner verkauft hat, arbeitet zunächst als Hausmeister. Nur ihre Schwester Lilo findet nach einiger Zeit eine gute Anstellung. Sie arbeitet bei der deutschsprachigen jüdischen Zeitung *Aufbau*, wo sie den Mitgründer und langjährigen Herausgeber Norbert Goldenberg kennenlernt, der später ihr Ehemann wird. Schon bald nach ihrer Ankunft in den USA erreichen die Lamms zahlreiche Hilfsgesuche aus Berlin. Es melden sich Bekannte, die um die Vermittlung eines Jobs oder eines Affidavits bitten. Anita verbringt ihre freie Zeit nun damit, auf den Straßen von New York Spenden für jüdische Hilfsorganisationen zu sammeln. Ein Teil von ihr ist noch ganz in Europa verhaftet. Von ihren Berliner Freundinnen konnte sie sich nicht verabschieden, neue Freundinnen in New York hat sie noch nicht gefunden. Manfred bleibt ihre wichtigste Bezugsperson.

»Weißt Du, hier ist alles nur ganz nett, nischt weiter. Ich habe mich für noch nichts begeistern können. […] Manfred, es wäre fabelhaft, wenn Du herkommst. Du schreibst, dass Du brennend gern wissen möchtest, was aus mir geworden ist, wenn wir uns wiedersehen. Bis jetzt kann ich Dir nur sagen, dass ich noch ziemlich dieselbe Anita bin, wenigstens so komme ich mir vor. Übrigens, schminken tue ich mich noch nicht, trotzdem wir schon sieben Monate hier sind. Und ich glaube, ich bin auch noch nicht so oberflächlich geworden. Ich habe noch dieselben Ideen und Gedanken. Ich sträube mich gegen die Amerikanisierung, richtig Angst kriege ich davor, grässlich.«[4]

Manfred kann nicht verhehlen, dass er beglückt ist zu hören, dass Anita noch nicht allzu viele neue Freunde gefunden hat. Wenigstens gehört sie dann noch ganz ihm. Er bittet sie, doch so oft zu schreiben, wie es ihr Geld nur zulasse, und fügt hinzu:

»Ich glaube, es ist nicht schön, dass man sich erst befreundet, um sich dann auf Jahre zu verlassen, und von einer entfernten Freundschaft wird nur in Kitschromanen gezehrt. Im Leben selbst geht das doch verdammt anders her.«[5]

Manfred mahnt Anita, ihrem alten Leben bloß nicht zu sehr nachzuhängen, sondern sich ganz auf ihr neues Leben einzulassen. Sie wollen Brieffreunde bleiben, schreibt er, aber auf mehr solle sie über die große Entfernung und in diesen unsicheren Zeiten nicht hoffen. Ihrer noch jungen Beziehung sagt er, angesichts der Entfernung, keine große Zukunft voraus.

»Im Allgemeinen bleibt so etwas, wenn man sich nicht sieht, ein Jahr. Vielleicht bleibt das bei uns länger, weil wir beide wenig unter anderen Menschen sind. Aber Anita, ich will Dich nicht unglücklich machen. Das heißt, um ganz deutlich zu werden: Wenn Du einen anderen liebst (und das ist menschlich und nur ein Zeichen von Gesundheit), dann: weg von mir! Ich werde Dir das in keiner Weise verübeln. Ich habe Dir ja schon mal etwas Ähnliches geschrieben. Sehen wir uns nach einiger Zeit wieder und wir sind beide noch frei, dann gut, dann fangen wir beide noch einmal von vorne an. Wenn nicht, dann soll jeder auf seine Weise glücklich werden. – Liebe Anita, sehe ein, dass ich das für Dich geschrieben habe und nicht aus irgendeiner Rohheit heraus! Ich bin schon, was Gefühlssachen betrifft, mal roh, aber zu Dir könnte ich das nicht sein! Leuchtet Dir das ein?«[6]

Wie sehr auch Manfred noch Orientierung im fremden England sucht, lässt ein Gedicht erahnen, das er wohl damals in die Hand bekam und Zeit seines Lebens aufbewahrt hat. Es stammt von Willy Katzenstein, einem Rechtsanwalt, der 1939 aus Bielefeld nach London kam. Willy Katzenstein und Manfred kennen sich nicht, aber das, was er schreibt, ist Manfred sehr vertraut.

> »Ich bin ein German refugee,
> There is no fatherland for me,
> Darum kam ich nach Surrey.
> Ich hab' still einen deutschen Pass
> And got my permit without fuss.
> Therefore darf ich nicht worry.
> [...]

Bestimmt, life's difficult for us.
At home, you see, da war man was,
Hier ist man just a stranger.
Man sitzt in Lyons' Corner House
und pickt the other Germans raus,
Freut sich, they're not in danger.
[…]
Ich träume of a Wunderland
Where aliens are quite unbekannt.
And also their restrictions.
Ich wand're in a peaceful Welt,
Wo Englisch wird phonetisch spelt,
Und love is keine fiction.

Doch on the whole bin ich content,
I'm happy, dass mich keiner kennt,
Und fühl' mich like a gipsy.
Tomorrow ist's vielleicht vorbei –
What do I care, heut' bin ich frei,
Und Freiheit makes me tipsy!«[7]

Sechs Wochen nach seiner Ausreise erhält Manfred einen
Brief von seinem Vater: »Was würdest Du nun machen,
wenn wir Dich bitten, in England zu bleiben?« Nun wollen die Eltern also doch, dass er nicht mehr zurück nach
Borken kommt. Manfred wird von der Nachricht überrascht, und er weiß zunächst nicht, was er tun soll. Seine
Aufenthaltsgenehmigung läuft nur noch wenige Wochen.
Er entwirft Pläne und verwirft sie wieder. Dann kontak-
tiert er einen Bekannten, Salomon Adler-Rudel. Dieser
war bis zu seiner Emigration Generalsekretär der Reichs-
vertretung der Deutschen Juden in Berlin und organisiert

nun im Londoner Exil verschiedene jüdische Selbsthilfe-
organisationen. Für viele Geflüchtete wird Adler-Rudel
zu einem wichtigen Ratgeber. Manfred empfiehlt er, doch
noch die Matriculation Examinations (»Matric«) abzulegen, die Aufnahmeprüfungen für die Universitäten in
Großbritannien, und dann »so schnell wie möglich ins
britische Mandatsgebiet Palästina« zu gehen. Manfred
ist fest entschlossen, dem Rat zu folgen. Die stets neuen
Herausforderungen und Entscheidungen empfindet er
weniger als eine Last, sondern viel mehr als Chance. Er
schreibt Anita:

> »Ob Krieg oder Frieden, mein Platz ist nur dort [in Paläs-
> tina] und das heute mehr denn früher. Ich werde dort also
> wahrscheinlich aufs Technikum [die Technische Hoch-
> schule in Haifa] gehen. Ob ich unter diesen Bedingungen
> in absehbarer Zeit noch nach Amerika komme, ist frag-
> lich. Anita, ich hoffe, Du nimmst das Ganze nicht allzu
> schwer: Es hat nämlich gar keinen Sinn. Ich will nun mal
> alle meine Gefühle dem nationalen Gefühl gegenüber zu-
> rückstellen, denn das ist das Einzige, was mich hundert-
> prozentig befriedigen kann.«[8]

Nach Palästina ist kurz zuvor nicht nur Manfreds älterer
Bruder Karl ausgewandert. 60 000 Juden aus Europa haben sich auf den Weg dorthin gemacht – auch weil sich die
Grenzen im Westen zunehmend schließen. Wie schwierig
die Situation für die jüdischen Flüchtlinge im Jahr 1939
bereits ist, verdeutlicht die Geschichte der *ST. LOUIS*.
Der Transatlantik-Liner der Hamburg-Amerika-Linie
verlässt im Mai 1939 den Hamburger Hafen mit dem Ziel
Kuba. An Bord sind über 900 jüdische Flüchtlinge, dar-

unter auch Leo Haas aus Borken, ein guter Bekannter der Familie Gans. Doch sowohl Kuba als auch die USA untersagen Kapitän Schröder anzulegen. Nach tagelangen Verhandlungen muss die *ST. LOUIS* schließlich umkehren. Mehr als 200 Passagiere an Bord schließen einen Pakt: Falls das Schiff wirklich zurück nach Deutschland geschickt werden sollte, wollen sie sich kollektiv das Leben nehmen. Erst kurz bevor die *ST. LOUIS* europäische Gewässer erreicht, kommt die erlösende Nachricht, dass sie Antwerpen anlaufen darf. Die Regierungen in Großbritannien, Frankreich, Belgien und den Niederlanden erklären sich bereit, jeweils ein kleines Kontingent der jüdischen Flüchtlinge aufzunehmen, allerdings lösen sie dadurch eine neuerliche Debatte aus. So kommentiert die Londoner Zeitung *Daily Express* die Entscheidung am 19. Juni 1939 nicht nur wohlwollend: »Die Notlage dieser Flüchtlinge, die auf der Suche nach einer Heimat hilflos über die Meere irren, hat die Sympathie der Welt gewonnen. Die Entscheidung, einige von ihnen aufzunehmen, wurde von der Bevölkerung zwar gebilligt. Doch darf dieses Beispiel keinen Präzedenzfall schaffen. Es gibt keinen Platz für noch mehr Flüchtlinge in diesem Land.«

Angesichts der Not der Juden in Deutschland drängt die jüdische Gemeinschaft in Palästina die britische Regierung, die Quote für jüdische Einwanderer zu erhöhen. Die Briten lehnen das ab, aus Sorge, die Konflikte mit den Arabern könnten sich verschärfen. Auch Anita träumt gelegentlich davon, sich ein neues Leben in Palästina aufzubauen. Ihre beste Freundin aus Berlin ist dorthin ausgewandert, und vielleicht würde auch Manfred dies bald tun? Er verspricht ihr, sie nachzuholen, sobald er dort sei.

Bevor Manfred sein Vorhaben, nach Palästina zu gehen, umsetzt, will er allerdings einen Abschluss in der Tasche haben und in nur vier Monaten die Matric schaffen. Für den regulären achtmonatigen Vorbereitungskurs reichen weder seine Zeit noch sein Geld. Das Ehepaar Jakobs hält ihm die Aussichtslosigkeit seines Plans vor Augen, aber Manfred setzt alles auf eine Karte. Von morgens neun bis nachts um zwölf sitzt er nun am Schreibtisch und lernt.

Während Manfreds Vorbereitungskurse am College beginnen, steht Europa kurz vor dem Ausbruch des Krieges. Mit scharfer Rhetorik und einer bewussten Eskalationstaktik befeuert Hitler einen Konflikt mit der Tschechoslowakei. Er will das Sudetenland annektieren und damit die dort lebende deutschstämmige Bevölkerung »heim ins Reich« holen. Gezielt versuchen die Nationalsozialisten, die Region in Unruhe zu versetzen. Ende September 1938 passieren deutsche Freikorps die Grenze, um Angriffe auf tschechoslowakischem Boden zu verüben und eine militärische Reaktion zu provozieren. Ganz Europa hält den Atem an. Manfred schreibt Anita:

»Alles quatscht vom Krieg. Ich glaube nicht dran! [...] Heute haben sie angefangen, in allen öffentlichen Schulen Gasmasken auszugeben. Die Leute stehen Schlange vor den Schulen. An jedem freien Fleck wird wie wahnsinnig gearbeitet. Nachts ist der Himmel voll von FLAK-Scheinwerfern, die da üben. Das Volk meldet sich zu Tausenden für Luftschutzdienst, Heimwehr, Territorial Army.

Die ersten Leute fangen an, sich Wohnungen auf dem Lande zu suchen.

26. [September] Montag, Rosch ha-Schana [das jüdische Neujahrsfest]: Hitlers Rede aus dem Sportpalast gehört! Nun glaub auch ich an einen Krieg! Was wird mit den deutschen Juden, wenn's los geht? Kein Mensch geht mehr zu Bett. Mittwoch geht's vielleicht schon los!«[9]

Bis der Krieg ausbricht, dauert es doch noch ein knappes Jahr. Ende September 1938 kommen die politischen Führer aus Deutschland, Italien, Frankeich und Großbritannien in München zusammen, um über die »Sudetenfrage« zu verhandeln. Ohne die tschechoslowakische Regierung an den Gesprächen zu beteiligen, wird das Sudetenland auf der Münchener Konferenz dem Deutschen Reich zugesprochen. Der drohende Krieg wird damit noch einmal abgewendet. Mit der sogenannten Appeasement-Politik wollen der britische Premier Neville Chamberlain und sein französischer Kollege Édouard Daladier den Frieden in Europa wahren. Für eine kurze Zeit scheint dieses Vorhaben aufzugehen. Doch die Appeasement-Strategie wird schon bald zum Synonym für eine schwache und zu passive britische Außenpolitik. Manfred verfolgt die politischen Entwicklungen aufmerksam.

»Die tschechoslowakische Frage war die letzte Chance für die demokratischen Länder, Hitler zu stoppen. Und wenn ich an dem Leben Englands und Frankreichs Interesse hätte, so hätte ich ihm selbst nach seiner Kriegsdrohung klargemacht, dass ich ihm unter keinen Umständen eine Handbreit tschechischen Bodens geben würde. Mit England, Frankreich, Amerika und Russland gegen sich in der ›Kriegsdrohungsstunde‹ hätte Herr Hitler keinen Krieg gemacht! Der ist ja schließlich kein Idiot, der weiß nur die Klappe sehr lange über Wasser zu halten. Dadurch, dass England sich in Verhandlungen eingelassen hat, war der Sieg schon auf seiner Seite, und ich hoffe nur, dass er nicht Englands Grab ist. Hier gehen die Luftschutzvorbereitungen aber mit Nachdruck weiter.«[10]

In diesen ungewissen Septembertagen leisten fast alle Freunde und Bekannte von Manfred freiwilligen Dienst für die A.R.P. Die Air Raid Precautions ist der britische Luftschutzhilfsdienst und trifft Vorkehrungen gegen Luftangriffe. Tausende im Land helfen dabei. Auch Manfred soll helfen, doch er weigert sich – auch weil er noch darauf hofft, seinen deutschen Pass wiederzubekommen. Solange er noch keine britischen Papiere hat und ihm in der deutschen Botschaft eine Beteiligung bei der A.R.P. zum Nachteil werden könnte, will er kein Risiko eingehen. Auch unter seinen Mitschülern wird seine Herkunft nun zum Thema, wie er Anita berichtet:

»Letzten Donnerstag habe ich sehr gelacht. Da ist nämlich herausgekommen in der Schule, dass ich Jude bin. In einem Gespräch fragte mich ein Österreicher: ›Du gehst doch sicherlich zurück nach Deutschland.‹ Ich antwortete: ›Du bist aber reichlich kindlich. Ich kann doch als jüdischer Flüchtling nicht wieder zurück!‹ Darauf er: ›Was? Du bist ein Jude? Wir hatten dich immer für den einzigen deutschen Arier gehalten.‹ Nun hatten wir am Tage vorher einen Aufsatz geschrieben über ›Abzeichen und Uniformen‹ (natürlich englisch) und mein Aufsatz war vorgelesen worden. Einen Augenblick später kommen fünf Deutsche zu mir, auf einmal, alle so kamerad-schaftlich und ganz anders als sonst. Einer sagt: ›Ja, ich hab gestern, als dein Aufsatz vorgelesen wurde, gesagt, wenn die in Deutschland wüssten, was der hier für Auf-sätze schreibt, würden sie ihn aus der HJ herauswerfen!‹ Als sie dann noch hörten, dass ich orthodox bin, sind sie überhaupt aus dem siebten Himmel gefallen.«[11]

In Deutschland kommt es in der Nacht auf den 10. No-vember 1938 zu gewalttätigen Pogromen gegen die Juden. Gegen 22.30 Uhr werden von München aus, wo Hitler, Goebbels und weitere hochrangige Nationalsozialisten zusammensitzen, sämtliche NSDAP- und SA-Stellen im Land aufgerufen, mit der Zerstörung jüdischen Eigen-tums zu beginnen. Kurz vor Mitternacht erreicht den Borkener NSDAP-Kreisleiter Hermann Upmann ein Anruf der Gauleitung aus Münster, dass es noch in die-ser Nacht mit »den Aktionen gegen die Juden« losgehe. Die Borkener SA-Gruppe sitzt zu dieser Zeit bei einem »Zechgelage« in ihrer Stammkneipe zusammen. Wäh-renddessen treffen auswärtige SA-Männer ein, die bald damit beginnen, Fensterscheiben der jüdischen Wohn-häuser zu zerschlagen. Die Organisatoren der Ausschrei-tungen waren der Meinung, dass auswärtige Männer un-gehemmter aufträten, weil sie die Opfer nicht persönlich kennen würden. Gleichwohl beteiligen sich im Verlauf der Nacht auch Borkener SA-Männer, teilweise stark al-koholisiert, an den Übergriffen.

Manfred erfährt in London aus der Zeitung von den Zerstörungen der Pogromnacht. Erst ein paar Tage später bekommt er Nachricht aus der Heimat. Die Eltern sind wohlauf. Sie waren während der Ausschreitungen bei

Verwandten in Völksen bei Hannover und blieben dort unbehelligt. Manfreds jüngerer Bruder Theo übernachtete bei einer Tante in Borken. Gemeinsam mit seinem Cousin harrte er auf dem Dachboden aus. Sie hörten die Tumulte auf der Straße, blieben aber unentdeckt. 29 jüdische Männer und Frauen, darunter auch Jugendliche, wurden in der Pogromnacht in Borken inhaftiert. Das Haus der Familie Gans blieb zwar unversehrt, aber die jüdischen Einrichtungen in der Stadt sind beschädigt. Zwei Tage nach den Pogromen kommen Manfreds Eltern zurück nach Borken. Moritz Gans zieht mit seinem Sohn Theo los, um den Zustand der Synagoge zu begutachten. Trotz der Zerstörung der Inneneinrichtung scheint sie nicht baufällig zu sein. Kurze Zeit später wird er jedoch von Bürgermeister Grünberg vorgeladen, der ihm verkündet, dass die jüdische Gemeinde die Synagoge entweder auf eigene Kosten abreißen müsse oder er die Kosten des Abrisses von 3000 Reichsmark der Stadt zu erstatten habe. Moritz erwidert, dass die jüdische Gemeinde kaum noch existiere, da fast alle emigriert oder in Haft seien, und dass die Gemeinde gewiss nicht über 3000 Reichsmark verfüge. Zudem sei das Gebäude doch intakt und müsse nicht abgerissen werden. Der Bürgermeister aber bleibt stur. Das Grundstück wird von der Stadt konfisziert, ohne die Gemeinde auszuzahlen, die Synagoge bald darauf abgerissen.

Nach den Novemberpogromen drängen die Nationalsozialisten die verbliebenen Juden im Land mit ständig neuen Maßnahmen immer weiter ins Abseits. Ihnen ist nun verboten, Auto oder Fahrrad zu fahren, Radios oder Schreibmaschinen zu besitzen, Kinos, Schwimmbäder und Gaststätten zu besuchen sowie Wälder und Parkanlagen zu betreten. Spätestens da muss Moritz klargeworden sein, dass jüdisches Leben in dieser Stadt nicht mehr möglich und vor allem nicht mehr sicher ist. Ihren Sohn Theo bringen Moritz und Else nun unverzüglich in die Niederlande. Manfred soll ihn und seine Cousine Recha Moch in England in Empfang nehmen.

Spätabends, es ist schon dunkel und kalt, begibt sich Manfred zum Bahnhof Liverpool Street im Londoner Osten. Um diese Uhrzeit sind hier nur noch wenige Leute anzutreffen und erst recht keine Jugendlichen. Doch Manfred genießt solcherlei Abenteuer zunehmend. Er sucht sich einen Platz im Hook Continental, jenem Zug, der ihn erst vor wenigen Monaten nach London gebracht hat. Nun rollt die schwere Dampflok Richtung Küste. Mitten in der Nacht fährt der Zug in Harwich ein. Das Schiff mit Theo und Recha an Bord wird erst am frühen Morgen erwartet. Da Manfred mit dem ersten Zug aus London ihre Ankunft verpasst hätte, muss er sich nun die Nacht im Fischereihafen um die Ohren schlagen. Nur aus einigen Spelunken dringen noch ein paar Wortfetzen und etwas Licht in die dunklen Gassen. Vorsichtshalber trägt Manfred sein kleines feststehendes Messer am Körper, dennoch wird ihm etwas unheimlich, als plötzlich ein Mann auf ihn zuschreitet und ihn anspricht. Zu Manfreds Erleichterung ist es kein Gauner, sondern ein Mitarbeiter der Salvation Army, der es gut mit ihm meint. Für ein paar Penny darf Manfred in den Räumen der Heilsarmee schlafen. Nach einer kurzen Nacht bricht er um fünf Uhr morgens gleich zum Fährhafen auf. Trotz der frühen Morgenstunde herrscht am Kai schon reger Betrieb. Gespannt verfolgt Manfred, wie das Schiff in den Hafen einfährt und festmacht. Er hält

Ausschau nach Theo und seiner Cousine Recha. Dann ist es endlich so weit. Schon von weitem sieht er, wie die beiden die Gangway entlangkommen. Kurz darauf liegen sie sich in den Armen. Mit dem Sonnenaufgang des 4. Januar 1939 fahren sie gemeinsam nach London. Stolz präsentiert Manfred ihnen die große Stadt und ist glücklich darüber, dass er fortan Familie in der Nähe hat. Sein Bruder Theo kommt kurze Zeit später in New Herrlingen unter, ein Landschulheim, das Anfang der dreißiger Jahre aus dem württembergischen Herrlingen nach Otterden in der Grafschaft Kent verlegt worden war und in dem in diesen Wochen zahlreiche jüdische Kinder aus Deutschland aufgenommen werden.

In Großbritannien setzt sich unmittelbar nach den Novemberpogromen eine Gruppe einflussreicher Juden beim britischen Premierminister Chamberlain dafür ein, dass zumindest jüdische Kinder aus Deutschland und Österreich einreisen dürfen. Sie haben Erfolg. Über 10 000 jüdische Flüchtlinge (bis 17 Jahre) kommen mit den sogenannten Kindertransporten nach Großbritannien. Zumeist sind es jüdische Hilfsorganisationen, die die erforderliche Bürgschaft von 50 Pfund Sterling je Kind (etwa drei Monatsgehälter) und eine Unterkunft organisieren. Die britische Regierung will verhindern, dass die Flüchtlinge dem Land finanziell zur Last fallen. Auch Manfreds Onkel Alex Moch ist wieder in die Bemühungen um die jüdische Jugend involviert. Im Sommer 1938 ist er von Brandenburg erstmals nach England gekommen und nun damit befasst, möglichst viele Schüler sicher nach England zu bringen. Als die gesamte Belegschaft des Landwerks Neuendorf während der No-

Manfred (Mitte) übersetzt, links Alex Moch, Kingsey 1940

vemberpogrome in das KZ Sachsenhausen gebracht wird und den Jugendlichen dort ein ähnliches Schicksal droht, muss er schnell handeln. Alex Moch reist nach England, verhandelt mit dem German Jewish Aid Committee und findet schließlich einen geeigneten Ort: das Gutshaus Tythrop in Kingsey, Buckinghamshire. Manfred unterstützt seinen Onkel als Übersetzer bei den schwierigen Verhandlungen. Ende 1938 kann Alex Moch die Belegschaft aus Sachsenhausen freibekommen und zudem mehr als 100 jüdische Schüler seiner Landwirtschaftsschule nach England holen. Im Tythrop House führen sie nun ihren Ausbildungsbetrieb aus Neuendorf fort.

In Manchester – Zwischen den Welten

Während Manfred seinem Onkel hilft, Hunderten jungen Flüchtlingen aus Deutschland eine Unterkunft und Perspektive in England zu verschaffen, muss er auch für sich selbst nach einer neuen Bleibe suchen. Kost und Logis bei den Jakobs werden zu teuer. Seine Bemühungen, den Preis zu verhandeln, bleiben erfolglos. Also geht er auf die Suche und findet ein günstigeres Zimmer bei einer Witwe im Stadtteil Brent: »richtiges Volk aus der Masse«. Von dort aus kann er weiterhin die Synagoge in Golders Green besuchen und per U-Bahn das Tutorial College erreichen. Bis vor kurzem kannte Manfred nur die gutbürgerliche Lebenswelt einer ländlichen Kleinstadt. Nun lebt er im Arbeiterviertel einer Metropole. Er vermisst gar nicht so sehr seine Freunde, vielmehr fehlt ihm die Solidarität. Er beschwert sich, dass inzwischen selbst die englischen Juden nicht mehr helfen wollen. Sie bekunden zwar allesamt ihr Mitleid mit den deutschen Juden, aber als Manfred einmal versucht, einem jungen Flüchtling eine Unterkunft zu vermitteln, stößt er auf Ablehnung. Auch der Dame, bei der er nun wohnt, einer Jüdin aus

Osteuropa, unterstellt er eine Doppelmoral. Wenn sie die Zeitung lese, werde feste gestöhnt über all die Ungerechtigkeiten. Aber ihm wolle sie nicht erlauben, länger als bis zwölf Uhr zu lernen, da sonst die Stromrechnung zu teuer werde. Etwas patzig bietet Manfred ihr an, einen Penny pro Woche extra zu zahlen, um sein Licht länger brennen lassen zu dürfen, schließlich steht seine Prüfung bevor.

Manfred lernt und lernt – doch am Ende reicht es nicht. Mathematik, Mechanik und Elektrotechnik besteht er, aber in Englisch fällt er durch. Es ärgert ihn, vor allem, als sein Vater schreibt: »Ein Glück, dass dir auch mal was danebengegangen ist. Du hast bisher viel zu viel Glück gehabt.«

Ohne Schulabschluss und ohne Perspektive geht Manfred auf die Suche nach einem Job. Er stellt sich bei verschiedenen Organisationen vor, die bei der Vermittlung helfen, und bekommt schnell den Rat, sein Glück doch lieber in Manchester zu versuchen. In der Industriestadt im Norden seien die Möglichkeiten, einen Job zu finden, deutlich besser.

England ist in diesen Jahren noch immer von den Auswirkungen der Weltwirtschaftskrise und einer entsprechend hohen Arbeitslosigkeit geprägt. Ungelernte Arbeitskräfte sucht in London zu dieser Zeit kaum jemand. In Manchester angekommen, findet Manfred Unterkunft im Kershaw House, das vom Manchester German Jewish Aid Committee als Quartier und Treffpunkt für junge jüdische Flüchtlinge eingerichtet worden war.

»Erstmal gab's eine Freudensbotschaft! Es gibt hier unter zwei Millionen Einwohnern nur zweihundert deutsche Juden!! Also gute Aussicht. Hoffentlich werden sich unsere Leute weiter so standhaft weigern, London zu verlassen.

Dann kamen wir zu dem Haus. Hier leben noch weitere 30 Jungen und 5 Mädchen. Es ist hier fabelhaft. Sauber, gutes Essen etc. Die Leute bleiben hier, so lange, bis sie Arbeit haben und verdienen. Hier kostet der Aufenthalt nichts, ja wir bekommen sogar noch 2 Schillinge Taschengeld. Als man uns fünf Neue hier oben in unserem Zimmer allein ließ, sind wir uns erstmal vor Freude um den Hals gefallen.«[12]

Die Suche nach einem Job in Manchester gestaltet sich dann allerdings doch schwerer als gedacht. Denn in den allermeisten Fabriken wird samstags gearbeitet, was für Manfred undenkbar ist: Am Schabbat dürfe ein orthodoxer Jude keine Lohnarbeit verrichten. Bei der Möbelfabrik J. O. Grant & Co. in Salford findet er schließlich doch eine Anstellung. Hier muss er zwar viele Nachtschichten leisten, aber immerhin bekommt er den Schabbat frei. Sein Chef ist zwar kein Jude, aber gläubiger Christ. Er zeigt Verständnis für Manfreds Vorbehalt. Der wird für die Wartung der Maschinen eingeteilt, eine Tätigkeit, die er, Sohn eines wohlhabenden Kaufmanns, sich noch vor Monaten kaum hätte vorstellen können. Doch Manfred findet Gefallen an der körperlichen Arbeit und genießt die proletarische Atmosphäre. Als eine der Maschinen in der Möbelfabrik wieder einmal streikt, müssen Manfred und seine Kollegen zur nächtlichen Reparatur anrücken. Gemeinsam mit dem Maschinisten nimmt er das defekte

Gerät auseinander. 35 °C zeigt das Thermometer im staubigen Maschinenraum. Auf ihren Gesichtern mischen sich Schweiß, Staub und Maschinenöl, sodass sie schon nach kurzer Zeit wie Schornsteinfeger aussehen.

»Eins habe ich in der Nacht bestimmt gelernt, nämlich fluchen, denn ohne das geht es unter solchen Bedingungen nicht ab. Um elf brachte uns die Frau des Maschinisten Tee und Kuchen und um drei kam ein Polizist, der uns für Soldaten der irischen republikanischen Armee hielt. Das sind die Leutchen, die hier jetzt die Gegenden unsicher machen. Wir kamen mit ihm auf Politik zu sprechen und er fragte mich, woher ich käme. Als ich sagte ›aus Deutschland‹, meinte er: ›Gut, dass ich nicht mit einem Fluch auf Hitler hereingekommen bin.‹ Ich erwiderte nur: ›I wouldn't mind.‹ Darauf machte der Maschinist den Vorschlag, Hitler in den Dampfkessel zu werfen.«[13]

Doch Manfred macht nicht nur neue Bekanntschaft mit der Arbeiterschaft. Eine Betreuerin im Kershaw House drückt ihm eines Tages eine Adresse in die Hand und sagt, er solle dort am selben Abend noch hinfahren. Manfred vermutet, dass dies der übliche Rausschmiss ist, denn alle Jungen, die eine Arbeit gefunden haben, müssen kurz darauf ausziehen. Ohne zu wissen, wo es hingeht, steigt er müde und enttäuscht in den Bus. Als er an der angegeben Adresse aussteigt, steht er vor einer herrlichen Villa.

»Es öffnete mir ein Mädchen ›in Kluft‹ mit dem Bescheid, dass ›die Herrschaften‹ schon auf mich warteten. Nun wurde mir aber doch verdammt ungemütlich. Denn ich hatte noch Arbeitskleidung an und war ungewaschen (weder salon- noch kussfähig). Einen Augenblick kämpfte in mir der Arbeiter No. 252 der Firma J. O. Grant mit dem ehemals wohlerzogenen Sohn bessergestellter Eltern. Für dieses Mal siegte noch der Letztere, und ich war gewillt, eine reine Seele durch dreckige Kleidung blicken zu lassen. – Ein Herr im schwarzen Anzug und Lackschuhen empfing mich. Er stellte mir seine Frau vor (beide circa 50 Jahre). Dann fragten sie mich, ob ich schon Arbeit hätte und was sie für mich tun könnten. Außerdem sollte ich jetzt recht oft zu ihnen kommen. [...] Ich hatte nur das eine Gefühl: ›Ich bin der Falsche. Im Kershaw House hat man die Namen verwechselt.‹ Bis endlich die Frau mir offenbarte, dass der Mann, bei dem ich zuerst in London gewohnt hatte und mit dem ich noch immer sehr befreundet bin, ihnen geschrieben hätte, sie sollten sich meiner annehmen.«[14]

Es war Herr Jakobs aus London, der Manfred an Familie Steinart, eine der wohlhabendsten Familien in Manchester, vermittelt hat. Sie unterstützen Manfred fortan und organisieren ihm als Erstes eine eigene Unterkunft. Er ist nun regelmäßig bei ihnen zum Schabbat-Abend zu Gast. Für die kommenden Monate bleibt Manfred ein Wanderer zwischen den Welten. Unter der Woche ist er Teil des Manchester-Proletariats, am Wochenende verkehrt er in der Oberschicht; wochentags geht er zum Boxtraining, und am Schabbat diskutiert er mit Rabbiner Alexander Altmann, der vor seiner Flucht Rabbiner und Professor in Berlin war, über religiöse und politische Fragen des Judentums.

»Ich bin hier mit meinen 16 Jährchen so frei!! Kein Mensch kümmert sich darum, was ich tue oder lasse, und von meinen Zielen wird mich kein Schwein abbringen. Das Leben hier ohne Freunde macht hart wie Stahl! […] Dass Dir Freundinnen fehlen, kann ich sehr gut verstehen. Ich hab hier auch keine, aber bei mir ist das auch was anderes, weil ich zu Hause auch keine richtigen hatte. Aber lange halte ich diesen Zustand auch nicht mehr aus. Zähne zusammen und rücksichtslos weiter!! Nur die andern nicht merken lassen, dass man im Innern selbst schwach ist!!«[15]

Unterdessen spitzt sich die Situation der Eltern in Borken zu. In einer perfiden Verdrehung der Fakten machen die Nationalsozialisten die Juden für die Novemberpogrome verantwortlich und fordern eine Entschädigung für jene Zerstörungen, die sie selbst angerichtet haben. Im ganzen Land kommt es zu Zwangsenteignungen von Häusern und Kapital. Auch Moritz und Else Gans wird das Haus in Borken genommen. Einige Zeit später richtet die Gestapo dort ihre Zentrale für den Landkreis Borken ein. Eine Miete zahlen die Behörden nicht. Moritz kann lediglich verhandeln, dass sie Reisepässe erhalten, um das Land zu verlassen. Noch sind die Grenzen offen, aber jeder Grenzübertritt ist ein Wagnis und von der Willkür der jeweiligen Beamten abhängig. Seit 1933 sind bereits Zehntausende politische und jüdische Flüchtlinge aus Deutschland in die Niederlande emigriert. Es ist die größte Zuwanderung in der jüngeren niederländischen Geschichte. Gern gesehen sind die Flüchtlinge dort nicht, und es schlagen ihnen von vielen Seiten Feindseligkeiten entgegen. In den Augen vieler Niederländer sind sie laut, arrogant und störend. Gleichzeitig gibt es aber auch einige engagierte Bürger und Bürgermeister in der Grenzregion, die sich für die deutschen Flüchtlinge einsetzen.

Moritz und Else bleiben zunächst noch in Borken. Nur Else fährt für einen Besuch nach England, um ihren Sohn Manfred zu treffen. Der freut sich über gutes Gebäck aus der Heimat und nimmt »seine Alte« (wie er die Mutter nennt) zu einer zionistischen Kundgebung mit. Chaim Weizmann (später erster Staatspräsident Israels) und der britische Oberrabbiner Joseph Hertz sowie Vertreter der britischen Regierung sind geladen, um über die Palästina-Frage zu diskutieren. Manfred und seine Mutter kommen zu spät. Die Halle ist bereits komplett überfüllt und wird von der Polizei abgeriegelt. Es ist bitterkalt. Die wartenden Massen werden immer ungeduldiger, bis sie schließlich die Polizeiabsperrung vor der Halle durchbrechen. Doch die Türen bleiben verriegelt. Manfred packt seine Mutter und führt sie zu einem Seiteneingang. Dort kann er einen Türsteher überzeugen, ihn und seine Mutter noch hineinzulassen.

>Und dann sah ich eine politische Versammlung, die ich mein Lebtag nicht vergessen werde. Das heißt, so schlecht!! Erstens weist man auf einer politischen Versammlung keine begeisterten Massen ab, ohne dass nicht wenigstens einer der hohen Führer sich den Massen zeigt oder sogar kurz zu ihnen redet. Zweitens übernimmt nicht der höchste Führer einer Organisation einen Hausmeisterposten, wie das in diesem Fall bei Weizmann war, der immer die einzelnen Redner ankündigte. Drittens gehört ein jüdischer Saalschutz dahin. (Mit 50 entschlosse-

nen Mann hätte ich innerhalb von fünf Minuten die ganze Versammlung gesprengt.) Das zu den propagandistischen Punkten.«[16]

Auch mit den Inhalten ist Manfred nicht einverstanden. Alle würden nur um den heißen Brei reden. Lediglich der Rabbi Hertz habe fabelhaft gesprochen, weil er der Einzige sei, der den Mut habe, der englischen Regierung mal die Meinung zu sagen. Wie große Teile der jüdischen Gemeinde in England ist Manfred mit der Politik der Regierung in London äußerst unzufrieden. Im britischen Mandatsgebiet Palästina blockierten sie jüdische Einwanderer, und in der Auseinandersetzung mit Hitler seien sie viel zu ängstlich.

Manfreds Mutter berichtet aus der Heimat, dass der Vater nach wie vor über heimliche Kontakte und Devisen verfüge und damit helfe, Flüchtlinge über die Grenze in die Niederlande zu schmuggeln. Stolz berichtet Manfred an Anita:

>   »Man könnte Bücher schreiben, wie er die Menschen herausbringt, wie bestechlich und versoffen aber auch die deutsche Gestapo ist. 1000 Gulden Devisen öffnen alle Tore und Transfers. Auf holländischer Seite stehen aber auch allerhand Abenteuergestalten, die für Geld alles tun.«[17]

Wochen später, die Mutter ist wieder zurück in Deutschland, sitzt Manfred wieder einmal gebannt vor dem Radio. Es ist Mitte März 1939. Die Wehrmacht rückt in Prag ein und besetzt die restliche Tschechoslowakei. Hitler hat das Münchener Abkommen nach nur sechs Monaten gebrochen. Es wird immer deutlicher, dass Deutschland einen Krieg anstrebt. Selbst der britische Premierminister Neville Chamberlain glaubt nun nicht mehr an seine Appeasement-Strategie. Manfred schaut dem sich anbahnenden Krieg entschlossen entgegen.

»Im Kriegsfall würde ich mit allen Mitteln versuchen, nach Palästina zu gehen. Glaubst Du, dass ich mich drücken würde? Kommt gar nicht in Frage, wenn es nicht anders geht, werde ich natürlich zuerst auf Seiten der Engländer mitkämpfen. Zu verlieren habe ich ja doch nichts, also wozu soll man nicht auf die Abenteuer losgehen. Hitler hat nach meiner Ansicht ganz gut Aussicht zu gewinnen, wenn er es schnell macht. Was dann kommt, weiß ich sehr genau, aber ich mach mir keine Sorgen darüber, ich werde nur sehen, dass ich dann in Erez bin, dann können wir es den Hunden noch mal zeigen, bevor sie uns klein kriegen.«[18]

Diese Zeilen schreibt Manfred in einem der letzten Briefe an Anita. Nachdem er seiner Jugendfreundin ein knappes Jahr lang nahezu wöchentlich geschrieben hat, hört er plötzlich damit auf. In den Briefen selbst gibt es keinen Hinweis darauf, warum die beiden so unvermittelt den Kontakt abbrechen. Später klärt es sich auf. Anitas Mutter hatte interveniert und der Tochter verboten, sich weiterhin so intensiv mit einem Jungen zu befassen, der weit weg in England lebt. Anita solle sich ganz auf ihr neues Leben in den USA konzentrieren.

Das Ende in Borken

Manfreds Eltern befinden sich im Sommer 1939 immer noch in Borken. Alle drei Kinder sind bereits im sicheren Ausland. Nun warnt sie ein Vertrauter aus der Stadtverwaltung, dass auch sie dringend das Land verlassen sollten. Sie brechen sofort auf. Am 26. August 1939, abends um 8 Uhr, erreichen Moritz und Else Gans den Grenzübergang Kotten unweit von Borken. Eine kleine Landstraße führt hier in die Niederlande. Schwer bepackt mit elf Koffern und ein paar Kleinigkeiten stehen sie vor dem Zollinspektor. Moritz gibt an, dass sie bloß für zwei Wochen ins Land wollten, um ihre Kinder dort zu treffen. Der Zöllner ist skeptisch, will aber kurz vor Dienstwechsel die Koffer nicht mehr einzeln überprüfen. Er begutachtet das Gepäck nur oberflächlich und winkt die beiden durch. Die Ausreise gelingt im letzten Augenblick. Fünf Tage später überfällt Deutschland Polen. Moritz und Else sind da bereits in Zandvoort, an der holländischen Küste. Im Radio hören sie die Nachrichten vom Kriegsbeginn. Zwei Tage darauf erklärt die Regierung in London Hitler den Krieg. Damit verfällt das Visum von Moritz und Else für England, das sie bereits vor Monaten erwirkt hatten. Es gelingt ihnen gerade noch, Elses Mutter nachzuholen. Dann sind die Grenzen geschlossen. Sie stellen sich auf einen längeren Aufenthalt ein und planen zugleich die nächsten Schritte. Da die Ausreise nach England nicht möglich ist, soll es nach Kenia gehen.

Schon Ende der dreißiger Jahre, als der Zuzug jüdischer Flüchtlinge in Großbritannien immer größer wurde, kursierten Pläne in der britischen Regierung, einen Teil von ihnen in die vergleichsweise »menschen-leere« Kronkolonie zu verlegen. Kenia scheint den Po-litikern dafür besonders geeignet. Die Deutschen sollten dort als Farmmanager der britischen Großgrundbesit-zer eingesetzt werden. Gut 600 Flüchtlinge gelangen in den dreißiger Jahren schließlich nach Kenia. Auch Elses Schwester Erna und ihr Schwager Alex Moch sind ge-rade dort eingetroffen. Die Einreise ist allerdings teuer. Als Moritz die Papiere für Kenia bei der Botschaft in Amsterdam abholen will, erklärt ihm der Konsul, dass er das Visum nur erteilen könne, wenn jemand eine Bürg-schaft von 2500 Pfund in Nairobi hinterlege, das ent-spricht dem Mehrfachen eines Jahreseinkommens eines Arbeiters in England jener Zeit.

»Vater, ich versuche alles, dir die Bürgschaft zu besor-gen«, wird Manfred dem Vater dazu schreiben. Er selbst hat sich inzwischen gut in Manchester eingelebt. In der Fabrik verdient er nun sein eigenes Geld und kann sich selbst versorgen. Nach der Schicht geht er zur Abend-schule. Im April 1940 gelingt ihm dann im zweiten An-lauf auch die Matric, der Schulabschluss. Doch obwohl er nun einen Job hat, reicht sein Einkommen bei weitem nicht, um die Bürgschaft für die Eltern in Kenia zu hin-terlegen. Damit rückt Kenia für Moritz und Else wieder in weite Ferne. Und kurz nachdem die Eltern die Nach-richt von Manfreds bestandenem Abschluss erreicht, bricht auch der Kontakt zu ihrem Sohn ab.

Am 9. Mai bekommt Moritz Gans ein Telegramm, dass nun endlich Auslandsvisa bereitliegen würden. Sein Schwager Justus Schloss in Tel Aviv hat ihnen eine Ein-reisegenehmigung nach Palästina besorgt. Moritz will gleich nach den Pfingsttagen nach Den Haag fahren und alles Nötige in die Wege leiten. Doch wieder kommt es anders. In den Morgenstunden des 10. Mai 1940 ertönt das dumpfe Dröhnen deutscher Kampfgeschwader über dem gesamten Gebiet der Niederlande. Ohne offiziell den Krieg zu erklären, überfällt die deutsche Wehrmacht das Nachbarland. Hitlers Westfeldzug beginnt. Moritz und Else sitzen den ganzen Tag am Radio. Die Ereignisse überstürzen sich. Der hochgerüsteten deutschen Armee können die niederländischen Streitkräfte kaum etwas entgegensetzen. Anfangs hoffen die meisten im Land noch, dass die Engländer ihnen zu Hilfe eilen und die Deutschen aus dem Land jagen werden. Die Hoffnung verpufft jedoch schnell. Die deutschen Truppen, so sieht es aus, würden Zandvoort schon in wenigen Tagen erreicht haben. Vorsorglich packen Moritz und Else wieder einmal ihre Koffer. Doch es ist zu spät. Für die beiden gibt es keine Chance mehr zu fliehen. Im Gegenteil: Alle deutschen Männer in der Region werden interniert. Seit dem Überfall der Deutschen gilt Moritz in den Niederlanden als Angehöriger der Feindesnation. Gemeinsam mit 300 Mitgefangenen wird er in der ausgedienten Autowerkstatt einer Kaserne bei Haarlem eingesperrt. Die Behandlung der Gefangenen ist gut. Angesichts des schnellen Vormarsches der Wehrmacht ordnet der Lagerkommandant an, die deutschen Juden nach wenigen Tagen wieder aus der Haft zu entlassen, bevor die Deutschen sich ihrer bemächtigen. Moritz ist frei – bleibt aber in Gefahr. In sein Tagebuch notiert er:

»Was nun? – Sollen wir versuchen, mit einem Fischerboot England zu erreichen? Aber Mutter? – Wir brauchen nicht viel zu sprechen, wir verstehen uns auch so. Nein, wir wollen diesen wahrscheinlich vergeblichen Versuch nicht machen. Die Kinder sind in Sicherheit und wir werden schon sehen, auch dieses Schicksal zu meistern.«[19]

Moritz zahlt dem Polizisten Jan Willem Smouter, einem einflussreichen Mann in Zandvoort, 1000 Gulden, damit er ihm neue Pässe besorgt, in denen kein »J«, also kein Hinweis auf ihre jüdische Identität, vermerkt ist. Sie müssen vorsichtig bleiben und meiden die Öffentlichkeit, können mit diesen Pässen aber noch eine Weile unbehelligt in Zandvoort leben und – noch wichtiger – gewiss sein, dass sie ausreichend Wasser zwischen Hitler und ihre Söhne gebracht haben. Einige Zeit später, im Frühjahr 1942, schreibt Moritz:

»Als ich heute Morgen wach im Bett lag und über unsere augenblickliche Lage nachdachte, waren es immer wieder zwei Gedanken, die mich beschäftigten. Drei Jahre sind es in diesen Tagen, dass wir den letzten persönlichen Kontakt mit unseren beiden jüngsten Jungens hatten, zweieinhalb Jahre, seitdem unser ältester Junge uns hier in unserem unfreiwilligen Asyl besuchte. Als Kind musste der jüngste uns verlassen, als halbfertige Menschen die beiden anderen. Als die drei noch im Elternhaus unter unserer Leitung waren, haben wir alles getan, sie durch persönliches Vorleben zu guten, brauchbaren Menschen zu machen und ihnen Lehrer und Lehre gegeben, die sie befähigen, das Leben zu sehen und zu meistern, wie wir es trotz täglicher neuer Sorge in den langen Jahren unserer harmonischen Ehe gemeistert haben. Das uns aufgezwungene Judenschicksal hat uns getrennt. Unsere

einzige Hoffnung, für die wir hier leben und weiterkämp-
fen, ist, dass wir einmal wieder mit unseren drei Jungens
vereint werden.«[20]

Enemy Alien

Bereits mit der Kriegserklärung Großbritanniens gegenüber dem Deutschen Reich am 3. September 1939
wurden in Großbritannien alle Deutschen offiziell zu
Enemy Aliens, zu feindlichen Ausländern, erklärt. Knapp
80 000 Deutsche im Land werden vor eigens eingerich-
tete Tribunale geladen, wo sie zu ihren Ansichten über
das Hitler-Regime befragt werden. Anschließend werden
sie in drei Kategorien klassifiziert. Die wenigen notori-
schen Sympathisanten der Nationalsozialisten werden
der Klasse A zugeordnet und unmittelbar interniert.
Etwa zehn Prozent werden als Klasse B eingestuft und
unter Beobachtung gehalten. Der Großteil erhält einen
Klasse-C-Schein und bleibt unbehelligt. Der Klasse C
wird auch Manfred zugeordnet. Er kann seinen Alltag
zunächst uneingeschränkt fortführen. Mit dem Beginn
des Westfeldzuges der Wehrmacht im Frühjahr 1940 ändert sich die Situation jedoch. Nach den Niederlanden,
Luxemburg und Belgien muss auch Frankreich nach nur
wenigen Wochen kapitulieren. Die Politiker in Großbritannien werden immer nervöser. Sie befürchten die Invasion der Insel und vermuten, dass unter den Deutschen,
die in Großbritannien leben, Spione und Saboteure sein
könnten. Kurzerhand werden nun fast alle Deutschen
in Großbritannien inhaftiert, ganz gleich ob Klasse A, B

oder C, ob Sympathisanten oder Opfer der Nationalsozialisten. Unter ihnen sind knapp 60 000 jüdische Flüchtlinge und somit auch Manfred.

Im Juni 1940 ist es so weit. Ein Polizist steht vor Manfreds Unterkunft in Manchester. Er verhört ihn und rät
ihm, sein Eigentum zügig zu packen und sicher einzula-
gern. Manfred verkauft sein liebgewonnenes Fahrrad und
lässt den Rest seines Hab und Guts bei Familie Steinart
im Keller verstauen. Ein paar Tage später wird er von
einem Polizeiauto abgeholt und in einer leerstehenden
Textilfabrik in Bury bei Manchester festgesetzt. Das provisorische Lager beherbergt etwa 2000 Häftlinge. In ein
und demselben Raum beziehen hitlertreue Marinekadet-
ten und ultraorthodoxe chassidische Juden ihre Stroh-
matratzen. Die Fabrik ist baufällig und das Dach löchrig.
Glücklicherweise ist der Sommer 1940 trocken und mild.
Die Versorgung mit Lebensmitteln ist ausreichend. Doch
für gläubige Juden gestaltet es sich nun schwierig, koscher
zu essen. Manfred beschränkt seine Mahlzeiten auf Gemüse und Dosenfisch. Nach einigen Wochen kommt ein
hoher Vertreter der jüdischen Gemeinde in Großbritannien zu Besuch und bittet die jüdischen Insassen um Verständnis für die überstürzte Internierung. Er verspricht,
dass sie bald freikommen werden. Doch ganz so schnell
geht es nicht. Aus der maroden Textilfabrik wird Manfred zunächst in ein provisorisches Zeltlager in Prees
Heath nördlich von Shrewsbury verlegt. Hier trifft er auf
seinen Cousin Hans-Fried Gans, mit dem er in Borken
aufgewachsen ist und der kurz vor ihm nach England
ausgewandert ist. Hans-Fried darf das Internierungslager
schon bald wieder verlassen. Er hatte allerdings noch vor

der Emigration die niederländische Staatsbürgerschaft erhalten und wurde nun von der niederländischen Exilarmee angefordert und entsprechend aus der Haft entlassen. Manfred hingegen wird auf die Isle of Man verschifft, wo die Briten ganze Ortsteile geräumt und eingezäunt haben, um mehr als 15 000 deutsche, österreichische und italienische *Enemy Aliens* zu internieren. Die Häftlinge ahnen, dass ihr Aufenthalt hier länger dauern könnte, und beginnen sich eigene Strukturen im Lager aufzubauen. Es gründen sich Orchester und Theatergruppen, es gibt Vortragsreihen und Workshops. Manfred besucht Vorlesungen in Mathematik, Mechanik, Psychologie und widmet sich dem Studium der Tora. An renommierten Rabbinern mangelt es im Lager nicht. Doch nicht für alle ist der Lageralltag erträglich. In seinem Taschenkalender steht am 1. November nur eine kurze Notiz: »Selbstmord in Haus 9«. Drei Tage später dann aber die Notiz »Aufnahme ins P. C. [Pioneer Corps]«. Was war geschehen?

Unter dem neuen Premierminister Winston Churchill verstärken die Briten ihre Kriegsanstrengung. Er schwört das Volk auf »Blut, Schweiß und Tränen« ein. Der Bedarf an Soldaten steigt. Trotz ihres Status als *Enemy Aliens* war es einigen wenigen jüdischen Flüchtlingen schon mit Kriegseintritt erlaubt worden, sich freiwillig der britischen Armee anzuschließen, allerdings mussten sie dafür mindestens 21 Jahre alt sein. Manfred war zu diesem Zeitpunkt gerade 18 geworden. Mit der zunehmenden Bedrohung einer deutschen Landung in Großbritannien wird das Eintrittsalter nun gesenkt. Premierminister Winston Churchill erklärt: »Ich bin sehr dafür, befreundete Deutsche zu rekrutieren und sie unter strenger Disziplin zu halten, anstatt sie nutzlos im Lager zu belassen, aber wir müssen doppelt vorsichtig sein, damit wir keine von der falschen Sorte bekommen.«

Seine Haltung öffnet deutschen Flüchtlingen den Zugang zur Armee. So besucht Anfang November ein britischer Offizier die jungen Männer in ihrem Lager auf der Isle of Man. Er bietet ihnen an, sich der Armee anzuschließen. Dies sei eine gute, wenn nicht die einzige Chance, schon bald aus dem Lager zu kommen. Manfred und die anderen monieren, dass sie die Entscheidung lieber als freie Menschen treffen würden. Aber schließlich willigt Manfred ein. Anfang Dezember, ein halbes Jahr nach seiner Inhaftierung in Manchester, kommt er frei. Bereits wenige Tage später, am 13. Dezember, notiert er in seinen Kalender: »Erster Drilltag«.

Im Pioneer Corps

Der Weg aus der Haft führt Manfred nach Schottland, nahe Edinburgh, zu einem Stützpunkt des sogenannten Pioneer Corps, eine Hilfseinheit der Armee. Die Einheit wird nicht bewaffnet und ist auch nicht für den Kampf vorgesehen. Manfred schuftet an der Seite von verurteilten Verbrechern und als »nicht kampftauglich« gemusterten Soldaten. Er ist frustriert, ist er sich doch sicher, mehr zu können, und gewillt, auch mehr zu leisten. Wie ihm geht es vielen. Insgesamt dienen circa 10 000 Flüchtlinge aus Deutschland und Österreich während des Zweiten Weltkriegs in der britischen Armee; unabhängig davon, welche Ausbildung sie mitbringen, dürfen sie zunächst nur im Pioneer Corps ihren Dienst leisten. Sie sind dazu abgestellt, Baracken aufzubauen, Latrinen auszuheben oder Panzer anzupinseln. Es sind körperlich durchaus schwere, geistig aber wenig fordernde Aufgaben. Auf sich aufmerksam machen kann Manfred nur im sportlichen Wettkampf. Er gewinnt zahlreiche Rennen und macht sich innerhalb der Armee einen Namen als Mittelstreckenläufer. Fortan tritt er regelmäßig bei sportlichen Wettkämpfen im ganzen Land an. Ansonsten bietet der Alltag wenig Abwechslung. Wenn mal ein halber Wochenendtag frei ist, nimmt er gemeinsam mit einigen Kameraden den Bus nach Edinburgh. Die meisten verprassen ihren Sold in den Kneipen der Stadt. Manfred hingegen leistet sich ein Ticket für die Oper.

An einem Sonntagmorgen, dem 22. Juni, sitzt Manfred mit seiner Einheit gerade beim Frühstück, als die Nachricht die Runde macht, dass Hitler in Russland eingefallen ist. Manfred jubelt innerlich, ist er doch überzeugt, dass Hitler sich damit übernommen hat und das Blatt sich bald wenden wird. Er hofft, dass Großbritannien nun endlich zum Angriff auf Deutschland übergeht, und er will unbedingt mit dabei sein. Daher bewirbt er sich als Pilot bei der Royal Air Force, wird aber abgelehnt. Zu heikel sei es, Informationen über den Luftkampf mit einem *Enemy Alien* zu teilen. Dann, Ende 1942, erreicht den jungen Soldaten die Nachricht, dass er zu einem Gespräch nach London kommen soll. Worum es bei dem Termin geht, weiß er nicht, aber er ahnt wohl, dass dieses Treffen eine Chance verheißt, vielleicht seine einzige Chance. Und er weiß, dass er sie ergreifen wird. Anzeichen von Selbstzweifeln findet man in Manfreds Briefen und Tagebüchern nur wenige.

Eine neue Identität

An einem kalten Januartag 1943 verlässt Manfred seine
Einheit bei Edinburgh und steigt in einen Zug nach London. In der Nacht war etwas Schnee gefallen, aber im
Großstadttrubel schon wieder weggeschmolzen. Manfred
steht vor einem riesigen roten Backsteingebäude, Mary-
lebone Road 222, Nordwest-London. Noch vor einigen
Jahren war dieses Gebäude eines der größten Hotels der
Stadt. Nun, im Januar 1943, gehen hier vor allem Militärs
ein und aus. Manfred betritt das imposante Gebäude. Es
hat mehr als 300 Zimmer, in einem davon, ganz oben unter dem Dach, wird er schon erwartet. Ein eher unschein-
barer, junger, recht sportlicher Mann in Offiziersuniform
beginnt mit einer umfassenden Befragung. Es geht um
Manfreds bisherige Tätigkeiten, um seine Talente, seine
Ziele. Er testet auch seine psychische Verfassung. Neben
ihm sitzen noch zwei Herren in Zivil. Sie sind vom MI5,
dem britischen Geheimdienst, und unterziehen Manfred
einem ausführlichen Verhör. Zunächst wollen sie sicherstellen, dass Manfred wirklich Jude ist. Es fällt ihm nicht
schwer, das zu beweisen. Er nennt verschiedene Rabbiner
in England, die Auskunft über seine Identität geben können. Dann befragen sie ihn zu seiner Herkunft, seinen

Eltern und Brüdern und wollen alles über ihre politische Gesinnung erfahren. Manfred hat keine Schwierigkeiten, auch diese Fragen zu beantworten. Nach Abschluss der Gespräche bekommt er schließlich eine Erklärung vorgelegt: »Ich bin mir der Risiken bewusst, denen ich mich wie meine Angehörigen durch meine Beschäftigung in der britischen Armee aussetze. Dessen ungeachtet bin ich bereit, an jedem Kriegsschauplatz eingesetzt zu werden.« Manfred unterzeichnet. Dann heißt es bloß, er solle auf weitere Instruktionen warten. Noch immer weiß Manfred nicht, worum es bei dem Treffen eigentlich gegangen ist. Er fährt zurück nach Schottland zu seiner Einheit. Es dauert über eine Woche, bis er eine weitere Nachricht erhält. Manfred wird nach Bradford beordert, eine Stadt in Nordengland. In Bradford angekommen, erfährt er schließlich, dass er sich mitten in der Nacht am Bahnhof einfinden soll. Dort trifft er auf 14 weitere junge Männer. Sie bekommen einen Zug genannt. Ohne zu wissen, wohin die Reise geht, steigt Manfred ein. Die Männer im Abteil ahnen vielleicht, was sie verbindet, aber nicht, was vor ihnen liegt.

Als es zu dämmern beginnt, fährt der Zug in Aberdovey ein, einem beschaulichen walisischen Küstenort. Eine Gruppe junger Soldaten nimmt Manfred und seine Mitreisenden in Empfang. Sie tragen das grüne Barett. Es ist das Merkmal der *Commandos*, der Sondereinsatztruppen im britischen Militär. In Aberdovey treffen Manfred und die anderen Neuankömmlinge wieder auf den jungen, sportlichen Mann in Offiziersuniform, der sie bereits in London vernommen hatte. Er ist der Kommandant der Einheit. Sie nennen ihn den Skipper. Schnell wird klar,

Manfred Gans als Private Frederick Gray,
Aberdovey 1943

dass alle hier große Stücke auf ihn halten. Sein richtiger
Name lautet Bryan Hilton-Jones. Er ist Waliser, ein ziel-
strebiger, sportlicher Typ. Er spricht fünf Sprachen. Sein
Deutsch ist perfekt, beinahe akzentfrei.

Schon bald nach ihrer Ankunft versammeln sich die
Neuankömmlinge in einer Villa etwas außerhalb des Ortes. Jeder muss einzeln beim Skipper vortreten. Er fragt,
ob Manfred sich schon einen neuen Namen ausgedacht
habe, denn seinen alten müsse er nun ablegen. Manfred trifft die Frage unvorbereitet. Er überlegt fieberhaft. Schließlich fällt ihm ein, dass sie ihn in der Fabrik
in Manchester immer Freddie genannt haben. Also soll
er Freddie heißen. Der Skipper schlägt vor, dass er doch

das »G« im Nachnamen behalten soll: »Gray, das wäre doch ein guter Name.« Nur wenige Stunden nach seiner Ankunft bekommt Manfred ein grünes Barett und ein neues Soldbuch ausgehändigt. Darin ist seine neue Identität verbrieft: Frederick Gray, Kennnummer 6387019. Special Service Brigade. Größe: 5 Fuß, 10 Inch, Gewicht: 158 Pfund. Hautfarbe: hell. Augenfarbe: grau-grün.

Ohne vorher jemals von dieser Einheit gehört zu haben, wird Manfred Mitglied der Three Troop, einer der ungewöhnlichsten und geheimnisvollsten Einheiten in der britischen Armee. Nach fünf Jahren der Unterdrückung und Ausgrenzung durch die Nationalsozialisten und nach vier Jahren als feindliche Ausländer haben die jungen Männer nun die Chance, einen wichtigen Beitrag im Kampf gegen Nazi-Deutschland zu leisten. »In Aberdovey wurden wir neu geboren«, erinnert sich Manfred in einem Interview viele Jahre später.

Bereits ein Jahr zuvor hat Admiral Lord Louis Mountbatten, zu diesem Zeitpunkt Leiter der Abteilung Combined Operations und selbst deutscher Abstammung, seinen Freund und Premierminister Winston Churchill auf eine Idee gebracht. Er schlägt vor, einigen Ausländern, die aus ihrer Heimat fliehen mussten, in Großbritannien lebten und nun gegen Hitler in den Krieg ziehen wollten, die Chance zu geben, auf Seiten der Briten zu kämpfen. Anders als manche Militärs findet Churchill die Idee überzeugend. Im Frühsommer 1942 wird das sogenannte No. 10 Inter-Allied Commando ins Leben gerufen. Bald schon formieren sich eine French Troop, eine Dutch Troop, eine Belgian Troop, eine Norwegian Troop, eine Polish Troop, eine Yugoslavian Troop. Und noch eine weitere Spezialtruppe soll gebildet werden, die allerdings

Gruppenbild der Three Troop, Aberdovey 1943

unter größter Geheimhaltung steht – selbst innerhalb der Armee werden nur einige wenige darüber in Kenntnis gesetzt. Es heißt, Churchill selbst habe vorgeschlagen, diese Einheit X Troop zu nennen, da das mathematische Symbol für das Unbekannte das X sei. Den Militärs klingt X Troop allerdings zu verdächtig. Offiziell soll die Einheit deshalb Three Troop heißen. Denn sie ist die dritte Einheit des Inter-Allied Commando, die gegründet wird. Die Mitglieder der Three Troop sind alle Flüchtlinge, fast ausnahmslos jüdisch. Sie stammen vorwiegend aus Deutschland und Österreich, Einzelne aus dem heutigen Tschechien, Ungarn und Rumänien. Deutsch ist ihre Muttersprache. Hilton-Jones hat im ganzen Land nach möglichen Kandidaten für seine Einheit Ausschau halten lassen. 350 Kandidaten hat er in London vorsprechen lassen. Knapp 90 wählte er aus und ließ sie nach Aberdovey kommen. Alle, die dort nun antreten, sind hoch motiviert und verfügen über eine besondere Tauglichkeit. Nach Kriegsende wird Hilton-Jones in einem Bericht resümieren, dass die Three Troop sich durch eine ganz »seltsame Verbindung von ausgeprägtem Individualismus und beachtlichem Kameradschaftsgeist« ausgezeichnet habe.

Nachdem alle ihre neue Identität erhalten haben, macht Hilton-Jones den Neuankömmlingen deutlich, dass ihr bisheriges Leben unter allen Umständen ein Geheimnis bleiben müsse. Auch wenn sie in Aberdovey auf Leute von früher treffen sollten, müssten sie ihre Vergangenheit leugnen und dürften nicht auf ihre ursprünglichen Namen reagieren. Unerlässlich zur Geheimhaltung der Truppe sei es zudem, nicht ein Wort über sie zu Papier zu bringen. Die Männer sollen ihre persönlichen Dokumente vernichten. Es dürfe keine Beweise ihrer bisherigen Identität geben. Keiner solle mehr Kontakt zu Personen mit fremdsprachigen Namen pflegen oder mit ihnen korrespondieren, auch nicht mit der eigenen Familie. Ebenso sei es fortan verboten, Tagebuch zu führen.

Die hohe Geheimhaltung der Truppe dient nicht nur dem Schutz der einzelnen Soldaten, die im Falle einer Gefangennahme besonders harte Strafen zu befürchten hätten. Es ist den britischen Militärs vor allem wichtig, dass der Feind auf keinen Fall etwas von der Existenz dieser deutschsprachigen Eliteeinheit in ihren Reihen erfährt. Wie ernst es die militärische Führung mit der Geheimhaltung der Truppe meint, verdeutlicht eine Begebenheit, die Peter Masters in seinem Buch *Striking Back* erzählt. Peter Masters, mit richtigem Namen Peter Arany, ein Kunststudent aus Wien, kommt kurz nach Manfred zur

Three Troop. Auf dem Weg nach Aberdovey hatte ihn ein Kamerad aus seiner vorherigen Einheit begleitet, einer, der nicht für die Three Troop ausgewählt worden war. Masters hatte sich wohl nichts dabei gedacht, seinen Kameraden mit nach Aberdovey zu bringen. Dort wird allerdings schnell deutlich, dass der ungebetene Gast ein Sicherheitsproblem darstellt. Direkt nach der Ankunft wird der Neuankömmling verhaftet und in einem Militärfahrzeug abtransportiert. Peter Masters begleitet ihn, als er dem Skipper zum Verhör vorgeführt wird. Dieser spekuliert in Anwesenheit des ungebetenen Gastes mit seinem Unteroffizier darüber, wie sie diesen denn nun am besten loswerden könnten. Unteroffizier O'Neill schlägt vor, dass er doch zufällig »aus dem Truck fallen« könne. Der Gast steht sichtlich unter Schock. Der Skipper lässt ihn noch eine Weile zappeln, bis er irgendwann beschwichtigt und den Soldaten ziehen lässt – nicht ohne ihm zu drohen, dass sie ihn fänden, wenn er nur das Geringste von dem preisgebe, was er in Aberdovey gesehen oder gehört habe.

Zwischen Sommer 1942 und Sommer 1943 treffen alle paar Monate neue Rekruten in Aberdovey ein. Manfred ist Teil der zweiten Rekrutierungsoffensive der Three Troop. Die neue Einheit wird von den Bewohnern des Ortes anfangs skeptisch beäugt. Doch Kommandant Hilton-Jones sucht bewusst den Kontakt. Gesellige Abende werden organisiert, Bekanntschaften entwickeln sich. Einige Soldaten und junge Frauen aus Aberdovey kommen sich näher. Der Hintergrund der Einheit wird dabei aber stets geheim gehalten – auch wenn die Bewohner Aberdoveys wohl über das nicht immer ganz korrekte Englisch und den oft auffallenden Akzent der jungen »britischen Soldaten« gerätselt haben werden.

Am Abend seiner Ankunft bekommt Manfred ein Zimmer in einem Privathaus zugewiesen. Eine Kaserne gibt es für die Three Troop nicht, denn offiziell existiert diese Einheit ja gar nicht. Manfred lebt bei einer alleinstehenden Frau. Als sie den neuen Mitbewohner nach seinem Namen fragt, kommt Manfred kurz ins Stocken. »Nennen sie mich Freddie«, antwortet er knapp. Seinen neuen Nachnamen und seine Geschichte muss er erst noch einstudieren. Der Skipper hatte ihnen eingeschärft, für alle Situationen gewappnet zu sein. Gerate jemand in Gefangenschaft und werde verhört, müsse er seine fiktive Heimatstadt genauso gut kennen wie seine echte Heimat. Jeder solle den Standort der örtlichen Poststelle beschreiben können, wissen, wie die großen Textilunternehmen der Stadt heißen, wann die letzte Straßenbahn fährt und wo es die besten Brötchen gibt. Damit er im Fall des Falles nicht allzu sehr ins Stottern kommt, mischt Manfred Wahrheit und Fiktion zu einer neuen Biographie. Wer ihn fortan nach seiner Vergangenheit fragt, dem berichtet er, dass sein Vater Engländer sei, aber als Textilhändler über Jahre in Deutschland gelebt habe, wo auch er aufgewachsen sei.

Mit seinem neuen Namen und seinem neuen Lebenslauf muss Manfred auch die jüdische Identität ablegen. Seit seiner Bar-Mizwa, also seit seinem 13. Lebensjahr, hat Manfred jeden Morgen unter der Woche die Tefillin, die jüdischen Gebetsriemen, angelegt – auch noch während seiner Zeit beim Pioneer Corps. Sogar während der Inhaftierung als *Enemy Alien* hat er die kosheren

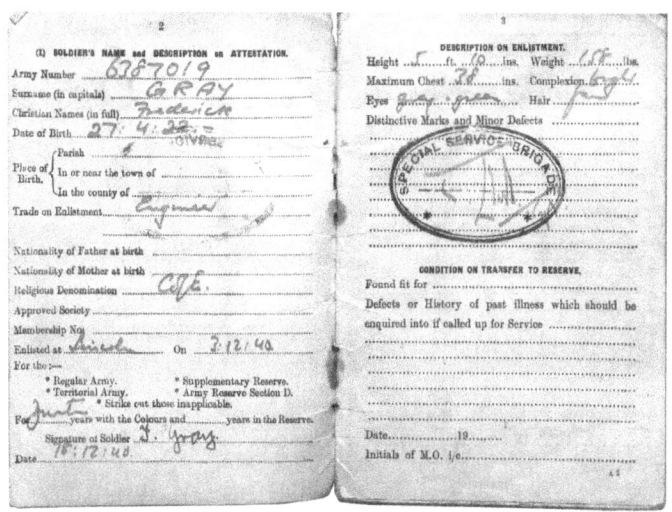

Das Soldbuch von Manfred Gans alias Frederick Gray

Essensregeln befolgt. Damit ist es nun allerdings vorbei. Unter Religionszugehörigkeit steht in seinem neuen Soldbuch »C of E«, das Kürzel für *Church of England*.

Trotz oder gerade wegen ihres geheimen Status dient die Three Troop nach dem Krieg immer wieder als Inspiration für bizarre Heldengeschichten. 1982 erscheint in England James Leasors Roman *The Unknown Warrior* über einen Soldaten der Three Troop, der in einer wagemutigen Aktion als britischer Spion im besetzten Frankreich beinahe das gesamte Kriegsgeschehen auf den Kopf gestellt hätte. Das Buch liest sich wie ein James-Bond-Roman. Stephen Rigby, der Protagonist, ist keine historische Figur, zumindest kann sich später niemand aus dem Kreis der Three Troop an einen Stephen Rigby erinnern,

aber offenbar verschmilzt der Autor verschiedene Bio-
graphien in seiner Romanfigur und lässt sie manch Abenteuer durchleben, die er bei den Three-Troop-Soldaten
nach dem Krieg in Erfahrung gebracht hat. Auch in Manfreds Nachlass befindet sich ein langer Brief, in dem er
Leasor seine Geschichte schildert.

2009 greift dann der Film *Inglourious Basterds* die Geschichte einer geheimen jüdischen Truppe auf. Regisseur
Quentin Tarantino deutet dabei die Einheit zu einem
Rachekommando um. Lieutenant Aldo Raine, gespielt
von Brad Pitt, fordert im Film von jedem seiner Soldaten
100 deutsche Skalpe. Manfred, wie auch andere Veteranen der Three Troop, die im hohen Alter von dem Film
erfahren, sind wenig begeistert. Sie traten mitnichten an,
um im Wild-West-Stil möglichst viele Deutsche zu töten.
Ihr Auftrag und ihr Ansinnen war es, sich unbemerkt in
feindliche Stützpunkte einzuschleichen, wertvolle Informationen zu beschaffen, lebendig zurückzukommen und
dazu beizutragen, den Krieg möglichst schnell zu beenden und die Opfer zu minimieren.

Das Training der Three Troop ist extrem hart. Wenn man
durch Manfreds Kalender aus diesen Tagen blättert, liest
man vor allem die Worte »physical training«. Der Skipper ist leidenschaftlicher Bergsteiger und der Meinung,
dass körperliche Fitness für das Überleben an der Front
die zentrale Voraussetzung ist. Die sportliche Ertüchti-
gung nimmt fast schon religiöse Züge an. Überliefert ist
ein Marsch auf den Mount Snowdon, den höchsten Berg
in Wales. 53 Meilen, mehr als 80 Kilometer, marschieren sie in voller Montur. Zwei Kameraden werden beim
Training in den Bergen schwer verletzt und anschließend

ausgemustert. Unbeirrt wird die Ausbildung fortgesetzt. Die Elitesoldaten klettern und tauchen, sie lernen Fallschirmspringen, Schiffe und Züge zu führen, Schlösser zu knacken und Sprengstoff zu basteln. Ein gutes Jahr durchlaufen Manfred und seine Kameraden die wohl härteste und beste Ausbildung der britischen Armee.

Eine Unbekannte namens Jo

Im Herbst 1943 wird Manfred für einige Wochen nach Cambridge geschickt. Hier durchläuft er zusätzlich ein Geheimdiensttraining, lernt psychologische Verhörstrategien und Details über die Waffen und Strukturen der Wehrmacht. Zu dieser Zeit erreicht ihn ein Brief aus den USA. Eine junge Amerikanerin, sie nennt sich Jo, schreibt ihm. Etwas unschlüssig, was der Anlass ihres Briefes ist, antwortet er ihr:

»Liebe unbekannte Jo, es ist mir ein Rätsel, warum ein amerikanisches Mädchen an einen britischen Soldaten schreiben will. Ich bin daher tatsächlich geneigt zu glauben, dass es da einen Haken geben könnte. Die Fortsetzung dieser Korrespondenz mache ich daher von den folgenden Bedingungen abhängig: Erstens: Der nächste Brief muss in Ihrer eigenen hübschen Handschrift geschrieben werden. Mit Hilfe einiger Freunde von mir, die davon Ahnung haben, kann ich dann Ihren Charakter analysieren. Zweitens: Sie müssen mir mitteilen, wie Sie an meine Adresse gekommen sind – sofern dieser Brief überhaupt für mich bestimmt ist? Drittens: Erzählen Sie mir alles,

was Sie bereits über mich wissen, einschließlich des Re-
giments, in dem ich diene. Wenn Sie diese Bedingungen
erfüllen, habe ich keine Einwände, ein paar Ansichten mit
einem amerikanischen Mädchen auszutauschen.«[1]

Es dauert nicht lange, da bekommt er ihre Antwort. Jo
ist bereit, die Bedingungen für die Korrespondenz zu
erfüllen, und stellt sich vor: Sie ist 20 Jahre alt und lebt
in New York. Sie besucht das Abend-College und soll
einmal Lehrerin werden. Allerdings schwebt ihr etwas
anderes vor. Ihr größter Wunsch ist es, der U.S. Navy
Reserve für Frauen beizutreten. Mehr als alles andere will
auch sie dabei helfen, den Krieg in Europa zu beenden.
Doch ihr jugendliches Alter und ihre Familie stehen ihr
im Weg. Umso mehr möchte sie von »Freddie« wissen,
was er beim Militär erlebt und was er vor dem Krieg gemacht hat.

Trotz des strikten Gebots der Geheimhaltung schreiben die beiden sich von nun an regelmäßig. Eines Tages
erhält Jo einen Brief von einer gewissen Luise Wislicki,
von der sie noch nie gehört hat.

»Sehr geehrte Frau Garry, ich bin die Person, die Ihre
Briefe an Freddie weiterleitet. Ich fürchte, ich musste die
meisten Fragen streichen, die Sie ihm in Ihrem letzten
Brief gestellt haben. Er darf nichts darüber sagen oder gar
andeuten, wo er ist oder was er tut. Ereignisse können erst
nach Ablauf von drei Wochen nach ihrem Eintreten ge-
meldet werden. Wir dachten, wenn der Zensor der Streitkräfte den Brief in seiner jetzigen Form in die Finger bekommt, könnte Freddie in Schwierigkeiten geraten. Also
habe ich ein paar Zeilen entfernt. Bitte entschuldigen Sie.«[2]

Luise Wislicki stellt sich als Kontaktperson von Freddie Gray vor. Leo und Luise Wislicki sind Ärzte aus Berlin. Sie sind nach ihrer Flucht aus Deutschland in Manchester gelandet. Manfred hatte sie dort über einen gemeinsamen Freund kennengelernt. Die Wislickis, bei denen Manfred für kurze Zeit auch gewohnt hat, sind diskrete Leute, ohne eigene Kinder. Eine ideale Situation, denn Manfred braucht eine Deckanschrift, über die er Post senden und empfangen kann, ohne dass er seinen Aufenthaltsort beziehungsweise seine neue Identität preisgeben muss. Als Manfred zur Three Troop kam, benannte er die Wislickis als seine nächsten Angehörigen und Kontaktadresse. Außer ihnen weiß nur sein Bruder Theo von »Frederick Gray« und der Three Troop.

Manfred führt die Korrespondenz mit der unbekannten Jo aus New York fort, gibt aber meist nur allgemeine Informationen über sich preis: Er möge klassische Musik und Bücher, liebe Sport und gehe gern tanzen. Mehr könne oder wolle er nicht sagen:

> »Der Punkt ist, dass wir uns selbst kaum noch als diejenigen betrachten, die wir vor unserem Eintritt in die Armee waren. […] Und trotz der Tatsache, dass wir uns weiterhin auf den Tag freuen, an dem wir hier wieder rauskommen, ist diese Armee so ziemlich ein Teil von uns geworden.«[3]

Manfred scheint noch immer etwas skeptisch bezüglich seiner Briefpartnerin zu sein. Nachdem er allerdings ein Foto von der »umwerfenden Schönheit« bekommt, hält er den Briefwechsel aufrecht; er muss geahnt haben, was sich in einem der späteren Briefe von Jo offenbaren wird:

»Wie Du weißt, ist es leicht, seinen Namen zu ändern, oft hat es nicht viel zu sagen, und meistens gibt es Gründe dafür. Die ganze Zeit hatte ich gehofft, dass Du mich erkennen würdest, und ich muss sagen, dass ich Dir genug Hinweise gegeben habe, wer ich bin, nur meinen richtigen Namen habe ich Dir verheimlicht – so albern es auch klingen mag. Ich hatte gehofft, dass Du Dich an eine alte Freundin in den USA erinnerst, und war ziemlich enttäuscht, als Du sagtest, dass ich eine ›umwerfende Schönheit‹ sei – was übrigens nicht wahr ist –, aber nicht sagtest, ›dass Du dieses Gesicht kennst‹, als Du mein Bild erhalten hast. Ich hoffe, Du wirst mich dafür nicht verurteilen, obwohl ich Angst vor Deinem Urteil habe. [...] Mensch, Freddie, dieser Brief ist schrecklich schwer zu schreiben, es wäre so viel leichter, sich einfach die Hand zu reichen und zu sagen: Erinnerst Du Dich? Aber da das nicht möglich ist, hoffe ich, dass mein schriftlicher Handschlag dies schafft. Ich hoffe, Du bist nicht zu enttäuscht, dass ›Jo‹ und ›Anita‹ dieselbe Person sind, dass Du den Schock überwinden wirst und mir weiter schreibst – warum denn eigentlich nicht?«[4]

Die vielen Briefe, die Manfred in den letzten Monaten aus New York erhalten hat, stammen also von seiner Jugendfreundin Anita. Weil Anita unsicher war, ob Manfred ihr überhaupt zurückschreiben würde, entschied sie sich, unter einem anderen Namen den Kontakt wieder aufzunehmen. Und weil sie immer noch fürchtet, dass ihre Mutter ihr die Korrespondenz untersagen könnte, nutzt sie für den Briefwechsel die Adresse einer Freundin. Manfred ist froh, dass der »Bluff« nun endlich vorbei ist, und versichert ihr, dass sie völlig falsch liege, wenn sie

glaube, dass er ihr unter ihrem richtigen Namen nicht geantwortet hätte. Im Gegenteil.

Glücklich über seine Antwort kann Anita jetzt endlich
offen sprechen und will nun alles in Erfahrung bringen,
was sie vorher unter ihrem Pseudonym nicht erfragen
durfte.

>Erzähl mir doch etwas über Dich, zum Beispiel einige
Dinge, von denen Anita gerne hören würde, die Du Jo
aber nicht erzählen konntest. Wie sieht es mit Deiner
ganzen Familie aus, hast Du Nachricht von ihnen? Es
ist unglaublich, wie Menschen, die sich seit Jahren nahe-
stehen, nun so auseinandergerissen sind. Ich habe leider
von vielen dieser tragischen Fälle gehört und bin einfach
dankbar, dass ich das Glück habe, mit meiner Familie zusammen zu sein. Ich hoffe, Freddie, auch Du bist einer
dieser Glücklichen.«[5]

Auf die Frage nach den Eltern antwortet Manfred nicht.
Er muss mit Informationen über seine Identität noch immer vorsichtig sein. Außerdem weiß er nichts über ihren
Verbleib. Bis zum Überfall der Deutschen auf die Niederlande hatte er noch regelmäßig Kontakt zu seinen Eltern. Danach erreichen ihn nur noch auf Umwegen und
vereinzelt Nachrichten. Ein letztes Lebenszeichen aus
ihrem Versteck in den Niederlanden schicken die Eltern
über Verwandte Anfang 1943 Richtung England.

>Gestern Morgen, Vater lag noch, aber ich konnte aus
seinen Gesichtszügen ersehen, er dachte an etwas Liebes.
Als ich ihn danach fragte, sagte er: Ich denke an Manfreds
>langweiliges Leben‹. [...] Wenn Euch dieser Brief er-

reicht, sind auch Eure Geburtstage, Jungens, ich möchte Euch den nächsten Geburtstagstisch wieder decken können, dann wären unsere Wünsche erfüllt, dann lassen wir aber alle schönen Platten spielen, hm? Gesund bleiben. Ihr habt uns bei Euch.«[6]

Zuvor, im Sommer 1942, haben die deutschen Besatzer große Teile des Küstenorts Zandvoort evakuiert, um hier Bunkeranlagen für den sogenannten Atlantikwall aufzubauen, der eine Invasion der Alliierten von der See aus abwenden soll. Moritz und Else müssen gemeinsam mit Elses Mutter Bertha ihr sicher geglaubtes kleines Häuschen im Regentesseweg 11 nahe dem Strand verlassen. Mit Hilfe des Polizisten Jan Willem Smouter finden sie einen Bauern in Marssum bei Leeuwarden, der sie aufnimmt. Kurz bevor sie abtauchen, übergeben sie Smouter und seiner Lebensgefährtin eine Kassette, darin Bargeld, Wertpapiere und kostbarer Schmuck. Sie bitten die beiden, diese letzten Wertsachen für sie aufzubewahren und – falls sie nicht zurückkehren sollten – an ihre Söhne zu übergeben. Warum und wie sie später verraten werden, bleibt unklar. In jedem Fall stehen ein knappes halbes Jahr, nachdem sie untergetaucht sind, deutsche Sicherheitspolizisten vor ihrer Tür in Marssum. Moritz und Else werden verhaftet, in ein Gefängnis nach Leeuwarden gebracht und kurze Zeit später in das Konzentrationslager Westerbork deportiert, wo sie am 22. Juni 1943 registriert werden.

Vor dem Einmarsch der Deutschen wurde das »Kamp Westerbork« aufgebaut, ursprünglich, um die große Zahl der Flüchtlinge, insbesondere die Juden aus Deutschland und Österreich, aufzufangen. 1942 bemächtigt sich die

SS des Kamps und baut in Westerbork ein Sammel- und Durchgangslager auf. Im Juli 1942 beginnen die Nationalsozialisten, alle Juden, die sie in den Niederlanden ergreifen können, nach Westerbork zu schicken. Einige von ihnen waren schon einmal hier, haben an diesem Ort Zuflucht gefunden, nachdem sie aus Deutschland geflohen waren. Diesmal können sie in Westerbork allerdings nicht auf Schutz hoffen, sondern sind der Willkür der SS ausgesetzt. Bis Kriegsende werden von hier über 100 000 Menschen in die Konzentrationslager deportiert. Jeden Dienstag geht ein Zug »nach dem Osten«, fast alle mit dem Ziel Auschwitz oder Sobibor.

Im Lager angekommen, werden Moritz und Else getrennt. Else kommt in Baracke 97 unter, einer Frauenbaracke. Moritz wird einer Männerbaracke zugewiesen. In den Morgenstunden des 14. September 1943 werden ihre Namen auf der Liste des nächsten Transports verlesen. Früh am Morgen rollt der Zug ins Lager ein. Zwangsarbeiter hatten einen eigenen Gleisanschluss vom nahe gelegenen Bahnhof Hooghalen nach Westerbork legen müssen, um die Logistik des Abtransports zu vereinfachen. Die Viehwaggons, die nun im Lager einrollen, haben keine Bänke und keine Fenster. Immer mehr Menschen werden aufgeladen, bis sie Schulter an Schulter stehen. Die SS-Wachmannschaft kontrolliert, dass auch wirklich alle Aufgerufenen im Dunkeln der Waggons verschwinden. An ihren Leinen bellen scharfgemachte Hunde. Dann zieht die Lok an.

Abends um kurz nach sieben erreicht der Transport den Bahnhof von Soltau – eine Schicksalsweiche. Die vorderen Waggons, mit über 1000 Menschen belegt, fahren weiter in Richtung Auschwitz. Sieben Waggons werden abgekoppelt und sind für das Ghetto Theresienstadt bestimmt. Doch das Lager ist überfüllt. Die Lok wird umrangiert, und die 283 Insassen, darunter Moritz und Else Gans, erreichen eine Stunde später die Rampe in Bergen-Belsen.

Etwa zur selben Zeit wird Manfred mit seiner Einheit von Wales nach Littlehampton im Südosten Englands verlegt. Im Hinterland der Hafenstädte versammeln sich im Frühjahr 1944 die Streitkräfte der Westalliierten. Ganz Südengland gleicht in diesen Wochen einem einzigen großen Truppenübungsplatz. Mehr als eine Million US-Soldaten treffen auf der Insel ein, und mindestens ebenso viele britische Männer machen sich bereit. Die militärischen und logistischen Vorbereitungen zur Landung auf dem europäischen Festland sind in vollem Gange, stehen aber unter höchster Geheimhaltung. Auch Manfred und die Three-Troop-Kameraden wissen nicht, wann und wo es losgehen soll. »Im Kriege ist die Wahrheit so kostbar, dass sie immer von einer Leibwache von Lügen umgeben sein sollte«, lässt Churchill verlauten und scheut folglich keine Mühen, falsche Fährten zu legen. Unter dem Decknamen Fortitude South starten die Alliierten ein umfangreiches Täuschungsmanöver. Dazu stellen sie eine ganze Phantomarmee auf. Tausende Panzer- und Flugzeugattrappen aus Pappe, Holz und Gummi werden gebaut und Richtung Küste verfrachtet. Sie sollen der deutschen Luftaufklärung vortäuschen, dass die britische Armee Richtung Dover mobilmacht und von dort aus ins Pas-de-Calais übersetzen will. Der Tarnung dienen auch Luftangriffe auf Radar- und Verteidigungsanlagen. Die in der Normandie werden nur halb so oft attackiert wie die im Pas-de-Calais. Die Gegend um Calais scheint für die Landung am geeignetsten zu sein. Sie bietet breite und flache Strände für die Landungstruppen, die kürzeste Überfahrt von England aus sowie den schnellsten Weg zum Rhein und damit auf deutschen Boden. Es entwickelt sich ein Katz-und-Maus-Spiel der Geheimdienste: Wer hat welche Informationen? Welche davon sind echt und welche sollen in die Irre führen? Eine wichtige Rolle kommt in dieser Situation auch den Soldaten der Three Troop zu. In verschiedenen Spezialeinsätzen werden Einzelne von ihnen nach Frankreich übergesetzt, um einerseits Informationen einzuholen und andererseits falsche Fährten zu legen.

Anfang 1944 erfährt Manfred, dass er für einen ersten Spezialeinsatz im Rahmen der Operation Crossbow vorgesehen ist. Gemeinsam mit drei Kameraden soll er nachts über Nordfrankreich mit einem Fallschirm abspringen: einer mit Seilen, ein anderer mit einem Funkgerät, einer mit einer Infrarotkamera und der vierte mit einem Käfig voller Brieftauben. Das Ziel ihrer Erkundung ist eine Abschussbasis der V1-Raketen, welche die Deutschen in Nordfrankreich gegen England in Stellung bringen. Mit den Kameras sollen sie Fotografien machen, die sie mit Hilfe der Brieftauben zurück auf die Insel schicken, und sich dann zur Küste durchschlagen, sich dort abseilen und warten, bis sie nachts von Booten abgeholt werden. Manfred und seine Kameraden sitzen schon im Flugzeug, da wird die Aktion plötzlich abgebrochen – der Wind ist zu stark. Als das Wetter Tage später besser wird, sind die Informationen bereits von einer anderen Einheit eingeholt worden. Manfred bleibt auf der Insel.

Im Mai 1944 wird die Three Troop aufgeteilt. Während des gesamten Krieges soll diese Spezialeinheit nie gemeinsam agieren. Hilton-Jones und die Militärstrategen in London sind sich einig, dass ihr besonderer Hintergrund und ihre Spezialausbildung noch mehr Wirkung entfalten könnten, wenn einzelne Soldaten in kleinen Gruppen verschiedenen Einheiten zugewiesen würden. Das ist auch ein Grund, weshalb die Bedeutung dieser Truppe später kaum als Geschichte einer Einheit nachvollziehbar sein wird, sondern eher als eine Reihe von persönlichen Erlebnissen.

Manfred wird mit drei Kameraden der Three Troop dem 41st Royal Marine Commando zugewiesen. Die Einheit besteht aus insgesamt 450 Mann. Am Abend des 5. Juni 1944 gehen sie an Bord eines Landungsboots in Warsash bei Southampton. Mit Einbruch der Dunkelheit legen sie ab und nehmen langsam und ganz leise Fahrt in Richtung Frankreich auf. Nachdem sie die Isle of Wight passiert haben, reihen sie sich ein in einen Konvoi von Hunderten weiteren Schiffen, in deren Bäuchen jeweils circa 80 Soldaten ausharren. Die Boote sind oben offen. Um der Kälte und Nässe zu trotzen, werden Schnapsflaschen herumgereicht. Manfred bevorzugt einen warmen Kakao. Auf dem offenen Meer wird vielen an Bord übel. Die See ist sehr rau in dieser Nacht, denn noch am Vortag war ein Sturm über Südengland gezogen. Für einen kurzen Moment stand die Operation Overlord auf der Kippe. Doch die Pläne für diesen Tag wurden über Jahre ausgetüftelt, nun gibt es kein Zurück mehr. Vieles, vielleicht auch alles hängt davon ab, wie schnell die Alliierten in Frankreich Fuß fassen, um einen sicheren Brückenkopf in Kontinentaleuropa aufzubauen, den Nachschub zu sichern und so ins Landesinnere vorzudringen. Wenn die Landung gelingt, könnte dieser Tag den Anfang vom Ende des Krieges in Europa markieren. Ein Misserfolg würde jede weitere Invasion ungleich schwieriger machen.

Die Alliierten haben Glück. In den frühen Morgenstunden des 6. Juni 1944 wird die See ruhiger. Und mit dem ersten Licht eröffnet sich ein imposantes Bild. Überall am Horizont tauchen schwarze Punkte auf. Als sie größer werden, entpuppen sie sich als Flugzeuge. Tausende zeigen sich am Himmel, und auf dem Wasser sind ebenso viele Schiffe. Weit mehr als 100 000 alliierte Soldaten sind auf dem Weg zu einer der größten militärischen Operationen des Zweiten Weltkriegs.

Die verbündeten Einheiten aus Großbritannien, den USA und Kanada sollen die deutsche Wehrmacht auf dem europäischen Kontinent zurückdrängen. Unter ihnen ist auch Manfred Gans. Seinen Namen kennt auf dem Schiff jedoch niemand. Abwechselnd blicken die Männer durch die Luken der Landungsklappen und berichten den anderen, was sie erkennen können. Sie steuern direkt auf die Küste Frankreichs zu. Immer wieder erhellen neue Explosionen die Küste. Es dauert noch eine gute Stunde, bis sie den Strand erreichen.

Rückeroberung

Im Morgengrauen des 6. Juni 1944 kündet sich an der Küste der Normandie ein wolkenverhangener Tag an. Unter schwerem Beschuss erreichen US-Truppen am Omaha Beach als Erste das Ufer. Kurze Zeit später, gegen 7.30 Uhr, landen britische Einheiten am Sword Beach, dem östlichsten der fünf Landungsabschnitte in der Bucht – unter ihnen Manfred Gans, alias Frederick Gray, und das 41st Royal Marine Commando. Die Landungsschiffe fahren so nah wie möglich an den Strand. Dann gehen die Luken auf. Bis ans Land sind es noch gut 100 Meter. Voll bepackt und unter fortwährendem Beschuss waten sie durch knietiefes Wasser. Sie haben Glück, der Widerstand der deutschen Truppen ist hier nicht mehr ganz so heftig wie ein paar Kilometer weiter westlich. Mit deutlich weniger Verlusten als die Amerikaner erreichen sie das Land. Der Strand ist verwüstet: übersät mit Verwundeten und Toten. Er bietet kaum Schutz. Auch wenn bereits einige der sogenannten Widerstandsnester der Wehrmacht oben in den Dünen durch den Beschuss der Kampfflugzeuge und Schlachtschiffe zerstört sind und das Maschinengewehrfeuer von dort langsam nachlässt, schlagen noch immer unentwegt

Granaten aus dem Hinterland ein. Manfred kommen die mahnenden Worte von Generalfeldmarschall Montgomery, dem Oberbefehlshaber der britischen Einheiten, in den Sinn. Kurz vor dem D-Day hatte dieser die Kaserne von Manfreds Einheit besucht und die Soldaten gewarnt, dass die britischen Truppen bei vorherigen amphibischen Landungen dazu neigten »beach happy« zu werden, also über ihr Glück, festen Boden unter den Füßen zu haben, vergessen, den ungeschützten Strand schnellstmöglich zu verlassen. Diesen verhängnisvollen Fehler, das hat Manfred sich fest vorgenommen, will er nicht machen. Zügig läuft er über den Strand und trifft auf eine Gruppe deutscher Soldaten, die bereits gefangen genommen wurde. Während einige Kameraden sie gerade entwaffnen und abführen, verhört er sie eilig und kann herausfinden, auf welchem Weg sie durch das Minenfeld gelangen. Die Informationen der deutschen Soldaten erweisen sich als wahr. So gelingt es Manfred, einige der umstehenden Kameraden seiner Einheit unbeschadet über den Strand zu führen. Sicher erreichen sie den vorgegebenen Sammelplatz.

Das 41st Royal Marine Commando landet unterhalb der Ortschaft Lion-sur-Mer. Die erste Order an die Einheit besteht darin, den deutschen Stützpunkt im Ort einzunehmen und sich dann fünf Kilometer nach Westen durchzuschlagen, um sich im nächsten Dorf mit kanadischen Einheiten zusammenzuschließen. Explosionen und Schüsse durchdringen unentwegt die morgendliche Unruhe. Über der ganzen Küstenregion liegt der penetrante Geruch von Sprengstoff. Als sich Manfred mit seiner Truppe der Ortschaft Luc-sur-Mer nähert, geraten sie unter Beschuss. Ein gut verstecktes Panzerabwehrgeschütz der Deutschen zerstört alle drei Begleitfahrzeuge der Einheit. Glücklicherweise öffnen einige Franzosen den Schutz suchenden britischen Soldaten die Türen zu ihren Häusern. Die Situation bleibt unübersichtlich. Hof für Hof tastet sich Manfred mit einer kleinen Gruppe vor. Im Gegensatz zu seinen Kameraden trägt er nicht die schweren Armeestiefel, sondern leichte Schuhe mit Gummisohlen, um sich schneller, und vor allem leise, fortbewegen zu können. Ihr Einsatzziel, den Ort Luc-sur-Mer, werden sie bis zum Abend allerdings nicht erreichen. Auf einem verlassenen Bauernhof richten sie ihr Quartier ein. Unter festem Gemäuer zu schlafen erscheint Manfred jedoch zu gefährlich. Denn noch immer schlagen ununterbrochen Mörsergeschütze in unmittelbarer Nähe ein. Zwischen zwei kleinen Steinmauern hinter dem Haus findet er einen Unterschlupf, in dem er etwas essen und ein paar Stunden ruhen kann. Das ist bitter nötig, denn die nächsten Nächte werden schlaflos.

Die Invasion der Alliierten war vom Oberkommando der Wehrmacht erwartet worden. Unklar war jedoch, wo und wann sie erfolgen würde. Die von den Deutschen besetzten Gebiete reichen im Frühjahr 1944 vom Nordkap, der nördlichsten Spitze Norwegens, bis zur Biskaya in Südfrankreich. Bereits seit drei Jahren sind die Deutschen damit befasst, den sogenannten Atlantikwall aufzubauen, der die von Hitler proklamierte »Festung Europa« vor einem Angriff der Alliierten schützen soll. Bis zum Tag der Invasion haben die Deutschen mehr als 10 000 Befestigungsanlagen entlang der Küste gebaut und über sechs Millionen Minen an den Stränden vergraben beziehungsweise von Kriegsgefangenen und Zwangsarbeitern vergraben lassen. Dennoch müssen Hitler und seine Generäle einsehen, dass die knapp 3000 Kilometer lange Küstenlinie nicht an allen Stellen gleich gut gesichert werden kann. So spekulieren die deutschen Militärstrategen über den genauen Ort und den exakten Zeitpunkt der alliierten Landung – und sind sich dabei nicht einig. Der Oberkommandant der Wehrmacht im Westen, Gerd von Rundstedt, geht von einer Landung im Pas-de-Calais aus, an der schmalsten Stelle des Ärmelkanals. Generalfeldmarschall Erwin Rommel, der mit der Sicherung des Atlantikwalls betraut ist, vermutet ebenfalls, dass die Invasion in Nordfrankreich erfolgen wird, bringt aber neben dem Pas-de-Calais auch die Normandie ins Gespräch. Hitler bleibt unschlüssig. Mal glaubt er, dass die Invasion in Norwegen erfolgen werde, dann geht er von Dänemark aus, wieder ein anderes Mal spricht er vom Mittelmeer. Während Rommel die Befestigungsanlagen und Heeresverbände in Frankreich inspiziert und von Rundstedt in Paris residiert, taucht Hitler selbst kein einziges Mal in der Region auf. Er genießt im Frühjahr 1944 zumeist das Alpenpanorama auf seinem Anwesen bei Berchtesgaden, wo er sein Hauptquartier aufgeschlagen hat. Vom Berg aus widerspricht er regelmäßig der militärischen Expertise seiner Generäle – auch bezüglich des erwarteten Zeitpunkts der Invasion.

Noch am Abend des 5. Juni gehen im Hauptquartier bei Gerd von Rundstedt erste Berichte ein, dass die Radarstationen an der Küste immer wieder gestört würden. Um 1.30 Uhr werden dann Fallschirmjäger östlich von Caen gesichtet. Von Rundstedts Oberkommando in Paris versetzt aber zunächst nur einzelne Einheiten in der Normandie in Alarmbereitschaft. Da der Wetterbericht für den kommenden Tag Wind, Regen und dichte Wolken vorhersagt, geht zu diesem Zeitpunkt noch kaum jemand davon aus, dass die einzelnen Meldungen von Feindbewegungen der Beginn der Invasion sein würden. Einige Generäle sind zu einer militärischen Übung in Rennes, andere machen sich eine gute Zeit in Paris. Generalfeldmarschall Rommel, der stets betonte, dass die ersten 24 Stunden nach der Invasion über deren Gelingen oder Scheitern entscheiden, fährt noch am Abend des 5. Juni nach Ulm, um dort den 50. Geburtstag seiner Frau zu feiern.

Als am frühen Morgen des 6. Juni dann minütlich Nachrichten über starke Bombardierungen an der Normandieküste und die Sichtung von Schiffen vermeldet werden, will von Rundstedt die 21. Panzerdivision Richtung Küste verlagern. Dazu bedarf es jedoch Hitlers Zustimmung, der sich vorbehalten hatte, über die Bewegung der Panzerdivisionen, seiner Lieblingseinheiten, persönlich zu entscheiden. Da Hitler allerdings eher spät aufzustehen pflegt und niemand aus seinem Stab wagt, ihn zu wecken, erfährt er erst nach seinem Frühstück am späten Vormittag vom Ausmaß der Truppenbewegung in der Normandie. Siegessicher kommentiert er, dass die Nachrichten gar nicht besser sein könnten. Er glaubt, die Alliierten nun endlich dort zu haben, wo die Wehrmacht sie schlagen kann.

Mangels fehlender Führung und entsprechend unkoordinierter Informationslage erfolgen bis in die Mittagszeit jedoch kaum abgestimmte Maßnahmen zum Gegenangriff. Die 21. Panzerdivision, mit circa 20 000 Soldaten der stärkste Verbund in der Region, wird zu spät zur Küste beordert und kann den Vormarsch der Alliierten nur kurzzeitig aufhalten und nicht mehr entscheidend zurückdrängen. Noch am Abend des D-Day sind sich Hitler, Rommel und von Rundstedt einig, dass die Landung in der Normandie nur ein Ablenkungsmanöver für eine spätere Landung im Pas-de-Calais ist. Zur gleichen Zeit sind bereits mehr als 150000 alliierte Soldaten in der Normandie gelandet und haben einen Küstenstreifen von 30 Kilometern eingenommen. Ein wichtiger Brückenkopf für den weiteren Nachschub ist damit gesichert. Doch nicht alle Einsatzziele für den D-Day werden erreicht. Das schlechte Wetter verhindert ein rasches Vordringen. Caen, die größte und strategisch wichtigste Stadt in der Region, wollten die Briten bereits am ersten Tag der Invasion einnehmen. Der Kampf um die Stadt wird allerdings noch sechs Wochen andauern.

Auch Manfred und seine Einheit kommen nach der Landung zunächst kaum weiter. Länger als geplant harren sie auf dem Hof einer jungen französischen Bäuerin aus, deren Mann von den Deutschen gefangen genommen wurde. Die anfänglichen Gegenangriffe der Wehrmacht lassen nach, und die Alliierten sind damit befasst, größere Hauptquartiere einzurichten und Lager für den Nachschub aufzubauen. Beinahe endlose Lkw- und Panzerkolonnen ziehen über jede noch so kleine Straße in der Küstenregion. Manfred und seine Kameraden scherzen, dass es in der Normandie nun gefährlicher sei, bei einem Verkehrsunfall als im Gefecht zu Schaden zu kommen. Doch der Eindruck sollte sich schon bald wieder ändern.

Patrouillen

Nach drei Tagen in Luc-sur-Mer zieht das 41st Royal Marine Commando weiter. Fünf Kilometer südlich, nahe dem Ort Douvres-la-Délivrande, liegt eine wichtige Radarstation der Deutschen. Den alliierten Truppen ist es in mehreren Versuchen bisher nicht gelungen, die Anlage einzunehmen. Gut 200 Mann Besatzung sind in den beiden großen Bunkeranlagen *Hindenburg* und *Moltke* stationiert. Zudem haben sich seit dem D-Day Dutzende deutsche Soldaten, die ihre Stellung an der Küste nicht mehr halten konnten, in die schwer befestigte Anlage zurückgezogen. Obwohl der Stützpunkt den britischen Vormarsch in dem Gebiet nicht aufhalten kann, senden die verbliebenen Einheiten von dort noch immer wichtige Informationen über die alliierten Truppenbewegungen an die deutsche Luftwaffe. Für das weitere Vordringen der Alliierten ist die Einnahme also eminent wichtig. Die Anlage ist mit zwei großen Stacheldrahtzäunen gesichert, dazwischen liegt ein 300 Meter breites Minenfeld. Manfred rückt in den kommenden Nächten immer wieder aus, um die Lage auszukundschaften. Zunächst nur außerhalb der Anlage, dann heißt es, sie sollen reingehen: den Stacheldraht durchtrennen, das Minenfeld überqueren und die beiden Bunkeranlagen inspizieren. Manfred ist auf solche Einsätze gut vorbereitet und hoch motiviert, aber er ist nicht übermütig und bleibt Realist. Bevor er aufbricht, verfasst er einen Abschiedsbrief und bittet einen Kameraden, das Schreiben seinem Bruder in England auszuhändigen, falls er nicht zurückkehren sollte. Die Tinte ist noch nicht ganz getrocknet, da gilt seine volle

Konzentration schon wieder dem Einsatz. Nach Einbruch der Dunkelheit bricht Manfred gemeinsam mit seinen beiden Three-Troop-Kameraden Maurice Latimer und Oscar O'Neill sowie drei weiteren Soldaten auf. Sie brauchen eine knappe halbe Stunde, um das Minenfeld zu überqueren. Manfred hat sich dafür eine eigene Technik überlegt. Er bewegt sich behutsam in der Hocke vorwärts, während er eine Hand vor sich herführt und mit den Fingern vorsichtig den Erdboden durchpflügt. So kommt er schneller voran und kann vor allem schneller reagieren, als wenn er auf allen Vieren kriechen würde, wie er es in der Ausbildung gelernt hat.

An der Umzäunung der Bunkeranlage angekommen, durchtrennen sie den Stacheldraht und nähern sich vorsichtig dem schwer befestigten Stützpunkt. Die riesigen Stahltüren, die in die unterirdische Bunkeranlage führen, sind verschlossen. Alle Soldaten scheinen sich im Innern der Anlage verschanzt zu haben. Doch plötzlich tauchen wild bellende Wachhunde auf. In der Ausbildung der Three Troop hatten sie solche Situationen trainiert. Doch nun fehlen ihnen die Mittel. Weder haben sie die nötigen Chemikalien dabei, um die Hunde rasch und unauffällig zu vergiften, noch ein Messer. Die Hunde zu erschießen kommt nicht infrage. Das würde zu viel Aufmerksamkeit erregen. »Kämpfen ja, Selbstmord nein«, so lautet Manfreds nüchterne Devise. Also ziehen er und seine Begleiter eilig wieder ab. Schon in der kommenden Nacht versucht Manfred es mit einer neuen Patrouille. Diesmal müssen sie abbrechen, weil ein Kamerad bei der Durchquerung des Minenfelds einen unvorsichtigen Schritt macht und eine Detonation auslöst. Es gelingt ihnen, den schwer verletzten Kameraden zurückzubringen, bevor sie gesehen werden. Der Kommandant befindet, dass nun ausreichend Informationen eingeholt seien. Es ist so weit. Von drei Seiten greifen die Briten mit mehreren Einheiten und fast 50 Panzern an. Die Männer des 41st Royal Marine Commando stürmen den nördlichen Teil der Stellung. Die Übermacht der Briten ist immens, und die deutschen Soldaten, die seit elf Tagen in dem Bunker ausharren, sind erschöpft und verängstigt. Die Kämpfe dauern nur kurz, dann wird ein weißes Laken durch einen Spalt der Tür gehalten. Auf Deutsch fordert Manfred die Feinde auf, sich zu ergeben. Langsam öffnet sich die schwere Stahltür und 150 Soldaten treten mit erhobenen Händen heraus. Manfred sucht sich den ranghöchsten Offizier, um zusammen mit ihm auch die im zweiten Bunker verschanzten Soldaten zur Aufgabe zu bewegen. Kurze Zeit später ist die schwer befestigte Radarstation eingenommen und damit ein letzter Stützpunkt der Wehrmacht in der Region gefallen.

Manfred versammelt die insgesamt knapp 300 Gefangenen, steigt auf einen kleinen Hügel und ruft der Menge Kommandos zu: »Stramm gestanden, links um, Marsch vorwärts!« Es sind nicht die Kommandos, die er in der britischen Armee gelernt hat, sondern Befehle, die ihm aus dem Unterricht während seiner Schulzeit in Borken vertraut sind. Seine Kommandos werden zur Überraschung der Umstehenden eifrig befolgt. Der Marsch Richtung Küste, wo der Abtransport der Gefangenen nach England erfolgt, dauert drei Stunden. Einige der gerade eingetroffenen britischen Panzerbesatzungen, die ihnen auf dem Weg entgegenkommen, halten an, schauen aus ihren Luken und fragen scherzhaft nach, ob überhaupt noch ein paar Deutsche für sie übrig seien.

Für den Einsatz der Three Troop in den jeweils zu-
gewiesenen Verbänden hatte Brian Hilton-Jones dem
obersten Befehlshaber der Kommandoeinheiten noch
vor dem D-Day vier Aufgabenbereiche genannt, in denen »seine« Soldaten besonders nützlich sein würden:
erstens bei der Vernehmung und Identifizierung gefangener Soldaten, weil die Erfahrung gezeigt hat, dass die
Gefangenen in den Verhören mehr preisgeben, wenn ihr
Gegenüber sie in ihrer Muttersprache verhört. Zweitens
bei der Betreuung der Gefangenen, da sie aufgrund ihrer
Deutschkenntnisse ganz beiläufig relevante Informationen aufschnappen können. Drittens bei der Übersetzung
beschlagnahmter Dokumente, die stets schnell ausge-
wertet werden müssen, da sie oft wertvolle Informationen liefern. Und viertens bei Aufklärungspatrouillen der
Kommandoeinheiten, bei denen die Spezialausbildung
der Three Troop von besonderem Nutzen ist.

Hitler hat im Oktober 1942 den sogenannten Kom-
mandobefehl erlassen, eine geheime Weisung, die vor-
sieht, dass alle Angehörigen alliierter Kommandoeinheiten zu töten seien. Dieser Befehl, der dem bereits damals
gültigen »Genfer Abkommen über die Behandlung der
Kriegsgefangenen« widerspricht, wird vielfach umge-
setzt – nicht zuletzt, da seine Missachtung unter Strafe
steht. Für Manfred und die Three-Troop-Soldaten ist ohnehin klar, dass sie unter keinen Umständen in deutsche
Hände fallen dürfen. Denn wenn entdeckt würde, dass
sie nicht nur Kommandosoldaten sind, sondern auch
deutsche Juden, könnten sie auf keinerlei Rettung hoffen. Daher hält Manfred seine wahre Identität weiterhin
geheim.

Nachdem der Brückenkopf in der Normandie gesichert ist, ziehen die meisten Truppen der Alliierten Richtung Süden, nach Paris weiter. Das 41st Royal Marine Commando hingegen soll Richtung Osten vorrücken. Um den Deutschen kein allzu leichtes Ziel zu bieten, meiden sie die Straßen und bahnen sich ihren Weg über Felder und durch Wälder, zumeist nachts, oft am Boden kriechend. Nach und nach nehmen sie so die kleinen Ortschaften entlang der Küste ein.

Am Abend des 1. Juli wird Manfred wieder einmal auf nächtliche Patrouille geschickt. In der Dämmerung macht er sich mit einer Handvoll Kameraden auf. Geschützt hinter einer Hecke halten sie Ausschau über die weiten Äcker außerhalb des Dorfes Sallenelles. Von ihrer Position aus können sie aber nicht viel erspähen. Manfred verlässt die Deckung und kriecht über das offene Feld, um eine bessere Sicht auf die deutschen Einheiten zu bekommen. Er kommt nur ein paar 100 Meter weit, dann wird er entdeckt. Schweres Maschinengewehrfeuer setzt ein. Manfred rollt sich schnell in eine kleine Mulde. Nach einer Weile hört das Maschinengewehrfeuer auf. Eine Möglichkeit zum Rückzug gibt es nun allerdings nicht mehr. Als die Dunkelheit hereinbricht, verlassen die deutschen Soldaten ihre Stellung und schreiten vorsichtig in seine Richtung. Wenige Meter von Manfreds Versteck entfernt stellen sie ihr Maschinengewehr auf. Er kann ihre Stimmen hören, sie aber nicht sehen. Mehrmals ertönt in dieser Nacht ein zischendes, schlangenähnliches Geräusch. Es ist das Signal, das sie in der Three Troop vereinbart haben, um sich bemerkbar zu machen. Sergeant O'Neill ist offensichtlich zurückgekehrt, um nach Manfred zu suchen. Aber Manfred kann das Signal unweit der deutschen Soldaten nicht erwidern. Der Suchtrupp rückt wieder ab. Kurz vor dem Morgengrauen zieht sich auch die deutsche Patrouille zurück. Manfred rollt sich vorsichtig zur Hecke hinüber, hinter der er am Vorabend seine Kameraden zurückgelassen hat. Von dort bewegt er sich langsam zurück zu seiner Einheit, so vorsichtig, dass er nicht Gefahr läuft, von den eigenen Außenposten beschossen zu werden. Als er wieder heil bei seiner Truppe ist, hat Manfred noch nicht einmal Zeit, sich die schwarze Schminke abzuwaschen, die er für die nächtliche Patrouille im Gesicht aufgetragen hat. Unverzüglich muss er seinen Vorgesetzten Bericht erstatten. Im Tagebuch der Einheit wird festgehalten:

»Am Nachmittag des 1. Juli ging Korporal F. Gray bei einer Erkundungspatrouille in feindlichen Linien verloren. Da er bei Einbruch der Dunkelheit noch nicht zurückgekehrt war, wurde ein Suchtrupp ausgesandt, ohne Erfolg. Korporal Gray kehrte am frühen Morgen des 2. Juli unverletzt zurück, nachdem er dicht am Feind gelegen und viele nützliche Informationen gewonnen hatte.«[1]

Es dauert zehn Tage, bis das 41st Royal Marine Commando die etwa 70 Kilometer von der Orne bis zur Seine vorgerückt ist. Manfred ist mittlerweile der einzige Three-Troop-Soldat in seiner Einheit. Sein Kamerad Moritz Latimer, mit richtigem Namen Moritz Levi, hat sich beim Kampf um die Radarstation verletzt und musste zur Behandlung zurück nach England, Tommy Swinton, mit richtigem Namen Tamas Schwitzer, litt bereits seit dem D-Day unter extremen Kopfschmerzen und wurde ebenfalls vorübergehend abgezogen. Und Oscar O'Neill, mit richtigem Namen Oskar Hentschel, wurde einem hohen Offizier im Hauptquartier zur Seite gestellt. Manfred muss nun als Spezialist der Three Troop nahezu jede Patrouille und jeden Vorstoß begleiten.

Briefe von der Front

Im September 1944 erreicht das 41st Royal Marine Commando schließlich Le Havre. Es ist derselbe Ort, an dem Anita, Manfreds Jugendfreundin, vor sechs Jahren in ein neues Leben aufbrach. Sechs Wochen nach dem D-Day erreicht sie sein erster Brief von der Front.

> »Ich habe schon seit geraumer Zeit auf eine Gelegenheit gewartet, Dir zu schreiben. Ich glaube, ich schulde Dir etwa ein halbes Dutzend Briefe. […] Also ich bin gerade, sagen wir mal, ›irgendwo‹ in Frankreich. Ich bin jetzt hier, seitdem die Aktion losging. Bisher bin ich ohne Verletzungen davongekommen, manchmal aber nur haarscharf. Es ist verdammt schwierig, über alles zu schreiben, was hier vor sich geht. Denn es unterscheidet sich so sehr von allem, was die meisten Zeitungen berichten.«[2]

Details über den Aufenthaltsort seiner Einheit darf Manfred frühestens nach Ablauf von drei Wochen weitergeben. Auch seine Briefe von der Front gehen durch die Hände eines Zensors. Dennoch scheut er sich nicht, seine persönlichen Eindrücke und Meinungen mitzuteilen.

»Je länger ich die Franzosen erlebe, desto besser gefallen
sie mir. Die einfachen Leute scheinen mir sehr anständig
und klug zu sein. Die Normandie ist eine sehr frucht-
bare Provinz, und es gab anscheinend kaum Mangel an
Lebensmitteln. In den ersten Tagen haben sich hier fast
alle am Wein dumm und dämlich gesoffen (denn Wein
war in England schon länger nicht mehr zu bekommen).
Außerdem erbeuteten wir unendlich viele Vorräte der
deutschen Armee, die sie in der Eile nicht mehr abfackeln
konnten, sogar Autos und Pferde, die wir gut gebrauchen
können. Davon abgesehen kann man sich die Zerstörung
aber nicht vorstellen, die hier stattgefunden hat. Wenn
ein Dorf erobert wird, sind große Teile einfach nur platt,
die schönen Felder niedergetrampelt, Rinder durch Gra-
naten- und Bombensplitter getötet, die Gärten komplett
verwüstet. All dies nehmen die Franzosen sehr gelassen
hin. Ich frage mich, ob sie jemals dafür entschädigt werden. Viele von ihnen wurden verletzt und getötet. Gleich
am zweiten Tag fand ich ein elfjähriges Mädchen, dem ein
Granatsplitter in der Hand steckte. Überall nur Blut. Sie
weinte und schrie höllisch, bis ich sie zu einem Sanitäts-
offizier bringen konnte. Das war schwer zu ertragen.
Es tut mir leid, dass dieser Brief kaum leserlich ist, aber
ich sitze gerade in keiner sehr bequemen Schreibposition.
Ich glaube, ich werde hier von Tag zu Tag unfähiger zu
schreiben.«[3]

Anita ist froh, von Manfred zu hören und zu wissen,
dass es ihm gut geht. Sie scheint auch ein wenig stolz zu
sein, dass er einer der Männer ist, die die Deutschen aus
Frankreich zurückdrängen, und kann es kaum abwarten,
mehr zu erfahren. Vor allem will sie hören, was er denkt,

wenn er den »Jerries« gegenübersteht, wie die deutschen Soldaten im angelsächsischen Jargon genannt werden.

»Unsere Gefühle gegenüber den Jerries sind gemischt. Wenn wir durch die Hölle gegangen sind, bevor wir sie erwischt haben, möchten wir sie zur Vergeltung eigentlich am liebsten töten oder noch Schlimmeres tun. Ansonsten schaut man ihnen mit klarem Blick in die Augen, und dann weiß man meist, was es mit ihnen auf sich hat. Wenn sie vernünftig sind, können wir sie recht anständig behandeln. Die ›Fanatiker‹ sind leicht zu erkennen: Sie haben so einen seltsamen Schimmer in den Augen. (Ich weiß, dass Du das nicht glauben wirst, aber es ist wahr.) Generell sind wir uns einig, dass wir sie unglaublich verachten, wobei wir sie nicht hassen, denn das wäre doch ziemlich unbritisch.«[4]

Nahezu täglich stehen Manfred und seine Kameraden der Three Troop vor Soldaten der Wehrmacht, jungen Männern, die ihnen einerseits sehr vertraut, anderseits doch so fremd erscheinen. In einem Interview mit der BBC Ende der neunziger Jahre erinnert sich Ian Harris, mit richtigem Namen Hans Ludwig Hajos, der wie Manfred Teil der Three Troop war, an einen dieser surrealen Momente. Bei einem Einsatz mitten in der Nacht hört er aus einer Stellung der Deutschen einen Soldaten weinen: »Mutti, Mutti«. Dieses Wort und dieser Klang erschüttern Harris zutiefst, denn genau so nennt er seine eigene Mutter. Vorsichtig begibt er sich in die deutsche Stellung und findet einen großen Mann in SS-Uniform schwer verletzt am Boden liegend. Er nimmt seine Hand und bleibt bei ihm, bis er verstirbt.

Manfred macht ähnliche Erfahrungen. Mehrmals wird er kurzfristig von seiner Einheit abkommandiert und in ein anderes Hauptquartier beordert, um dort spezielle Verhöre durchzuführen, von denen sich die Briten wichtige Informationen erhoffen. Dann sitzt er Auge in Auge jungen deutschen Offizieren gegenüber. Sie sehen kaum anders aus als er, sie sind ähnlich alt und sprechen die gleiche Sprache, doch sie sind zu seinen Feinden geworden. Bei den meisten einfachen Soldaten der Wehrmacht, denen Manfred gegenübersitzt, spürt er Müdigkeit und Verzweiflung, besonders bei jenen, die schon an der Ostfront gekämpft haben. Dennoch ärgert er sich immer wieder, wenn er nur Klagen, aber keine Reue von ihnen zu hören bekommt. Eines dieser Verhöre hängt ihm lange nach, wie er Anita berichtet:

»Es war ein junger fanatischer Nazi, der eine wichtige Funktion hatte. Er weigerte sich zwar nicht wirklich, zu reden, aber er wollte keine wichtigen Informationen preisgeben. Allerdings war er nicht sehr schlau, also konnte ich ihm, indem ich ihn hart rannahm, Stück für Stück Details entlocken. Drei Stunden lang kämpfte mein Verstand gegen seinen, bis ich ihn an dem Punkt hatte, an dem ich ihn haben wollte. Nachdem ich ihn entlassen hatte, fühlte ich mich auf einmal völlig erschöpft. Ich bin noch nie so am Rand geistiger Erschöpfung gewesen. Während ich den Geheimdienstbericht diktierte, bin ich beinahe eingeschlafen. Aber als ich mir dann das Foto des Jungen von seinem Haus und seiner Freundin ansah, das ich in seinem Soldbuch fand, und als ich ihn trotz seiner übermäßigen Selbstbeherrschung fast weinen sah, kam ich, trotz der Nazi-Propaganda, von der er völlig durchdrungen war, nicht umhin, über die Tragödie des Ganzen nachzudenken, und ich fühlte mich für eine Weile sehr deprimiert.«[5]

Auf deutscher Seite scheint niemand überrascht zu sein, dass Manfred akzentfrei Deutsch spricht, was ihn wiederum verwundert. Einerseits kommt er so nicht in Verlegenheit, seine neu konstruierte Lebensgeschichte vorbringen zu müssen, andererseits ist er etwas verärgert, dass die Deutschen es anscheinend als selbstverständlich erachten, dass man ihre Sprache perfekt beherrscht. Seine Sprachkompetenz entpuppt sich in jedem Fall als ein wichtiger Schlüssel – vor allem in den Verhandlungen an der Front. Immer wieder ergeben sich Situationen, in denen Manfred und andere Kameraden der Three Troop vorgeschickt werden, um die Offiziere der Wehrmacht zur Aufgabe zu bewegen. Ihre Motivation dabei ist simpel: Jeder Soldat, der kapituliert, ist ein Soldat weniger, gegen den sie kämpfen müssen. Unbewaffnet treten sie vor und machen den Deutschen klar, dass ihre Lage aussichtslos sei. Wenn sie ihren Stützpunkt jedoch kampflos aufgäben, dürften sie auf faire Bedingungen in britischer Kriegsgefangenschaft hoffen. Viele der Wehrmachtsoffiziere haben bereits mehrere strapaziöse und verlustreiche Jahre an der Ostfront hinter sich, sie sind kampfesmüde und willigen meist ein. Zählt man all die Situationen zusammen, die in den Erzählungen der Three-Troop-Soldaten wie auch in den Einsatztagebüchern ihrer Einheiten auftauchen, so kommt man auf Tausende Soldaten, die Manfred und seine Kameraden zur Aufgabe bewegen konnten, und entsprechend auf Zehntausende Menschen auf beiden Seiten der Front, denen damit mittelbar das Leben gerettet wurde. Exakt nachzuhalten sind diese Zahlen zwar nicht, aber in Einsatztagebüchern der einzelnen Einheiten entdeckt man immer wieder die Beschreibung eines solch mutigen und konsequenten Vorgehens. Doch die Methode bleibt riskant.

20 der insgesamt 87 Soldaten der Three Troop überleben ihren Einsatz nicht. Auch der Skipper wird schwer verwundet und gerät in deutsche Gefangenschaft. All das erfährt Manfred, als er sich mit Kameraden aus der Three Troop einige Tage nach dem D-Day in einer Kirche in Amfreville trifft. Auf dem Weg dorthin kommt er an einem gerade errichteten Soldatenfriedhof vorbei. Er hält an und stößt auf das Grab von George Franklin, geboren als Max Frank, das Grab von Max Laddy, geboren als Max Lewinsky, und das Grab von Kenneth William Graham, geboren als Kurt Wilhelm Gumpertz. Sie sind begraben unter einem einfachen weißen Kreuz. Der Gedanke, dass er, wie seine Kameraden, möglicherweise mit einer falschen Identität begraben werden könnte, erschüttert ihn, und er beschließt zu handeln. Einmal im Monat ist es Manfred gestattet, einen Brief zu schreiben, der nicht von einem Offizier seiner Einheit gelesen, sondern lediglich im Kriegsministerium in London überprüft wird, wo die Zensoren ihn nicht persönlich kennen und die Briefe nur nach möglichen militärisch-nachrichtendienstlichen Inhalten beurteilen. Er nutzt die Chance und sendet über das Ehepaar Wislicki einen Brief an seinen jüngeren Bruder Theo, mit der Bitte, dass er sich an den jüdischen Vertreter der britischen Armee wenden möge, damit sich dieser der Sache annehme. An einigen der Gräber wurde daraufhin das Kreuz durch einen

Davidstern ausgetauscht. Bis heute liegen allerdings die meisten der Gefallenen Three-Troop-Soldaten noch unter einem Kreuz begraben.

Kämpfen und Glauben

In den frühen Briefen an Anita aus den Jahren 1938 und 1939 spielten die Religion und die jüdische Identität für Manfred stets eine wichtige Rolle. Als er dann in die Three Troop kam und eine neue Identität annahm, musste er zumindest seine äußerlichen religiösen Bräuche ablegen. Nun, an der Front, wandelt sich auch seine innere Einstellung zur Religion. An Anita schreibt er in einem der ersten Briefe aus Frankreich:

»Das Kämpfen (nicht der Krieg) macht den Menschen natürlich religiöser – wenn man vor Angst erstarrt (und man hat fast immer Angst), beginnt man automatisch zu beten. Aber genau das lässt mich an der Wahrheit der Religion zweifeln, sie sieht zu sehr nach einem Produkt der Angst aus. Natürlich habe ich auch gebetet, als wir das erste Mal bombardiert wurden, aber wenn wir uns nachts den feindlichen Linien nähern – völlig nervös –, sehe ich manchmal auch Geister, und trotzdem sind sie ja nicht da. Warum ist es also in der jetzigen Zeit nicht richtig, bei einer solchen Frage noch unentschieden zu sein? Man kann sich doch nicht einfach entscheiden und sagen, dass dies richtig ist und jenes falsch, ohne Beweise zu haben. Ich selbst bleibe ziemlich idealistisch, sonst hätte ich mich nie auf all das hier eingelassen, aber mein Ideal ist nun ein

›optimistischer Realismus‹ und eine absolute Objektivität. Ich weiß nicht, ob Du verstehst, was ich damit meine?«[6]

Anita macht sich Sorgen um Manfred, der in den Briefen nun zunehmend kühler auf sie wirkt. Für sie selbst nimmt die Bedeutung der jüdischen Religion und Identität im Exil eher zu:

> »Du hast recht, die Menschen fürchten Gott mehr, wenn sie in Gefahr sind. Dann rufen sie nach ihm, reden sogar mit ihm und fühlen sich danach erleichtert. Aber das bedeutet keineswegs, dass die Religion aus der Angst geboren ist, im Gegenteil, es betont doch nur die Gewissheit, dass jeder an jemanden glaubt, der über ihm steht, da er der Einzige ist, an den er im Moment der Gefahr denkt.«[7]

Seit sechs Jahren lebt Anita in New York und ist dort, nach anfänglicher Skepsis, mittlerweile heimisch geworden. Sie hat sich einen großen Freundeskreis aufgebaut. In ihrer New Yorker Clique sind fast alle deutsch und jüdisch. Tagsüber verdient Anita als Bürokraft etwas Geld. Nach der Arbeit besucht sie ein Abend-College und belegt Englisch und Französisch. Sie wohnt noch immer mit ihren Eltern in der Upper Westside, einem typischen New Yorker Wohnblock, elf Etagen hoch. An den roten Backsteinwänden ragen Feuerleitern in den Himmel. Während die Familie sich die Wohnung in den ersten Jahren mit zwei fremden Männern aus Deutschland teilen musste, haben sie diese nun ganz für sich, und Anita bezieht ihr eigenes kleines Zimmer, direkt hinter der Küche. An den Wänden hängen Poster von Präsident Franklin D. Roosevelt, den sie verehrt. In der Ecke steht ihr Akkordeon, auf dem sie aber kaum noch spielt. Das Zimmer ist eng, und Tageslicht dringt kaum hinein, aber Anita hält sich ohnehin nur spät am Abend hier auf, wenn sie für das College lernt oder, lieber noch, an Manfred schreibt.

»Die Nachrichten, die gerade über das Radio kommen, sind ausgezeichnet, und ich hoffe, dass es so weitergeht. Junge, Junge, ein Sieg noch im Jahr 1944 scheint möglich. Aber ich habe Angst, zu optimistisch zu sein, und werde es bei einer Hoffnung belassen. Ich hoffe, dass es Dir gut geht. Übrigens, Fred, kannst Du mir einen Gefallen tun? Bitte schieße auch ein paarmal für mich – und sieh zu, dass Du triffst.

Für Rosch ha-Schana wünsche ich Dir viel Glück, auch für Deine Familie. Lass uns hoffen und beten, dass wir im nächsten Jahr wieder Frieden finden.«[8]

Rosch ha-Schana, das jüdische Neujahrsfest, fällt im Jahr 1944 auf den 18. September. Manfred erlebt den Tag im Kampf um Dünkirchen. In einer Weisung von Anfang September hatte Adolf Hitler die französische Hafenstadt zur »Festung« erklären lassen. 15 000 deutsche Soldaten verschanzen sich dort. Vor der Stadt stehen nur einige 100 alliierte Soldaten. Sie können die Stadt nicht einnehmen. Stattdessen legen sie es darauf an, die Deutschen durch einzelne Manöver glauben zu lassen, dass sie von starken Verbänden umzingelt seien. Bei einer dieser kleinen Störaktionen werden Manfred und seine Einheit zu früh entdeckt. Sie flüchten sich in die Kanalisation unter die Stadt. Dort also verbringt Manfred den jüdischen Neujahrstag Rosch ha-Schana. Um den Gestank zu ertragen, rauchen sie eine Zigarette nach der anderen, obwohl

Manfred eigentlich einer der wenigen Nichtraucher in der Armee ist. Im Dunkel der Nacht kann er mit seinen Kameraden wieder sicher zu seiner Einheit zurückkehren.

Nach zwei Monaten im Dauereinsatz bekommt er schließlich einen freien Tag geschenkt.

»Ein Lastwagen brachte mich einen endlosen Weg zurück zu den Stränden, und wir gingen alle schwimmen. Dieser Teil der französischen Küste wurde bereits von Minen geräumt. Es war ein schöner Tag. Nur die Erinnerung an die ›Bilder‹, die ich an diesen Stränden am D-Day gesehen habe, machte das ganze Erlebnis etwas bitter. Ich glaube nicht, dass ich nach dem Krieg einen Urlaub in der Normandie verbringen will. Es gibt zu viele grausige Erinnerungen. […] Du hast gefragt, ob ich mich seit unserem letzten Treffen sehr verändert habe. Ich glaube ja, durch die letzten Monate habe ich eine ganz andere Sicht auf die Dinge bekommen. Mein Motto lautet jetzt: ›Ich habe mein Essen, es gibt gerade keine Granaten, also bin ich glücklich.‹ Man merkt ja im normalen Leben nicht, wofür man dankbar sein muss. All die ehrgeizigen Ziele des Lebens spielen für mich jetzt keine Rolle mehr. Vielleicht werde ich diese Einstellung aber eines Tages auch wieder verlieren. […] Ich warte eigentlich noch auf einen Brief von Dir mit vielen Fragen, denn ich mag nicht einfach ›drauflosplappern‹, ohne zu wissen, woran Du interessiert bist, und selbst dann ist es schwierig, in einem Brief ein wirkliches Bild von dem Geschehen hier zu zeichnen. Das muss ich mal mündlich machen – falls ich diesen Krieg überlebe, würde ich Dich doch gerne mal in New York besuchen.«[9]

Siegesfeiern

In New York genießt Anita einen ruhigen Sonntagnachmittag. Die Abschlussprüfungen am College stehen an, Bücher und Hefte liegen aufgeschlagen vor ihr, doch Anita kann sich nicht konzentrieren. Im Hintergrund läuft das Radio und bringt immer wieder Berichte von der Front. Sie schaut auf eine große Weltkarte, die über ihrem Bett hängt, und während ihre Blicke über die Karte nach Europa wandern, wandern auch ihre Gedanken dorthin.

»Ich reise durch Frankreich und Paris und sehe die Gesichter der befreiten Menschen, sie sind alle so glücklich und so nett zu mir, nur weil ich Amerikanerin bin. Paris ist immer noch voll von buntem Papier, das herumliegt, Reste von der großen Feier. Aber der Krieg ist nicht vorbei, und ich marschiere weiter nach Deutschland, und ob Du es glaubst oder nicht – ich treffe Dich: ›Guten Tag, wie geht's?‹ Wir sind beide ziemlich erschrocken und überrascht, dass wir uns wiedererkennen. Es geht Dir gut, aber ich denke, Du könntest eine ordentliche Mahlzeit gebrauchen. Wie wäre es mit einer Nudelsuppe oder einem Steak mit viel frischem Gemüse, einige Gläsern frischer Milch, einem großen Stück Kuchen mit Schlagsahne und einer Tasse Kaffee? Ich weiß, die Zusammenstellung ist nicht besonders ausgefeilt, aber sie schmeckt gut.«[10]

Paris wird bereits Ende August 1944 durch alliierte Einheiten befreit und entgeht nur knapp einer Katastrophe. Hitler hat angeordnet, dass die Stadt nur als Trümmerhaufen an den Feind übergeben werden dürfe. Der deutsche Stadtkommandant Dietrich von Choltitz missachtet den Führerbefehl jedoch und übergibt die Stadt nahezu unversehrt.

Auch im Nordosten Frankreichs, wo das 41st Royal Marine Commando agiert, wird der Widerstand der deutschen Truppen nun langsam schwächer. Manfred ist mit seiner Einheit in einer Kaserne einquartiert, die die Deutschen erst kurz zuvor verlassen haben. Zum ersten Mal seit Langem hat er ein eigenes Zimmer und ein richtiges Bett. An der Wand in seiner kleinen Stube hängt noch ein Porträt von Hitler. Es stört ihn nicht weiter. Auge in Auge mit »diesem Wahnsinnigen, der ja so bourgeois aussieht«, verfasst er einen längeren Brief an Anita.

»In den letzten Wochen haben wir wirklich das Gefühl bekommen, dass wir für etwas Sinnvolles kämpfen. Den Empfang, den man uns überall bereitet, wo wir als Erste eintreffen, muss man gesehen haben, um es zu glauben. Jedes Mal, wenn wir eine Stadt erreichen, tauchen Flaggen auf, Bands spielen, ich weiß nicht, von wo die herkommen, Kirchenglocken läuten, und riesige Menschenmassen umzingeln uns. Überall die gleichen Bilder. [...] Wilde Szenen der Begeisterung, ausgezeichnete Siegesdinner, wenn wir in einer Stadt bleiben, nächtigen wir in anständigen deutschen Kasernen, die in Eile aufgegeben wurden, statt in beschissenen Gräben zu hausen. All das gibt mir ein Gefühl von Größe. – Wobei, nichts von alldem ist eine Entschädigung für die andere Seite des Krieges.«[11]

Schon mehrmals hatte Manfred Anita versprochen, ihr ein Geschenk von der Front zu schicken. Aber er hat weder viel Geld, noch gibt es Läden, um etwas Passendes zu kaufen. Schließlich findet er etwas. Manfred fügt dem Brief das Rangabzeichen eines deutschen Fallschirmjägers bei, den er festgenommen und verhört hat. Auf dem abgetrennten Stoffabzeichen ist ein goldener Adler mit Hakenkreuz-Emblem abgebildet. Anita antwortet unmittelbar:

»Warum musst Du mir Briefe unter einem Bild vom Führer schreiben? Hättest Du es nicht abnehmen und ihm eine angemessene Behandlung geben können – oder es zumindest umdrehen können? [...] Danke aber für das Abzeichen, es war wirklich das Schönste, was Du mir schicken konntest. Alles andere, was man so kaufen kann, hätte mich nicht halb so glücklich gemacht. Dieses Abzeichen ist doch ein Symbol des Sieges. Es gibt mir das Gefühl und die Hoffnung, dass wir uns dem Ende dieses schrecklichen Krieges nähern und hoffentlich bald mal treffen können. Und dass alle Menschen auf dieser Welt wieder in Frieden und Glück leben können. Ich möchte Dir von ganzem Herzen danken, dass Du das für mich und uns alle auskämpfst.«[12]

Die Invasion von Walcheren

Nach einigen etwas ruhigeren Wochen bekommt Manfred erneut die ganze Wucht des Krieges zu spüren. Wieder ist er mit dem 41st Royal Marine Commando und dem begleitenden Getöse von Flugzeugen und Kriegsschiffen an einer Invasion vom Wasser aus beteiligt, diesmal in Walcheren, eine Halbinsel im Südwesten der Niederlande. Schon im September wurde Antwerpen mit Hilfe britischer Truppen befreit. Der große und noch nahezu unzerstörte Hafen dort nimmt bei den Planungen zur anstehenden Rheinüberquerung eine logistisch wichtige Rolle ein. Bisher kann die alliierte Flotte Antwerpen aber nicht anlaufen, da die Wehrmacht noch die Nordseite der Scheldemündung besetzt hält. Dies soll sich nun ändern.

In den Wochen und Tagen vor der geplanten Invasion von Walcheren startet die Royal Air Force massive Luftangriffe. Die Bomben sollen die Deiche treffen und das ganze Hinterland der Halbinsel fluten, um Nachschub wie Rückzug der Wehrmacht zu verhindern. Städte und Dörfer werden durch die Bombardierung und das einströmende Wasser vom Meer fast vollständig zerstört. Hunderte niederländische Zivilisten sterben, Tausende verlieren ihre Häuser. Die deutschen Einheiten bleiben jedoch weitgehend unbehelligt. Sie sitzen in gut geschützten Bunkern oben in den Dünen. Der Ausbau des Atlantikwalls hat hier schon früh begonnen, und die Stützpunkte und Widerstandsnester entlang der Küste sind zahlreich.

Kurz vor der Invasion ist Three-Troop-Kamerad Maurice Latimer wieder zur Truppe gestoßen. Das gibt Manfred Sicherheit. Die beiden haben nicht nur eine ähnliche Geschichte, sondern auch gemeinsam die Spezialausbildung durchlaufen. Sie verstehen sich blind.

Operation Infatuate beginnt in der Nacht auf den 1. November 1944. Während der Invasion in der Normandie war Sommer. Nun, Anfang November, ist es kalt, und diesmal erwarten die Deutschen den Angriff der Alliierten bereits. Manfred sitzt in Decken eingehüllt auf einem der 100 Landungsboote. In voller Fahrt durchpflügen sie die graue See. Noch bevor sie Land erblicken können, setzt heftiges Artilleriefeuer der Deutschen ein. Viele Schiffe werden getroffen und fangen Feuer, manche sinken. Das Schiff, auf dem Manfred sitzt, bleibt unversehrt. Die Alliierten feuern Nebelkerzen ab, um die Landung der Soldaten in einer großen Wolke zu verhüllen. Der starke Wind löst den schützenden Dunst jedoch allzu schnell auf. Sie haben die Küste schon fast erreicht, da ertönt am Himmel das Dröhnen Dutzender Kampfflugzeuge. Zudem scheint in diesem Moment jede Kanone der Royal Navy auf die Strände von Walcheren zu feuern. Unter dem Geleitschutz der Flugzeuge in der Luft und der Schiffe auf dem Meer erreicht der Truppentransporter, auf dem Manfred ausharrt, als einer der ersten den Strand. Fast alle amphibischen Fahrzeuge, die mit ihnen landen, bleiben im tiefen Sand stecken. Das Feuer aus den deutschen Stützpunkten verstummt jedoch kurz, und so können die Soldaten schnell den Strand hochlaufen, wo ihnen 20 Wehrmachtssoldaten zittrig und mit erhobenen Armen entgegenkommen. Der schwere Beschuss aus der Luft und vom Wasser hatte ihren Kampfeswillen gebrochen.

Manfreds Einheit erhält den Befehl, zunächst den Ort Westkapelle zu erobern und dann nach Norden in Richtung Domburg vorzurücken. Fünf Tage dauern die heftigen Kämpfe um Walcheren jetzt schon an. Nach den Angriffen am Tage ist Manfred auch nahezu jede Nacht im Einsatz. Wenn sich seine Kameraden zur Ruhe legen, begibt er sich in eines der vielen kleinen provisorischen

Gefangenenlager – mal ist es eine Scheune eines verlassenen Bauernhofes, mal eine eingenommene Bunkeranlage –, um die Gefangenen des Tages zu verhören. Er soll Informationen über den nächsten Stützpunkt einholen, um den Angriff des kommenden Tages besser vorbereiten zu können.

Die Soldaten des 41st Royal Marine Commando kommen schneller voran als erhofft. Sie gewinnen immer mehr Zutrauen in ihr Vorgehen, werden aber auch unvorsichtiger. Am sechsten Tag der Invasion wird Manfred verletzt. Er führt gerade einige deutsche Gefangene ab und wähnt sich in Sicherheit, hat aber übersehen, dass sich in einer nahe gelegenen Stellung noch Soldaten der Wehrmacht versteckt halten. Sie werfen Handgranaten in seine Richtung. Manfred kann sich gerade noch auf den Boden werfen. Die Explosion verletzt vor allem die deutschen Gefangenen schwer, doch ein kleiner Granatensplitter landet auch in seiner Schulter. Der Sanitäter, der die Wunde später versorgt, entscheidet, dass der Splitter drinbleiben kann und Manfred nicht abtransportiert werden muss. Immerhin bekommt er für die Nacht ein Bett in einem leer stehenden holländischen Wohnhaus zugewiesen, um sich ein wenig zu erholen. Doch auch diese Nacht wird kurz. Am Morgen des 8. November, es ist kurz nach drei Uhr und noch stockdunkel, rücken Manfred und Maurice Latimer wieder zusammen aus, den letzten großen deutschen Stützpunkt im Visier. Es gelingt ihnen, sich unerkannt bis auf wenige Meter an die Bunkeranlage heranzuschleichen, wo sie in Wartestellung ausharren. Mit dem Morgengrauen sind erste Stimmen zu vernehmen. Manfred erblickt einen großgewachsenen Mann, der mit den Händen in der Tasche

Maurice Latimer führt deutsche Kriegsgefangene ab, im Hintergrund der Leuchtturm von Westkapelle, 2. Nov. 1944

vor den Stützpunkt tritt und fluchend befiehlt, dass man ihm einen Kaffee bringen möge. Nur ein hochrangiger Offizier würde so auftreten, das weiß Manfred, und wenn er diesen lebendig ergreifen könnte, ließen sich mit ihm viele der verbliebenen Wehrmachtssoldaten in Walcheren zur Aufgabe überreden. Während er sich vorsichtig anschleicht, sieht er plötzlich jemanden mit einem großen Satz auf den deutschen Offizier zuspringen. Es ist sein Kamerad Maurice Latimer, der sich dem Stützpunkt von der anderen Seite genähert hat, offenbar mit denselben Gedanken wie Manfred. Schnell können sie den Wehrmachtsoffizier überwältigen und so unter Druck setzen, dass er seine Soldaten überzeugt, sich zu ergeben.

Die Tage der nun schon fast fünf Jahre andauernden deutschen Besatzung in Walcheren sind gezählt. Eine Woche nach Beginn der Invasion kommt es schließlich zu Verhandlungen mit dem Oberkommandierenden der Wehrmacht auf der Halbinsel, der nach einigem Zögern einer Kapitulation zustimmt. Die letzten verbliebenen 3000 Wehrmachtssoldaten werden abgeführt.

Am Ende der siebentägigen Kämpfe von Walcheren beerdigen Manfred und seine Kameraden einige der knapp 500 gefallenen britischen Soldaten auf einem Friedhof in Domburg. Anschließend versammelt sich der Rest der Einheit in einem verlassenen Kino der Stadt, wo sie gemeinsam die Erlebnisse der letzten Tage rekapitulieren und sich einen Moment der Freude über die erfolgreiche Invasion erlauben.

Das 41st Royal Marine Commando wird zurück nach De Haan in Belgien beordert. Dort bestellt der Kommandant der Einheit, Colonel Palmer, Manfred in sein Büro. Palmer eröffnet ihm, dass er ihn »im Felde« zum Offizier befördern wolle. Er hat nur eine Bedingung: Er soll ihm erzählen, wer er wirklich ist. In diesem Fall zögert Manfred nicht, dem Colonel seine Geschichte zu erzählen.

Nach Kriegsende wird Manfred für die Auszeichnung mit dem »Bronzenen Löwen« vorgeschlagen, einem Orden, der 1944, noch im Exil, von der niederländischen Königin Wilhelmina gestiftet wurde, um Soldaten zu würdigen, die höchste Tapferkeit und Führungsqualitäten im Kampf zugunsten der Niederlande gezeigt haben. In dem Empfehlungsschreiben wird resümiert, dass es der Zielstrebigkeit von Lieutenant Frederick Gray und der völligen Aufgabe seiner eigenen Sicherheit zu verdanken sei, dass viele nützliche Informationen an den kommandierenden Offizier übermittelt werden konnten. Sein Mut und seine Pflichttreue während der Befreiung der Niederlande seien außerordentlich, und seinen Kameraden sei er jederzeit ein gutes Beispiel gewesen. Monate nach Kriegsende verkündet die *London Gazette* die Verleihung des Ordens.

Kurzurlaub in Brüssel

Für seinen Einsatz in Walcheren wird Manfred ein zweitägiger Fronturlaub gewährt. Diesen verbringt er in Brüssel, wie er Anita berichtet:

»Was für eine Zeit ich dort hatte. Die ganze Stadt scheint aufs Vergnügen versessen zu sein, und ein Soldat, der das britische Sparprogramm der letzten Jahre erlebt hat, muss sich vorkommen wie in einem Traumland. Cafés und Kabaretts, Kinos, Nachtclubs, Tanzkapellen überall, Geschäfte voller Sachen – außer Essen. [...] Noch phantastischer sind die vielen Frauen überall. Da nützt es auch nichts, uns etwas über Geschlechtskrankheiten zu erzählen, das Risiko ist verschwindend gering im Vergleich zu anderen Risiken, die man hier eingeht. Dennoch kommt kein allzu großes Gefühl der Erleichterung auf nach solch einer Schlacht. [...] All das ist nur eine Seite des Bildes. Kurz nach diesem Feiertag fuhr ich durch einige Regionen, die schwere Kämpfe erlebt hatten, wo viele Menschen obdachlos waren. Was für ein Elend in diesem nassen und kalten Winter. [...] Ich frage mich immer wieder, ob das nicht ein zu hoher Preis ist. Wenn es nicht das bloße Leben wäre, für das wir kämpfen, weiß ich nicht, ob es dieses Elend wert ist.«[13]

In Brüssel trifft Manfred zum ersten Mal, seit er zurück auf europäischem Festland ist, wieder auf jüdische Zivilisten. Sein Three-Troop-Kamerad Robert Geoffrey Hamilton, mit richtigem Namen Robert Salo Weich, hat Manfred noch vor dem Einsatz in Walcheren die Adresse eines jüdischen Cafés genannt, das er bei seinen Besuchen in Brüssel immer aufgesucht hatte. Kaum hat Manfred das Café betreten, spricht ihn eine junge Frau an, ob er Robert Hamilton kenne, da Manfred dieselbe Uniform trage. Manfred bejaht und erzählt, dass es Robert gewesen sei, der ihm dieses Café empfohlen habe. Und dann muss er sich überwinden und der Frau die bittere Nachricht überbringen, dass Robert am ersten Tag der Walcheren-Landung in Westkapelle gefallen ist. An Anita schreibt er:

»Man trifft hier sehr selten Juden, aber das liegt vielleicht auch daran, dass ich nie lange genug an einem größeren Ort bleibe, um nach ihnen zu fragen. Diejenigen, die man trifft, leben in der Regel seit Ewigkeiten in Verstecken, und sie sind – kaum verwunderlich – ziemlich hoffnungslos und sehr verbittert. Ich frage mich, ob sie jemals über all das hinwegkommen werden?! Es ist noch zu früh, um sagen zu können, wie viel Prozent der Juden in Europa in den letzten Jahren überlebt haben, in Belgien scheinen es rund 30 Prozent zu sein, aber das ist nur meine Schätzung, und ich kann mich da sehr irren.«[14]

Die Zahlen, die Manfred damals so kühl und nahezu regungslos abschätzt, stimmen nicht ganz. Von den circa 90 000 Juden, die vor dem Krieg in Belgien lebten, wurde bis zum Kriegsende knapp ein Drittel in den Konzentrationslagern der Nationalsozialisten ermordet.

> »Auch der Antisemitismus ist immer noch sehr weit verbreitet, aber ich denke nicht, dass man das so pessimistisch sehen muss, wie es viele Menschen tun. Das hat nämlich nicht etwa zur Folge, dass es hier viele Juden gibt, die auswandern wollen. Im Gegenteil: Die meisten der deutschen Juden, die ich getroffen habe, scheinen eine Rückkehr zu planen und argumentieren, dass sie, nachdem sie diese Tortur überlebt haben, auch alles andere überleben werden, ein wenig Antisemitismus sei das kleinere Übel. Das erinnert an die Haltung, die wir haben, nachdem wir durch ein sehr schweres Granatfeuer gegangen sind.«[15]

Anita ist besorgt und verwundert über das, was Manfred ihr über die Juden in Europa berichtet. Sie ist überzeugt, dass sie nach all dem Elend, das sie durchgemacht haben, nicht nach Deutschland zurückkehren sollten. Vielmehr stehe ihnen ein geschütztes Land zu, in dem sie sich ein neues und unbekümmertes Leben aufbauen können.

> »Vielleicht wirst Du sagen, dass es für mich einfach ist, so tapfer zu reden, denn ich bin hier in Amerika, sicher und ohne viele Sorgen. Das mag sein, dass ich, wenn ich drüben wäre, wahrscheinlich anders und verzweifelter klingen würde, aber die Entscheidung der Verzweifelten ist nie oder nur ganz selten die richtige. Aber warum erzähle

ich dir das alles? Das wird ja nichts ändern. Ich möchte nur, dass Du weißt, wie ich über all das denke, und ich versichere Dir, dass ich sehr, sehr stark mit diesen Menschen mitfühle, sie gehören zu uns, und diese Verbindung ist untrennbar.«[16]

Das Kriegsende naht

Am 3. Dezember 1944 wird Manfreds Beförderung offiziell bestätigt. In nur knapp vier Jahren ist aus einem feindlichen Ausländer ein Offizier der britischen Armee geworden. Manfred hat jetzt Zugang zur Offiziersmesse, freut sich über neue Kleidung und ein besseres Bett. Vor allem kommt er, seit er England vor sechs Monaten verlassen hat, nun erstmalig in den Genuss eines warmen Bades. Es schmeichelt ihm, auch wenn er in seinen Briefen mehrmals betont, dass ihm die ganzen Hierarchien des Militärs eigentlich sehr suspekt seien. »Lieutenant Frederick Gray« ist nun als Absenderadresse auf dem Couvert zu lesen. Seine Briefe kann er jetzt auf einer Schreibmaschine tippen, so wie Anita, die meist spätabends in ihrem kleinen Zimmer in Manhattan an Manfred schreibt.

»Es ist ein Uhr nachts, aber das spielt heute Abend keine Rolle, denn ich kann morgen so lange schlafen, wie ich will. Ja, denn es ist Weihnachten, und obwohl wir diesen Feiertag zu Hause nicht feiern, erinnert er uns an viele schöne Dinge. Jedes Haus scheint von Glück und Freude erfüllt, von Gesang und Lachen. All das spürt man hier. Die meisten Familien geben gemütliche Abendessen und haben einen hohen und hübsch geschmückten Weihnachtsbaum. Aber all diese Fröhlichkeit ist nicht ganz echt, eigentlich ist sie eher künstlich. Denn sie alle vermissen ihre Söhne, Brüder, Ehemänner und Liebsten. [...] Es tut mir leid, dass ich wieder so viel über den Krieg spreche, ich weiß, dass Du genug davon hast – auch ohne meine Briefe. Also sollte ich mal besser aus meiner Melancholie rauskommen – eine ziemlich häufige Stimmung bei mir – und über etwas anderes reden. Was machst Du gerade? Ich frage mich, ob Du Dich hinter der Front herumtreibst und es Dir gut gehen lässt?«[17]

Manfred ist zum Jahresende 1944 zum ersten Mal seit Kriegseintritt nicht in Frontnähe stationiert und hat in der Tat eine gute Zeit. Er ist für einige Wochen in einer Kaserne bei Middelburg einquartiert. Für die nächsten Wochen hat er ein eigenes Zimmer mit elektrischem Licht, das zu seiner großen Überraschung sogar einige Stunden am Tag funktioniert. In der Region gibt es keine Kämpfe, aber andere dringende Aufgaben. Gemeinsam mit den Royal Engineers der britischen Armee und einigen Vertretern der niederländischen Zivilbevölkerung unterstützt er als Dolmetscher die Pläne zum Wiederaufbau der Deiche. Nah an der Grenze aufgewachsen und als Sohn einer deutsch-niederländischen Familie ist ihm die Sprache des Nachbarlandes von Kindestagen an geläufig.

Die riesigen Flächen des überschwemmten Landes der Halbinsel Walcheren sind in den kalten Dezembertagen zugefroren. Bei einer Bauernfamilie ersteht Manfred ein paar Schlittschuhe und geht nun spätabends im Mondlicht Eislaufen. Es sind stille und friedliche Nächte. »Das ist das Leben in seiner besten Form, und bei Gott, das weiß ich gerade zu schätzen!« Hätte Anita diese Zeilen unmittelbar lesen können, hätte es ihre Stimmung wohl aufgehellt. Anita hat New York für ein paar Tage verlassen und ist mit einigen Freunden in die Catskill Mountains zum Skilaufen gefahren. Jahr für Jahr war sie als Jugendliche mit ihren Eltern von Berlin in die Schweizer Alpen zum Winterurlaub aufgebrochen. Sie liebt das Skilaufen. Doch völlig unbeschwert kann sie es nicht genießen. Warum soll ausgerechnet sie so sorglos leben dürfen? Am Silvesterabend schleicht sie sich um fünf vor zwölf hinaus. Sie will den Jahresbeginn lieber allein und in Gedanken bei ihren alten Freunden erleben und nicht mit ihren neuen, amerikanischen Bekannten.

»Wenn man nicht wirklich mit den Menschen zusammen ist, mit denen man zusammen sein möchte, ist es dann nicht besser, sich vorzustellen, dass sie bei einem sind, als sich zu zwingen, eine gute Zeit mit denen zu haben, die man nicht mag?«[18]

Auch Manfred sei Gast auf ihrer gedanklichen Neujahrsparty, versichert sie ihm in ihrem Brief. Tatsächlich verbringt Manfred den Silvesterabend 1944 mit Andrew Kershaw, der eigentlich Andre Kirschner heißt, einem Freund aus der Three Troop, der vor wenigen Tagen zu seiner Einheit gestoßen ist. Beide haben die Party der Truppe frühzeitig verlassen, denn nach hemmungsloser Trinkerei mit der ganzen Mannschaft war ihnen in dem Moment nicht. Schweigend, mit einem Whisky in der Hand, hören sie die Neujahrsansprache von Hitler im Radio. Während am Silvesterabend 1944 über ganz

Deutschland Tausende Bomben fallen, trichtert er dem Volk über das Radio abermals ein, dass sein Glaube an den großen Sieg unerschütterlich sei. Hitlers Worthülsen bleiben für Manfred aber nur Hintergrundrauschen. Er und Andrew sind ganz bei sich:

>»Wir beide wussten, was der andere gerade dachte. Unsere Gedanken waren nicht bei unseren Lieben, obwohl sie vielleicht irgendwie durch die Seitentür dazukamen – wir dachten nur: Werden wir das Jahr überleben und all die schrecklichen Dinge hinter uns lassen, die wir gesehen haben, die mit den Körpern anderer Menschen geschehen sind, bei Freund wie Feind gleichermaßen? Unsere Gedanken müssen ziemlich ähnlich gewesen sein, denn plötzlich sagten wir beide etwas sarkastisch: ›Also, auf uns!‹«[19]

Anfang 1945 ist Manfred erstmals seit dem D-Day wieder in England. Da seine Einheit nicht mehr direkt an der Front stationiert ist, wird er nun als Offizier für einige Wochen abgeordnet, um junge Rekruten auszubilden. Gut erholt und gut gelaunt kehrt er zurück zu seiner Einheit in die Niederlande. Es drängt ihn nun herauszufinden, was aus seinen Eltern geworden ist, er kann aber bisher nichts unternehmen, da er weder freie Tage noch Hinweise hat. Vielleicht haben Verwandte in Amsterdam überlebt, die etwas wissen? Vielleicht lassen sich bei den niederländischen Behörden Anhaltspunkte finden? Amsterdam ist aber noch nicht befreit, und seine Einheit hängt noch immer in Goes fest. Auch den Vormarsch nach Deutschland kann er nur aus der Ferne verfolgen. An seinem Einsatzort sieht er riesige Geschwader alliierter Flugzeuge Richtung Osten fliegen, aus denen jenseits des Rheins Tausende Fallschirmjäger abspringen. Erst später wird er erfahren, dass unter ihnen sein Cousin Herbert Jonas ist, mit dem er in Borken aufwuchs und der nun als US-Soldat in Deutschland kämpft.

»Meine liebe Anita, ich möchte mich gerade nur setzen und heulen. Da rückt die britische Second Army in meine Heimat vor (Borken ist gestern gefallen), und ich sitze hier in einem sogenannten ruhigen Sektor und tue so gut wie nichts, so wie der Rest der Jungs meiner Einheit. Wir sind bloß unnütz. Das ist ärgerlich. Allerdings habe ich die Erlaubnis bekommen, in den nächsten Tagen einmal loszufahren und mir die alten Orte anzuschauen.«[20]

Schon einen Tag, nachdem er diese Zeilen geschrieben hat, ist es so weit. Es ist der 31. März 1945, die Zeit des Pessachfestes, bei dem Juden die Befreiung der Israeliten aus der Sklaverei und die Flucht aus Ägypten feiern. Gemeinsam mit seinem Freund Andrew Kershaw überquert Manfred den Rhein und kommt erstmals nach sieben Jahren wieder nach Borken: »Einer meiner aufregendsten Tage als Soldat!«

Manfred hat in den letzten Monaten viel gesehen, aber was ihn nun jenseits des Rheins erwartet, schockiert ihn doch. Es ist praktisch alles zerstört: »Germany 1945 Style«, so sein knapper Kommentar. Denn nun, auf deutschem Boden, ändern die Alliierten ihre Strategie. Während sich die britischen Einheiten bei der Befreiung der Städte in Frankreich immer wieder auf verlustreiche Häuserkämpfe einließen, um die Opfer der Zivilbevölkerung gering zu halten, gilt nun eine andere Devise:

Stadtzentrum von Borken 1945

Übergeben die Deutschen die Städte kampflos, bleiben sie von Artilleriebeschuss weitestgehend verschont. Aus der Luft gibt es allerdings keine Zurückhaltung. Damit die vorrückende Infanterie auf möglichst wenig Widerstand stößt, werden vor allem die Städte direkt jenseits des Rheins in den letzten Wochen des Krieges schwer bombardiert, so auch Borken am 23. März 1945. Fast alle Häuser im Zentrum sind ausgebrannt und eingestürzt. Obwohl Manfred und Anita schon seit der Wiederaufnahme ihres Briefwechsels durchgängig auf Englisch schreiben, wechselt er dann für einen Satz doch noch mal in seine Muttersprache: »Das tat einem doch richtig gut, dass die alte Penne einen Volltreffer gekriegt hat.«

Manfred lässt den Jeep am Gymnasium halten und läuft die Bocholter Straße runter. Die alte Frau Dirding arbeitet vor ihrem Haus, als hätte sie die letzten sieben

Jahre nichts anderes getan. Auch Herrn Flecke erkennt er wieder und jene ältere Dame, bei der Lehrer Locker früher wohnte. Manfred scheut sich nicht davor, von ihnen erkannt zu werden. Er legt es aber auch nicht darauf an.

In Manfreds Elternhaus hat die britische Armee gerade ihr Hauptquartier eingerichtet. Nun betritt er das Haus, in dem er aufgewachsen ist.

»Mensch, war das komisch, wieder in die alte Heimat zu kommen. Ich musste dabei ziemlich oft an Dich denken. Immer wieder traf ich Leute, die ich insgeheim erkannte. Ich weiß nicht, ob sie mich erkannt haben.«[21]

In seinen Zeilen schwingt eine gewisse Genugtuung mit, als Sieger in jene Stadt zurückzukehren, die ihn zuvor ausgestoßen hat. Skeptisch schaut er auf die ersten Maßnahmen der britischen Militärregierung. Seine Kameraden scheinen keine Ahnung zu haben, wie man den Deutschen unmissverständlich Befehle erteilt. Dass man so bedeutsame Anordnungen wie die Auflösung der Nationalsozialistischen Partei oder die Wiedereinführung der Pressefreiheit vor dem Hauptquartier (seinem früheren Elternhaus) in viel zu kleiner Schrift und viel zu kompliziertem Deutsch ausgehängt hat, ärgert ihn.

Als Anita von Manfreds Trip nach Borken liest, kommen auch bei ihr Erinnerungen hoch.

»Freddie, weißt Du, dass es genau sieben Jahre her ist, dass wir uns das letzte Mal gesehen haben. Ich habe Euer Haus am 4. Juli morgens verlassen. Ich erinnere mich noch so deutlich daran, als wäre es gestern gewesen. Dann Brüssel,

Paris, Le Havre, die Überfahrt und schließlich die USA, ja, das waren ereignisreiche Tage für mich.«[22]

Anita bedauert, dass Manfred Borken nicht selber mit-einnehmen konnte, aber sie vergewissert ihm, dass der Einmarsch in jede deutsche Stadt eine Befriedigung sein werde.

Nun, da das Kriegsende langsam absehbar ist, disku-tieren Manfred und Anita in ihren Briefen immer öfter, wo und wie die Juden Europas in Zukunft leben könnten. Anita berichtet von einer Freundin aus Deutschland, die nun in Palästina lebt. Sie ist beeindruckt von ihrer Be-geisterung für das Land und teilt die Überzeugung, dass die junge Generation sich dort etwas Neues aufbauen und im Zweifel dafür kämpfen muss. Manfred solle die Hoffnung auf ein sicheres Leben für die Juden in der Welt nicht aufgeben; Palästina sei eine Chance. Er zwei-felt noch:

»Ich glaube keineswegs, dass es möglich ist, sich hinzu-setzen und zu sagen: ›Jetzt lasst uns eine Lösung für alle finden.‹ Kein Land bietet Schutz vor Antisemitismus, und man kann nicht gerade behaupten, dass Palästina ein friedliches und sozial wie wirtschaftlich gesichertes Para-dies ist. Nein, meiner Meinung nach muss nicht nur von den Juden, sondern von fast allen Menschen akzeptiert werden, dass das Leben an sich hochgradig unsicher ist.«[23]

Anita widerspricht Manfred vehement. Das Leben sei unsicher, sie würden es ja kaum anders kennen, aber sie wolle das nicht als unabänderliches Übel akzeptieren.

»Gerade weil das Leben so wenig Sicherheit und Gewissheit bietet, sollten wir nichts unversucht lassen, um es sicherer und geborgener zu machen. Vermutlich wird es vergeblich sein, wie die Vergangenheit uns lehrt, aber dennoch weigere ich mich, es nicht zumindest zu versuchen. Denn wofür leben wir, wenn wir nicht glücklich sein können, und was ist Glück anderes als ein Zustand des Wohlfühlens und der Geborgenheit.

Wenn ich diesen letzten Absatz noch einmal lese, habe ich das Gefühl, dass ich Deinen Brief womöglich missverstanden habe oder Du ihn in einer ziemlich üblen Stimmung geschrieben haben musst, denn ich bin fast sicher, dass Du mir zustimmen würdest. Oder hast Du Dich verändert, hat der Krieg Deine Sicht auf die Dinge verändert?«[24]

Manfreds Einstellung hat sich in der Tat gewandelt. In Borken und auch in seiner Zeit in England verkehrte er in verschiedenen zionistisch geprägten Gruppen. Nun schreibt er Anita:

»Ich habe jetzt ernste Zweifel, ob das Ganze den Arabern gegenüber fair ist. Sofern wir an die Demokratie glauben, sollten wir uns fragen, ob wir das Recht haben, ihnen unsere Meinung aufzuzwingen, denn ohne ihr Wohlwollen (welches wir vielleicht bekommen können) ähneln unsere Methoden eher denen von Eindringlingen.«[25]

In Palästina hat stets eine jüdische Gemeinde gelebt. Sie wuchs ab den 1880er Jahren in Folge der Pogrome in Russland und der entstehenden zionistischen Bewegung, die die Rückkehr der Juden nach »Erez«, das Gebiet des biblischen Israels, zum Ziel hatte. Nach 1933, und vor allem nach dem Novemberpogrom 1938, drängen immer mehr Juden aus Mitteleuropa nach Palästina. Trotz des steigenden Auswanderungsdrucks in Europa erhöhen die Briten die Einwanderungsquoten nicht. Sie befürchten, dass die Zuwanderung den schon schwelenden Konflikt mit der arabischen Bevölkerung im Land zuspitzen würde. Churchill, der der zionistischen Bewegung ursprünglich positiv gegenüberstand, distanziert sich während seiner Regierungszeit unter dem Einfluss antizionistischer und auch antisemitischer Stimmen in der britischen Oberschicht zunehmend von der Idee einer jüdischen »Heimstätte« in Palästina.

Im Osten

Am 12. April 1945 verstirbt, für die Welt unerwartet, der amerikanische Präsident Franklin D. Roosevelt. Anita ist bestürzt und betrauert auch Tage später noch den Verlust. Roosevelt war für sie eine wichtige Identifikationsfigur und das Ideal eines guten Politikers. In dem Maße, wie sie Roosevelt verehrt, verachtet sie Hitler, für den sie in ihren Briefen bei fast jeder Gelegenheit Häme zum Ausdruck bringt:

> »Morgen ist Hitlers letzter Geburtstag. Ich hoffe, er wird ihn entsprechend ›feiern‹. Ich kann mir vorstellen, dass die Royal Air Force ihm mehrere Pakete per Luftpost schicken wird.«[26]

Nicht die Bomben der Royal Air Force, sondern Hitler selbst nimmt sich am 30. April das Leben, wenige Tage nach seinem Geburtstag. Manfred ist zu dieser Zeit im niederländischen Goes stationiert – nicht allzu weit von dem Ort, an dem sich seine Eltern bis zu ihrer Deportation zuletzt versteckt hielten. Er weiß bisher nichts über ihr Schicksal. Anita hat immer wieder danach gefragt, er aber nie darauf geantwortet. Doch kurz vor Kriegsende bekommt er einen Brief von einer Verwandten aus New York. Manfred hat schon seit Jahren nichts mehr von ihr gehört.

> »Lieber Manfred, gestern erreichte uns ein Brief von Herrn Elzas, Grand Hotel Montreux, Schweiz. Er sagte, dass er die vergangenen fünf Monate mit Deinen Eltern in T. [Theresienstadt] verbracht hat. Sie seien noch in einem guten Zustand und bei gutem Verstand. […] Ist das nicht eine gute Nachricht, mein Junge? […] Ich hoffe, Dir geht es besser, nachdem Du diesen Brief gelesen hast – bei uns ist es in jedem Fall so. Ganz liebe Grüße, Erna«[27]

Der Schweizer Politiker Jean-Marie Musy hat heimlich Verhandlungen mit dem Reichsführer der SS Heinrich Himmler geführt und erreicht, dass gegen einen geforderten Millionenbetrag Gefangene aus Theresienstadt freigelassen werden. Musy handelte im Auftrag jüdischer Organisationen in der Schweiz und den USA, die die nötigen Mittel zur Befreiung besorgt haben. Im Februar 1945 können 1200 Gefangene das Lager verlassen und in die Schweiz ausreisen. Weitere sollen folgen, doch als Hitler von dem heimlichen Deal zwischen Himmler und Musy erfährt, untersagt er jeden weiteren Freikauf von KZ-Häftlingen. Unter den 1200, die mit dem ersten Transport in die Schweiz kamen, ist allerdings bereits Hermann Elzas, ein Bekannter der Familie Gans, der nun, da er frei und in Sicherheit ist, sein Wissen um den Aufenthaltsort und Zustand des Ehepaars Gans weitergeben kann.

Nachdem Manfreds Eltern im Herbst 1943 vom Lager Westerbork nach Bergen-Belsen deportiert wurden, hält man sie ein knappes halbes Jahr dort fest. Moritz Gans hat für das Deutsche Kaiserreich im Ersten Weltkrieg gekämpft und ein Bein verloren, seither trägt er vom Knie abwärts eine Prothese. Akkurat aufgerollt, versteckt er in einem kleinen Hohlraum im Holzbein nicht nur sein Tagebuch, sondern auch einen Zettel. Auf dem überdimensionierten Briefkopf steht in großen Lettern: »Reichsverband deutscher Kriegsopfer e. V.«, dessen Vorsitzender Moritz Gans im Bezirk Borken in den zwanziger Jahren war – bis man ihm mit ebendiesem Schreiben aus dem Jahr 1933 mitteilte, dass man ihn ausschließen müsse. Dieser Brief ist sein Glück im Unglück. Denn dort wird ihm als Dank für seine treuen Dienste der Schutz des Reichsverbands deutscher Kriegsopfer versichert. Weiter steht dort geschrieben: »Über etwa gegen Ihre Person oder Ihre Familie von unberufener bzw. unbefugter Seite eingeleitete Aktionen wollen Sie uns unverzüglich nach hier berichten. Mit Hitlerheil!«

In weiser Voraussicht, dass ihm dieses Schreiben noch nützlich werden könnte, hat Moritz es aufbewahrt. Und in der Tat wird es ihm genützt haben, denn nun, zehn Jahre später, werden er und seine Frau Else in Bergen-Belsen nicht dem Zug nach Auschwitz zugeteilt, der sie vermutlich direkt in die Gaskammer gebracht hätte, sondern mit dem Transport Nummer XXIV/3 nach Theresienstadt, in ein Lager nahe Prag, gebracht. Erst viel später wird Manfred lesen, was sein Vater Moritz während dieser Zeit in sein kleines Tagebuch schrieb.

»27.Januar 1944: Alles was gehen kann, 3 km zu Fuß zum Bahnhof, Alt und Jung. Am Bahnhof (Laderampe) stehen 7 Güterwagen mit Stroh auf dem Boden. Unsere Leute werfen ziellos und wahllos die Koffer in die Wagen, angetrieben von der SS mit Schimpfen und Fußtritten. Ich klettere vom Wagen mit meinem Stuhl und Brotbeutel, suche so gut es geht unsere Koffer und Decken, werfe sie in einen Wagen in die Ecke und belege einen Platz für Else neben mir. Inzwischen kommen unsere Jahrgänge, ich rufe Else, da sich alles auf die Waggons stürzt, sie springt zu mir herein und sitzt auf den Decken neben mir. Der Waggon ist brechend voll. 59 Menschen und die vielen Koffer, viele stehen und können sich nicht setzen. Und jetzt das Schreckliche, die Luftklappen sind zu, von außen vernagelt und nun wurden auch noch die Türen vollständig zugemacht und unter Hohnlachen der SS zieht der Zug an. Wir können es uns nicht denken, dass man nun die ausgesuchten und bevorzugten Juden so nach Theresienstadt schickt und denken immer noch, der Zug wird nur rangieren und dann werden wir die Tür oder Luftklappen der Viehwagen öffnen können. Kein Licht, kein Wasser, keine Tonne für die Bedürfnisse, so schickt man 375 Menschen auf eine Reise, welche 3 Tage und 2 Nächte dauert. Was wir litten in diesen Tagen und Nächten will ich nicht beschreiben, unser Waggonleiter (Manfred Greifenhagen) bewährt sich großartig, wenigs-

148

tens alles saß, nur aufstehen durfte keiner, und so kam es auch, dass in unserem Waggon keiner wahnsinnig wurde.«[28]

Während der Fahrt bohrt Moritz mit einem Büchsenöffner ein kleines Loch in die eiserne Luftklappe. So kann er einen Blick auf die Außenwelt erhaschen und den Leuten im Wagen berichten, was er sieht, als der Zug sich dem Lager nähert.

>>Ich sehe eine Stadt mit hohen Häusern und draußen auf den Feldern und auf der Straße, wo wir fahren, nur Leute mit Judenstern. [...] Jetzt stehen wir auf einer Straße mitten zwischen den Häusern. Eine Weile, die Türen werden aufgerissen, und wir stehen im Licht. Gut, dass man sich selbst nicht sehen konnte, wir müssen schrecklich ausgesehen haben.«[29]

Ohne ein Wort zu wechseln werfen Moritz und Else ihre wenigen Sachen ab und steigen aus dem Waggon. Gleich befiehlt man ihnen, alles liegen zu lassen und sich in Fünferreihen aufzustellen. Moritz erkennt einige Bekannte aus dem Lager Westerbork wieder, die ihm ein paar Worte zurufen. Er mustert die müden Gesichter, die an ihnen vorbeischleichen. Soll das Theresienstadt sein, »die Stadt der jüdischen Selbstverwaltung«? Nein! Leise flüstert er Else zu: »Wir sind im Ghetto.« Sie werden in die sogenannte Schleuse geführt, wo die SS-Wachmannschaft sie auffordert, sich zu entkleiden und allen Besitz abzugeben. Wer versuche, private Dinge zu verstecken, müsse mit dem Tode rechnen. Nach der Untersuchung werden sie von jüdischen Lagerinsassen registriert.

Theresienstadt wird von der SS kontrolliert und von tschechischen Gendarmen bewacht. Die aufwendige und aufreibende Organisation des Lagerlebens ist allerdings einer jüdischen Selbstverwaltung auferlegt. So sind es in vielen Bereichen des alltäglichen Lebens die Häftlinge selbst, die Räume zuteilen, Lebensmittel verteilen, Arbeiten vergeben und beaufsichtigen müssen. Auch die Listen für die Transporte weiter in den Osten stellen sie zusammen. Wirklichen Einfluss auf ihr Schicksal haben sie jedoch kaum. Die Gefangenen in Theresienstadt leben selbstverwaltet, aber nicht selbstbestimmt – stets der Willkür der SS ausgesetzt.

Moritz und Else kommen in getrennte Unterkünfte und werden zum Arbeitsdienst eingeteilt. Moritz muss Schuhe reparieren und Else auf den Feldern arbeiten. Mittags und abends können sie sich sehen. Sie sprechen sich Mut zu und schwelgen in Erinnerungen. Während der ersten Monate nach ihrer Ankunft schreibt Moritz kaum Notizen in sein sorgfältig verstecktes Tagebuch. Nur zum 8. Juli ist knapp zu lesen: »Wir feiern unsere silberne Hochzeit.« Wie genau sie feiern, dazu schreibt Moritz nichts. Der Schmerz über den Verlust der eigenen Lebenswelt, die Sorge um den Verbleib der Kinder, die Angst vor jedem neuen Transport weiter in den Osten, die Strapazen der Arbeit und vor allem der ständige Hunger begleiten sie die nächsten Monate.

Die Nachricht aus den USA über den Verbleib seiner Eltern im Ghetto Theresienstadt erreicht Manfred kurz vor seinem 23. Geburtstag Ende April 1945. Wenige Tage danach schreibt er an Anita:

»Gerüchte über einen Frieden schwirren überall herum und vielleicht ist es bereits so weit, wenn Dich dieser Brief erreicht, obwohl ich selber nicht genau weiß, wie das ablaufen wird. Außerdem erreichen uns Horrorgeschichten aus den Konzentrationslagern – als ob wir es nicht geahnt hätten. […] Meine Eltern sind in Theresienstadt, Tschechoslowakei. Ich dränge darauf, dorthin zu fahren. Ich hoffe nur, dass die verdammten Russen keine Schwierigkeiten machen, sie scheinen dort in der Gegend alles zu regeln und handhaben vieles komplizierter als wir hier.«[30]

Auf der Rückseite des Umschlags fügt Manfred noch eine kurze Notiz an, bevor er diesen Brief an Anita schickt. »Hurra, es ist vorbei. Gerade kam die Nachricht!«

In der Nacht zum 7. Mai 1945 unterzeichnet Generaloberst Alfred Jodl als Gesandter der NS-Regierung im Hauptquartier der alliierten Streitkräfte in Reims die bedingungslose Kapitulation. Sie tritt am 8. Mai in Kraft. Alle alliierten Soldaten und die befreiten Länder feiern in diesen Tagen und Stunden, doch für Manfred ist es noch nicht vorbei. Von seinem Vorgesetzten erhält er die Genehmigung, zu einer eigenen Mission aufzubrechen.

Am 12. Mai, vier Tage nach der Kapitulation, geht es los.

*I'll answer your letters. In the meantime,
amuse yourself with this. Sorry I couldn't
write before.*

Freddie.

F.G.
4/RMC
BL.A.

9.5.45 <u>First Day.</u>   At last we are ready to push off.   The driver has only been told
about the trip quarter of an hour ago.   He is all for it.   Some people remark
"Lucky chap."   I still have regrets that I couldn't take Sgt.A. also.   He
does everything I want done on his own initiative;   there is no need for any
orders.   Still, can't be helped.   The weather is perfect.   We travel in shirt
sleeves.   The driver informs me that brakes of the jeep don't work and I promise
that we'll get that mended on the way.   Leave GOES (South Beveland) round about
12 o'clock.   Collect some papers at Brigade HQ.   "All assistance is to be
given...." etc etc.

        In ROSENDAAL two Canadians ask us for a lift.   They are return-
ing from BRUSSELS leave.   "VE Day in B. have we have a time!)"   It turns
out they are going up to BREMEN so we decide to stick together till MÜNSTER.   In
.ILBURG we pull up for the repair of the brakes.   The mechanic is very slow
about the job.   It takes an hour and a half.   It's now terribly hot.   I get
quite impatient, but driving from there to NIJMEGEN cools me down a bit.   Some-
thing is still wrong with the jeep but I can't find out what.

        CLEVE - EMMERICH - BOCHOLT, everywhere complete destruction.
"Boy" the driver who hasn't seen all this before just can't grasp it.   The
Canadians are cracking jokes, "There is a house still intact over there, bloody
natives living in it; far too good for them.   My eyes are very small again,
they .ly show the towns, still I know the country round here - the roads are
appallingly bad.   BOCHOLT is hardly recognisable.   Total destruction.   I
think of the lovely days I spent here before 1933.   There is a canteen in a
lovely house, the British soldiers are having their tea and cake in the garden.
In the corner sits a nice girl.   Everywhere else she would be besieged, here
nobody bothers.   Non fraternisation works very well during daylight.   Forward!
I want to make MÜNSTER tonight.   Passing through BORKEN I go slow.   The A.M.G.
is now in our former home.   They have dressed the building up terrifically.
It looks very impressive.   I am glad.   That'll teach the Jerries.   With their
belief in mystic they will not fail to notice the lesson.

        Over the well-known road to MÜNSTER.   We come into the American
sector, in every village there is a Yankee billet.   The men sit outside their
houses and feel bored.   We stop at one group.   "When are we going home" they
ask.   "How are you getting on here?"   It's lousy during the day, but we do all
right at night a Sergeant says.   (I thought that was the solution)

        We decide to get some eggs just drive to the nearest farmhouse
and demand them.   The people tremble.   They oblige at the double.   I give
a few cigarettes in return.   A woman comes in and asked for quarters for the
night.   One of the millions of German refugees crying to make her way back
home.   She looks the hard type, smiles at me ostentatiously;   I think of the
Jews.... "Neither the time nor the b........ inclination."

        In MÜNSTER I notice that the former German barracks are now an
American Camp.   We drive in "Can you fix us up with someone here to sleep?"   They
take us into the officers quarters.   Then I have some coffee and doughnuts
in the "Red Cross."   The civilians who serve are Russians.

        Talk to some Yanks in camp.   Everyone is full of how they are
being teased by the German girls when they go swimming.   "Allow us to rape
them or shoot them" they demand, "we can't go on like this. - I think of
the times when I used to stand outside these self same barracks anxiously
watching German soldiers drilling.   Little I knew then that one day I should
be sleeping the the officers quarters of them together with the Yanks.   There
are Frenchmen, Poles etc in a nearby camp.   They fraternise all right.   I go
to bed with the thought that morals have completely gone to blazes as far as
German girls are concerned.

<u>Second Day.</u>   Breakfast at 7 o'clock.   Start off 0745.   Drive through MÜNSTER
heap of rubble.   No a soul in town except an occasional military policeman.
Say goodbye to the Canadians, it was nice having them.

        Towards PADERBORN.   We find more and more people on the roads;
pushing handcarts, perambulators, carrying rucksacks, cycling.   Everybody
trying to get home;   Poles, Russians, Dutchmen, Belgians, French, Jugoslavs
and German evacuees.   How they feed, house etc nobody can understand.   The
Germans usually wear little more than bathing costumes.   Still they are smart.
Fill up with petrol in a Yankee Recce Unit.   PADERBORN in complete ruins.
Hardly a house intact.

*Faksimile von Seite Eins aus dem Reisebericht von
Manfred Gans, Mai 1945*

Mai 1945

Seit Manfred und sein Fahrer ihren Einsatzort Goes verlassen haben, sind nur wenige Stunden vergangen. Die Eindrücke, die sie am Wegesrand sammeln, sind so reichlich, dass sich die zurückgelegten 200 Kilometer wie eine halbe Weltreise anfühlen. Mit einigen Hindernissen haben sie es immerhin schon bis Borken geschafft. Manfred hat dafür sogar einen kleinen Umweg eingeplant. Auch wenn er kurz nach der Einnahme der Stadt einige Wochen zuvor schon in Borken war, ist es ihm wichtig, noch einmal das Elternhaus zu sehen. Lange bleiben will er aber nicht. Nun soll es schnellstmöglich Richtung Theresienstadt gehen. Im Gepäck hat er jeweils nur eine Übersichtskarte von Deutschland und der Tschechoslowakei, beide stammen noch aus der Vorkriegszeit. Ohnehin ist ungewiss, welche der Reichsautobahnen und welche der Landstraßen in diesen Tagen überhaupt befahrbar sind. Stück für Stück müssen Manfred und sein Fahrer Bob sich ihren Weg suchen. Nur für den nächsten Abschnitt braucht Manfred keine Karte. Auf vertrauten Wegen geht es von Borken Richtung Münster. Dort will er die beiden Kanadier, die er mitgenommen hat, wieder loswerden.

Während in Borken und den umliegenden Dörfern britische Einheiten das Kommando übernommen haben, treffen sie wenige Kilometer weiter bereits auf die US-Armee. Die Soldaten sitzen vor ihren Quartieren und machen einen gelangweilten Eindruck. Manfred bittet seinen Fahrer, kurz anzuhalten. Er spricht einige US-Soldaten am Straßenrand an. Nun, da der Krieg vorbei ist, wollen alle bloß hören, wann sie nach Hause können. Manfred hingegen möchte wissen, wie die Lage in der Region ist. Tagsüber lausig, aber in der Nacht kämen sie gut klar, antwortet ihm ein Sergeant grinsend.

Sie erreichen Münster am frühen Abend und steuern das Hauptquartier der US-Armee an. Ob sie für eine Nacht bleiben dürften, fragen sie. Die Yankees weisen Manfred einen Schlafplatz im Offiziersquartier zu. Als er dort ankommt und sich umsieht, realisiert er, dass das Gebäude, in dem er sein Bett bezieht, einst zu einer deutschen Kaserne gehörte. Er erinnert sich, dass er als Jugendlicher vor den Toren genau dieser Kaserne stand und ehrfürchtig zusah, wie die deutschen Soldaten auf dem Hof exerzierten. Nun, knapp zehn Jahre und doch ein halbes Leben später, sitzt er müde, aber zufrieden mit den Insignien der Royal Marines auf den Schultern zwischen Kaugummi kauenden Amerikanern. Kaffee und Donuts werden gereicht. Manfred kommt ins Gespräch mit den Yankees.

»Alle reden nur davon, dass sie verrückt werden, wenn die deutschen Mädchen schwimmen gehen. ›Erlaubt uns, sie zu vergewaltigen oder zu erschießen‹, fordern sie. ›Aber so können wir es nicht mehr aushalten.‹«[1]

In der Nähe seien Franzosen, Polen und andere Einheiten stationiert. Sie würden nach Herzenslust mit dem Feind fraternisieren, berichten sie Manfred, nur die Amerikaner und Briten würden sich an die Anordnungen halten und damit doch nur sich selber geißeln.

Gleich mit dem Einmarsch der Alliierten erließen Amerikaner und Briten eine »Non-Fraternisation-Order«. Der zufolge ist ihren Soldaten jegliche »private« Beziehung zu deutschen Männern, Frauen oder Kindern untersagt. Auch wenn die Wehrmacht kapituliert hat, befürchten die Befehlshaber noch immer Gegenangriffe durch den »Werwolf«, eine deutsche Untergrundbewegung, die aus vermeintlich freundschaftlichen Kontakten sensible Informationen generieren könnte. Die Radiosender und Zeitungen der alliierten Armeen warnen daher unentwegt: »Hübsche Mädchen können den alliierten Sieg sabotieren« oder »Kluge Soldaten fraternisieren nicht«. Zudem soll durch die soziale Distanzierung den Deutschen klargemacht werden, dass sie nicht die Opfer des Krieges sind, sondern Mitschuld an ihrem eigenen Leid tragen. Spätestens seit dem Kriegsende in Europa wird die Einhaltung des Fraternisierungsverbotes jedoch immer weniger beachtet, und das Interesse der alliierten Soldaten an deutschen Frauen ist groß.

Manfred geht mit dem Gedanken zu Bett, dass die Moral bezüglich der deutschen Frauen auf der Strecke geblieben ist. Das Land, das er durchquert, ist ihm zugleich vertraut und doch fern. Das teilweise ungezügelte und hemdsärmelige Auftreten manch eines alliierten Soldaten bleibt ihm zuweilen allerdings ebenso fremd.

Früh am nächsten Morgen verabschiedet Manfred sich von den kanadischen Begleitern, die von hier den Weg Richtung Bremen nehmen wollen. Bob und er brechen um kurz nach sieben nach Osten auf. Manfred ist in den letzten zehn Monaten durch zahlreiche kaputte Städte und Dörfer gekommen, doch das Ausmaß der Zerstörung in Münster übersteigt alles, was er bisher gesehen hat. 700000 Bomben haben das Stadtzentrum getroffen. Von den prächtigen alten Giebelhäusern in der Innenstadt, die Manfred aus seinen Jugendjahren noch vor Augen hat, sind nur Bruchstücke geblieben. Wie das Gerippe eines Kadavers ragen aus den Trümmerhaufen einzelne Stahlträger oder Holzbalken ausgebrannter und umgestürzter Dachstühle hervor. Die zahlreichen Kirchtürme sind gestutzt, und die wenigen Gestalten, die durch die Stadt ziehen, wirken gebrochen, viele auch verwirrt. Räummaschinen der britischen Armee hatten zwar das Gröbste von den Hauptstraßen geschafft, viele Nebenstraßen sind jedoch nur noch als schmale Pfade zwischen hohen Schuttbergen erkennbar. Langsam manövriert Bob den Jeep durch die buckligen Straßen. Doch vor den Toren der Stadt eröffnet sich den beiden bald schon ein ganz anderes Bild.

Exodus

Der Mai 1945 ist sonnig und warm. Die Bäume sind saftig grün, und der Himmel strahlt so blau wie eine gefühlte Ewigkeit nicht mehr. Zwischen den Ruinen blüht stoisch manch ein Apfelbaum. Das Friedbringendste dieser Tage ist aber die Stille: keine Granaten, keine Luftangriffe, keine Sirenen. Eine eigenartige Ruhe nach dem Sturm breitet sich aus.

Während die Städte in Schutt und Asche liegen, sind die ländlichen Regionen oft noch erstaunlich unversehrt. Auf den Feldern steht das Getreide für die Jahreszeit ungewöhnlich hoch. Millionen Zwangsarbeiter mussten auf den Höfen schuften, um die Erträge der Landwirtschaft zu sichern. Bis kurz vor Kriegsende haben die Deutschen dadurch mehr Nahrungsmittel als die Menschen der Länder, in die sie eingefallen sind. Und auch nach Kriegsende, als der Hunger die zerstörten Städte erreicht, ist auf dem Land die Versorgung vergleichsweise gut. So strömen die Ausgebombten um etwas Nahrung bittend zu den umliegenden Bauernhöfen.

Auch Manfred und sein Fahrer sind hungrig und halten am nächsten Bauernhof an. Sie fragen nicht lange, sondern verlangen ein paar Eier. Ihre Uniform und die umhängende Tommy-Gun reichen als Argument.

»Die Leute sind nervös. Sie bieten uns die doppelte Menge an. Ich gebe ein paar Zigaretten. Eine Frau kommt rein und fragt nach einem Quartier – eine von Millionen deutschen Flüchtlingen.«[2]

Unmittelbar nach Kriegsende setzt eine beinahe unvorstellbare Völkerwanderung ein. Aus allen Richtungen und in alle Richtungen strömen Millionen Menschen: Heimatvertriebene aus dem Osten ziehen in kleinen Trecks in den Westen, wo sie hoffen, Verwandte, Bekannte und ein neues Zuhause zu finden. Sie schieben Handkarren, Kinderwagen, tragen ihr Hab und Gut in

Säcken über der Schulter, einige haben Fahrräder. Nur wenige finden Platz auf einem Pferdewagen. Die meisten werden nur von ihren eigenen Füßen und der Hoffnung getragen, bald irgendwo neu anfangen zu können.

Noch weniger haben die vom NS-Regime Verschleppten. Aus allen besetzten Gebieten haben die Nationalsozialisten Kriegsgefangene und Zivilisten entführt und ins Reich gebracht, um die Lücken in der Industrie und Landwirtschaft zu stopfen, die die Mobilmachung der deutschen Männer gerissen hat. Zehn Millionen, die Zwangsarbeit und Unterernährung überlebt haben, wollen nun nach Hause. Einige tragen noch immer Häftlingskleidung, andere die zerschlissenen Uniformen der Armeen, in denen sie dienten. Schwach und unterernährt kommen sie in diesen Tagen aus den Bauernhöfen, Fabriken und Bergwerken hervor und suchen den schnellsten Weg aus dem Land ihrer Peiniger – zumeist in Richtung Osten.

Ihnen entgegen ziehen, konsterniert und traumatisiert, deutsche Kriegsheimkehrer, die dem Vormarsch der Russen im Osten entfliehen konnten und nun nach ihrem alten Leben suchen. Der Stolz, mit dem viele von ihnen einst die Wehrmachtsuniform trugen, ist aus ihren Kleidern und Körpern gewichen.

Deutschland im Mai 1945, das ist ein riesiges Durcheinander inmitten schier endloser Zerstörung. Auf allen Straßen wird die große Not dieser Zeit offenbar. Unzählige zerschossene, ausgebrannte deutsche Militärfahrzeuge und Leichen von Soldaten säumen den Straßenrand. Die Lebenden humpeln vorbei. Kolonnen der geschlagenen Wehrmacht treffen auf Kolonnen der

Amerikaner und Briten. Momente der Verwirrung, zaghaft salutieren deutsche Offiziere vor den Siegern. Überlebende der Konzentrationslager begegnen Männern aus den SS-Wachmannschaften – die Wege von Opfern und Tätern kreuzen sich in diesen Tagen unaufhörlich.

Staunend blickt Manfred aus seinem Jeep in die vielen Gesichter. Männer und Frauen, Jungen und Mädchen fast aller Völker Europas ziehen mit hungrigen und leeren Blicken schweigend an ihnen vorbei.

>»Alle versuchen, nach Hause zu kommen. Polen, Russen, Holländer, Belgier, Jugoslawen und deutsche Vertriebene. Es ist mir schleierhaft, wo sie alle Unterkunft und Essen finden. […] Wir haben das große Bild vor Augen: ›Europa auf dem Heimweg‹. Ein Exodus, Millionen auf den Straßen.«[3]

Die meisten ziehen mit gesenktem Haupt durch das Land, verbittert, voll Kummer oder einfach nur erschöpft. Doch die Sonnenstrahlen lassen ein erstes zartes Grün auf den Trümmerhaufen wachsen und ein erstes Blinzeln in einigen Gesichtern erkennen. Manchen gelingt es, ihren Kopf aufzurichten, den Tunnelblick zu lösen, sich der kaum begreiflichen Ambivalenz zwischen Untergang und Neuanfang jener Tage bewusst zu werden und sie festzuhalten. Tagebucheinträge und Briefe des Frühlings 1945 zeugen von ganz gegensätzlichen Gefühlen: Trauer um verlorene Menschen, Sorge um noch vermisste Menschen, Erleichterung, trotz alledem am Leben zu sein. Und zugleich ist da die Ahnung, dass die Ereignisse der letzten Jahre noch Jahrzehnte nachwirken werden. Das

Entsetzen über das Geschehen und die Hoffnung auf Erlösung liegen nah beieinander.

Vom Süden kommend zieht der junge Schriftsteller Wolfgang Borchert unweit von Manfreds Route vorbei. »Komm, lieber Mai, und mache die Gräber wieder grün«, ruft er sich und allen zu. Während der Überführung in französische Gefangenschaft gelang ihm die Flucht. Nun schlägt er sich 600 Kilometer zu Fuß nach Norden durch. Zurück in Hamburg ringt Wolfgang Borchert mit der Sprachlosigkeit und findet seine Sprache dann doch wieder. In seinem Text *Unterwegs – Generation ohne Abschied* bringt er, nur wenige Monate älter als Manfred Gans, die Haltlosigkeit seiner Generation zu Papier:

> »Wir begegnen uns auf der Welt und sind Mensch mit Mensch – und dann stehlen wir uns davon, denn wir sind ohne Bindung, ohne Bleiben und ohne Abschied. Wir sind eine Generation ohne Abschied, die sich davonstiehlt wie Diebe, weil sie Angst hat vor dem Schrei ihres Herzens. Wir sind eine Generation ohne Heimkehr, denn wir haben nichts, zu dem wir heimkehren könnten, und wir haben keinen, bei dem unser Herz aufgehoben wäre – so sind wir eine Generation ohne Abschied geworden und ohne Heimkehr.«[4]

Aus dem Osten kommend, versucht sich ein anderer junger Wehrmachtssoldat an der schwierigen Heimkehr. Claus Hubalek, der später Chefdramaturg beim Norddeutschen Rundfunk und am Hamburger Schauspielhaus wird, diente in den letzten Kriegsmonaten als Luftwaffenhelfer und ist nun, Anfang Mai, auf dem Weg zurück

Richtung Berlin. Während Manfred die Szenen im Mai 1945 mit den Augen eines Siegers betrachtet, dringt bei Claus Hubalek wenige Tage zuvor die ganze Fassungslosigkeit durch:

»Ich lasse mich von dem Menschenstrom treiben. Als wir aus dem Dorf heraus sind, ertönt ein helles Brummen. ›Tiefflieger!‹, ruft eine Frau und die Menschen pressen sich an die Erde. Da hacken auch schon die ersten Garben in das Pflaster. Ein Kind schreit auf. Menschen stöhnen. Nur jetzt nicht mehr sterben, nur jetzt am Leben bleiben. Vor mir liegt eine Frau. Das Mehlsäckchen ist beim Hinlegen aufgeplatzt. Weiß deckt das Mehl die Straße. Ein dünner roter Streifen frisst sich durch das Mehl. Als die Flieger vorbei sind, beugt sich ein Soldat zu der Frau herab. Er hebt ihren Arm an, der kraftlos auf das Pflaster zurückfällt. ›Die ist fertig.‹ Er sieht mich mit glotzenden Augen an. ›Mal sehen, was sie bei sich hat.‹ Er durchwühlt die Taschen der Frau, holt Keksschachteln hervor, ein Päckchen Butter, Zigaretten. Die Schachtel ist blutig. Vorsichtig wischt er das Blut mit dem Ärmel ab, lacht und reißt die Schachtel auf. Ganz langsam setzt er die Zigarette in Brand. Er sieht noch einmal auf die Frau herab. Pfeifend geht er davon.«⁵

Kurz hinter Kassel biegen Manfred und Bob auf die Reichsautobahn Richtung Süden. Hier kommen sie nun schneller voran. Die Sonne brennt immer noch am Himmel, und der Motor des Jeeps läuft heiß. Bergab schalten sie den Motor aus. So geht es besser. Doch dann müssen die beiden feststellen, dass ein Stoßdämpfer gebrochen ist. In Eisenach finden sie ein Quartier der US-Armee. Alle sind sehr überrascht, britische Soldaten so weit im Osten zu sehen, und der amerikanische Mechaniker ist über das Anliegen von Manfred und Bob nicht gerade erfreut. Manfred gelingt es, ihn zu überreden, sich seinen »Willys« kurz anzuschauen, so heißt der Jeep der Amerikaner und Briten im Zweiten Weltkrieg. Nach einer Stunde ist ein neuer Stoßdämpfer eingebaut, und sie können wieder los.

Von Eisenach geht es über Gotha nach Weimar. Am Kleeblattkreuz, wo die Ost-West-Autobahn auf die Nord-Süd-Achse trifft, werden sie von amerikanischen Militärpolizisten kontrolliert. Es ist das bisher einzige Mal, dass sie angehalten werden. Manfred zeigt das Begleitschreiben seines Vorgesetzten, und sie werden durchgewunken. Egal mit wem er nun ins Gespräch kommt, die »Line of Contact«, der Übergangspunkt vom amerikanischen zum russisch kontrollierten Territorium, ist stets das erste Thema.

Bereits vor dem Kriegsende hatten die Russen, Amerikaner, Engländer – und später kamen auch die Franzosen dazu – Deutschland in verschiedene Besatzungszonen aufgeteilt. Doch in diesen ersten Nachkriegstagen muss sich erst noch alles sortieren. Oft ist unklar, wo genau die Grenzen verlaufen und wer sie passieren darf. Manfred hat Sorge, dass sie womöglich noch irgendwelche Militärbestimmungen an der Weiterreise hindern könnten. Es bleibt ihnen nichts anderes übrig, als sich Stück für Stück weiter vorzutasten.

»Richtung CHEMNITZ wird es kühler. Es sind nun weitere Yankee-Patrouillen auf den Straßen. Aber soweit wir wissen, sind die Yankees und die Russen erst

in Dresden aufeinandergestoßen. Wir halten in CHEM-
NITZ und versuchen herauszufinden, ob THERESIEN-
STADT amerikanisch oder russisch ist und wie die Chan-
cen sind, durch die russischen Linien zu kommen. […]
In CHEMNITZ überall weiße Fahnen, fünf oder sechs
an jedem Haus. Warum? Wurde die Stadt eben erst eingenommen? Es sind keine Soldaten auf den Straßen. Wo
sind die Truppentransporter der Yankees? Vielleicht ist es
schon zu spät am Tag. Die Deutschen schauen uns verwundert an. Wurde die Stadt womöglich noch gar nicht
erobert??! Auf einmal russische Soldaten. Sie sehen nicht
wie befreite Kriegsgefangene aus. Nein, sie tragen Waffen.
Die berühmte russische Maschinenpistole! Oh Mann!
Wir sind in ihren Linien. Verdammt! Ein Haufen Kosa-
ken vor uns. Sie fuchteln wild mit den Händen, winken
uns herbei. Zwei Offiziere kommen angeritten, grimmige
Gesichter. Schweigend reichen sie uns die Hand. Ich versuche es mit meinem Französisch. Der eine versteht. Er
scheint ein Jude zu sein. ›Seien Sie a Jid?‹ – ›A Jid, a Jid!‹,
ruft er. Ich frage ihn, wo die Amerikaner stationiert sind.
Er weist mir den Weg, dann klopft er mir auf den Rücken.
Wir salutieren und fahren ab.«[6]

Nach ein paar Kilometern müssen Manfred und sein
Fahrer wieder anhalten. Ein einfaches Seil ist über die
Straße gespannt. Zwei bewaffnete Soldaten stehen bei-
sammen: ein Amerikaner, ein Russe. Man komme klar,
betont der letzte amerikanische Posten vor dem russisch
kontrollierten Bereich: »Sie kommen zu uns, um bei den
Deutschen zu plündern, weil wir das nicht so gründlich
machen, und wir gehen rüber, um zu ›fraternisieren‹. Die
Grenze hier ist nur für deutsche Soldaten und Zivilisten.«

Wo das nächstgelegene Hauptquartier der Amerikaner sei, möchte Manfred wissen. Er will noch mehr Informationen darüber einholen, was ihn weiter im Osten erwartet, und außerdem ein Geleitschreiben auf Russisch in der Tasche haben. Der Amerikaner weist ihm den Weg zum Hauptquartier der US-Truppen in Oberlungwitz. Unaufgefordert löst der Russe das Seil, das über die Straße hängt, und lässt den britischen Jeep zurück in die amerikanische Zone fahren.

Oberlungwitz ist eine kleine Industriestadt zwischen Chemnitz und Zwickau gelegen. Der US-Colonel George C. Clowes hat mit seiner Truppe eine stilvolle Villa am Ortsrand bezogen. Früher hat sie Herr Götze bewohnt, ein Fabrikant, dem etliche Kunstseide-Fabriken und jede Menge Grundstücke im Ort gehörten. Für die Amerikaner musste er sie räumen. Als Manfred das Gebäude oberhalb des Ortszentrums erreicht, steht vor dem US-Hauptquartier eine Gruppe deutscher Flüchtlinge, die allerhand Bitten vorbringen. Der Colonel scheucht sie weg, doch sie machen keine Anstalten abzuziehen. Erst als er demonstrativ seine Pistole in die Hand nimmt, löst sich die Menge auf. Nun kann Manfred dem Colonel in Ruhe sein Anliegen vortragen. Dieser willigt ein, ihm ein Geleitschreiben auszustellen, bittet ihn jedoch, noch eine Nacht zu bleiben; es sei zu spät, um weiterzufahren. Dankend nimmt Manfred seine Einladung an.

»Es ist die modernste, schickste und edelste Villa, die ich je gesehen hab. Mein Fahrer und ich nehmen ein Bad. Marmor-Badezimmer. Zu schön, um wahr zu sein. Als ich zum Essen runtergehe, spricht gerade Churchill im

Radio. Ich lausche beim Essen. Mann, bin ich hungrig! Der Colonel ist ein phantastischer Typ, und seine Offiziere sind es auch.«[7]

Obwohl es inzwischen zehn Uhr abends ist, herrscht im Hauptquartier in Oberlungwitz noch reges Treiben. Der Colonel und einige Offiziere setzen sich zu Manfred. Anstatt sich ein bisschen ausruhen zu können, wird er in eine lebhafte Diskussion verwickelt. Es geht vor allem um die Russen:

»›Was für ein Haufen!‹, heißt es. ›Sie haben überhaupt keinen Plan.‹ – ›Sie geben den Deutschen keine Chance.‹ – ›Ich habe mir ihre Waffen angeschaut, nicht schlecht, aber ich denke, wir könnten sie schlagen. Wenn nicht jetzt, müssen wir es in zehn Jahren tun, und dann werden sie ihre Vorbereitungen getroffen haben‹ […] Ich argumentiere, dass wir sie nicht nach unseren Maßstäben beurteilen dürfen.«[8]

Jeden Tag treffen deutsche Flüchtlinge und Kriegsgefangene aus den von den Russen besetzten Gebieten in Oberlungwitz ein. Längst hat sich herumgesprochen, dass die Amerikaner nicht nur Schokolade und Lucky Strikes im Gepäck haben, sondern auch mehr Nachsicht mit den deutschen Kriegsgefangenen und den Zivilisten walten lassen. Der roten Armee hingegen eilt ein beängstigender Ruf voraus – befeuert durch Übergriffe russischer Soldaten, aber auch durch die jahrelange Propaganda der Nationalsozialisten, die kaum eine Chance ausgelassen hatten, die Russen als rachsüchtige, lüsterne Barbaren darzustellen.

Spät am Abend erreicht die Runde noch die Nachricht, dass für den nächsten Morgen weitere 3000 deutsche Flüchtlinge erwartet werden. Diese zu versorgen stellt die Amerikaner, die erst seit wenigen Tagen die Kontrolle im Ort übernommen haben, vor große Herausforderungen. Der amerikanische Colonel will mit Manfred hinunter zur verlassenen Fabrik von Herrn Götze, um herauszufinden, ob die Küche dort noch intakt ist.

»Herr Götze wird herbeordert. Er beschwert sich, weil er schon im Bett liegt. Der Colonel fragt, ob er ihn aus dem Bett peitschen solle. Ich übersetze. Am Ende schließt Herr Götze sich uns an. Er trägt einen sehr feinen maßgeschneiderten Anzug. Er führt uns herum, dann fangen wir an zu diskutieren. [...] Wir kommen auf Politik zu sprechen. Er gestikuliert wild und schreit mit sich überschlagender Stimme: ›Ich sage Ihnen, Stalin hat den Krieg gewonnen. Hier hat der Bürgermeister vor Ihrer Nase eine Verordnung herausgegeben, dass niemand etwas zu essen bekommen darf, der nicht der Freien Deutschen Partei angehört. Er ist ein Kommunist! Wir rutschen von einem Extrem ins andere. Die Leute haben alles verloren, und nun werden sie zu Kommunisten.‹ Der Colonel stimmt ihm zu. Götze brüllt: ›Wie kann Europa jemals auf die Beine kommen? Zwei Kriege in einer Generation.‹ Ich erinnere ihn daran, dass es die Deutschen waren, die diese Kriege begonnen haben. ›Meine Kinder werden nicht in Europa bleiben, auch wenn ich meine Millionen verliere.‹ Bei allem, was er sagt, halte ich etwas dagegen, sodass er sauer wird. ›Du bist viel zu jung, mit dir rede ich gar nicht.‹ Das ärgert mich. Ich fange an, mit meiner Pistole zu spielen, was ihm nicht gefällt. Schließlich lassen wir ihn und gehen zurück.

Die Amis sagen: ›Er hat irgendwie recht.‹ Ich bin anderer Meinung. ›Seht euch an, wie arrogant er und all die Deutschen sind. Ich spreche hier in perfektem Deutsch, und niemand hat das bemerkt, alle gehen davon aus, dass Deutsch eine ‹Kultursprache› ist und ein jeder es perfekt beherrschen müsse. Ich kann sie nicht ausstehen.‹«[9]

Zurück im Hauptquartier trinken Manfred und der Colonel noch einige Gläser Wein. Es ist schon spät in der Nacht, als Manfred sich in einem ehemaligen Kinderzimmer der Villa Götz ins Bett legt. Der 13. Mai 1945, es ist der Muttertag, neigt sich dem Ende zu. Ob er schon morgen seine Mutter und seinen Vater wiedersehen wird?

Nach einer kurzen Nacht erwartet Manfred und seinen Fahrer ein deftiges »Yankee Breakfast«. Bald nach dem Frühstück wollen sie aufbrechen. Doch kaum sind sie am Jeep, werden sie gleich wieder von deutschen Flüchtlingen belagert: »Wie können wir unser Hab und Gut vor den Russen retten?« – »Geht doch zurück! Ihr habt den Krieg mit den Russen begonnen«, erwidert Manfred. – »Die Nazis waren das.« Manfred und Bob verscheuchen sie schließlich mit Pferdepeitschen. »So läuft das, Europa 1945.«[10]

Manfred hat jetzt keine Zeit mehr für fremde Anliegen oder Befindlichkeiten. Der Jeep wird noch einmal inspiziert. Die Amerikaner spendieren ihm eine Tankfüllung und eine große Kiste mit Proviant. Der Colonel überreicht Manfred ein Schreiben auf Russisch, dass man ihm freies Geleit gewähren solle. Schon am Fuße des Erzgebirges endet das Einflussgebiet der Westalliierten. Der letzte Abschnitt ist der heikelste Teil seiner Strecke. Mit jedem Kilometer Richtung Osten kommen sie in unsicherere Regionen. Doch will Manfred Theresienstadt erreichen, bleibt ihm keine Wahl.

Hoffen und Bangen

Seit mehr als einem Jahr harren Moritz und Else Gans nun schon in Theresienstadt aus. Dem Lager wurden während der letzten Jahre bereits verschiedene Sonderfunktionen im Kontext der nationalsozialistischen Vernichtungspolitik zugewiesen. Zunächst diente Theresienstadt, ähnlich wie Westerbork, als Sammel- und Durchgangslager für die Juden aus dem »Protektorat Böhmen und Mähren«, wie die besetzten Gebiete der Tschechoslowakei vom NS-Staat bezeichnet werden. 1943 sind dann Zehntausende Juden aus Deutschland, Österreich, den Niederlanden und Dänemark nach Theresienstadt gekommen. Unter ihnen sind viele ältere Menschen in ehemals hohen Ämtern, einige prominente Schauspieler, Sportler, Musiker und Schriftsteller, die zu den »privilegierten Juden« in der Selektionslogik der Nationalsozialisten zählen. Als versehrter und dekorierter Veteran des Ersten Weltkriegs gehört Moritz auch dazu. In der Tat sind die Lebensbedingungen in Theresienstadt »besser« als in den Vernichtungslagern in Polen, gleichwohl sind sie unmenschlich.

Das Lager ist bereits bei der Ankunft von Moritz und Else Anfang 1944 völlig überfüllt. Die Stuben in den Baracken beherbergen zwischen 30 und 60 Personen. Zwei Quadratmeter stehen jedem Häftling durchschnittlich

zur Verfügung. Privatsphäre gibt es kaum. Die Dreistock-
betten werden von sechs Personen »bewohnt«, der spär-
liche Privatbesitz muss am Fußende verstaut werden. Für
die Kleidung ist ein Nagel ins Bettgestell geschlagen. Die
Zimmer sind dreckig und düster, die wenigen Fenster
teilweise abgedunkelt. Wanzen und Flöhe machen den
Aufenthalt in den Schlafräumen unerträglich. Solange das
Wetter und die Wachmannschaften es zulassen, verbringen
die Gefangenen jede freie Minute draußen. Freizeit ist jedoch rar. Moritz und Else arbeiten so viel sie können, denn
wer arbeitet, hat Anspruch auf größere Essensrationen.

Eine trügerische Hoffnung auf Besserung der Lebensum-
stände verbreitet sich im Frühjahr 1944. In den feuchtkal-
ten Baracken wird es nun langsam wärmer, und die Nachricht über eine »Stadtverschönerung« macht die Runde.
Die Nationalsozialisten wollen der Welt beweisen, dass
die Berichte über die Verbrechen an den Juden falsch sind.
Um das überzeugend darzulegen, wird Theresienstadt als
Vorzeigelager inszeniert. Der Ort und die Gefangenen
werden für die perfide Darbietung missbraucht. Es gilt,
eine Delegation des Internationalen Roten Kreuzes zu
täuschen, die nach Theresienstadt kommt und sich selbst
ein Bild machen will. Bis es so weit ist, wird im Lager auf
Hochtouren gearbeitet. Die SS überlässt nichts dem Zufall bei ihren Bemühungen, Theresienstadt in einen vermeintlich menschenwürdigen Ort zu verwandeln.

Die Gefangenen müssen sämtliche Wege und Baracken
gründlich kehren und den abgebröckelten Putz an den
Fassaden überstreichen. Auf dem sogenannten Stadtpark,
den die Gefangenen eigentlich gar nicht betreten dürfen,
wird Rasen gesät, sogar Rosenstöcke werden angepflanzt.

In einigen Unterkünften, die für die Besichtigung vorgesehen sind, werden die dreistöckigen Bettgestelle, die aus rohen und krummen Latten zusammengenagelt sind, durch sauber gezimmerte Doppelstockbetten ausgetauscht. Stühle und Tische, die sonst nicht verfügbar sind und normalerweise kaum zwischen die eng stehenden Bettreihen passen, werden kurzfristig beschafft und in den Schlafräumen aufgestellt. Andere Quartiere werden ganz geräumt, um dort eine Bibliothek einzurichten. Ein Spielplatz mit Planschbecken wird aufgestellt, und die Arbeitsstätten werden aufpoliert. Damit das Lager bei der Besichtigung keinen überfüllten Eindruck macht, werden kurz davor noch Tausende Insassen nach Auschwitz deportiert.

Am 23. Juni 1944 ist es dann so weit. Es ist ein lauer Sommertag, was der Inszenierung der SS nur gelegen kommt. Das Komitee des Roten Kreuzes besteht aus zwei Vertretern aus Dänemark und einem Schweizer. Sie folgen einem minutiös ausgetüftelten Besichtigungsplan. Die Aktion hat Erfolg. Zwar ist es schwer vorstellbar, dass der Delegation das Schauspiel verborgen geblieben ist, dennoch kehren sie mit wohlwollenden Berichten in ihre Länder zurück und stellen lediglich einen gewissen »psychischen Druck« unter den Gefangenen fest.

Dem ersten Akt dieses verlogenen Schauspiels sollte kurz darauf ein zweiter folgen: Unmittelbar nach dem Besuch des Internationalen Roten Kreuzes – die provisorische »Verschönerung« ist noch nicht verblasst – beauftragt SS-Sturmbannführer Hans Günther den renommierten jüdischen Schauspieler und Regisseur Kurt Gerron mit der Produktion eines Films. Gerron, der zuvor Filme mit Heinz Rühmann und Marlene Dietrich gedreht hat, ist zu dieser Zeit selbst Gefangener in The-

resienstadt und soll nun einen Film über den vermeint-
lichen Alltag in Theresienstadt machen. Arbeitende
Handwerker, üppig gedeckte Tische, ein Fußballspiel vor
vollen Rängen sowie Konzerte und Vorträge werden für
die Kamera inszeniert. Der Film ist noch nicht fertig ge-
schnitten, da sind bereits fast alle Beteiligten, so auch der
Regisseur Kurt Gerron selbst, in die Gaskammern nach
Auschwitz abtransportiert worden.

Wie heuchlerisch und zynisch die »Stadtverschönerung«
ist, zeigt auch die Tatsache, dass nur wenige Wochen später
eine Welle von Deportationen folgt. Im Herbst 1944 verlassen Theresienstadt nahezu täglich Züge, die die Vernich-
tungslager in Polen ansteuern. Unter den 20 000 Depor-
tierten sind viele Freunde und Bekannte von Moritz und
Else Gans, die mit ihnen zusammen aus den Niederlanden
gekommen waren. Das Ehepaar Gans hat Glück. Kriegs-
versehrte und dekorierte Veteranen des Ersten Weltkriegs
sind nach wie vor für den Weitertransport »gesperrt«. Moritz kann beides nachweisen und mit seiner Frau also vor-
erst noch in Theresienstadt bleiben. Doch spätestens jetzt
weicht die letzte zaghafte Illusion, dass alles noch ein gutes
Ende nehmen könnte. Die Optimisten im Lager verstum-
men, die Stimmung wird immer erdrückender.

Durch die Deportationen hat sich die Zahl der Gefangenen in Theresienstadt mehr als halbiert, entsprechend
wird der Arbeitsdienst im Ghetto neu organisiert. Das
Mindestalter für den Arbeitseinsatz wird auf zehn Jahre
gesenkt, die zu erbringende wöchentliche Arbeitszeit auf
70 Stunden hochgesetzt. Else muss nun jeden Morgen um
fünf Uhr in der Sudetenkaserne, der Dienststelle der SS,
zum Putzen antreten. Moritz bleibt in der Schusterwerk-

statt und kann dadurch einige zusätzliche Essensrationen abzweigen. So überleben sie den Winter.

Im Frühjahr 1945 kursieren in Theresienstadt täglich neue Gerüchte, die Hoffnung machen und noch einmal Kräfte mobilisieren. Berlin sei schon befreit, Hitler vielleicht gar schon tot und die Rote Armee sicher nicht mehr weit. Else beobachtet bei ihrer Arbeit in den Räumen der Dienststelle, wie die SS-Männer damit beginnen, Unterlagen zu verbrennen. Zeitgleich mit den guten Nachrichten erreichen während der letzten Kriegstage allerdings auch täglich neue Züge Theresienstadt. In den Konzentrationslagern in Buchenwald, Dachau und Bergen-Belsen sind bereits britische und amerikanische Truppen eingetroffen. Kurz vor deren Ankunft haben die SS-Wachmannschaften Tausende Häftlinge in Züge nach Theresienstadt gesteckt, das Anfang Mai 1945 noch nicht befreit ist. Mit den Transporten gelangen grausame Nachrichten ins Lager. Moritz notiert Ende April in sein Tagebuch:

»5 Uhr, komme von der Arbeit und sehe Viehwaggons stehen, der neue Transport. Else und ich am Fenster. ›Schrecklicher Anblick‹. [...] Alles weint. Deutsche SS stehen teilnahmslos bei der Seite und tragen nichts, tschechische Gendarme halten sich ganz bei Seite.«[11]

Sobald ein Transport abgeladen ist, rollt der nächste bereits ein. Die Gleise führen bis vor die Hamburger Kaserne, wo Moritz untergebracht ist. Er hatte in seinem kleinen Tagebuch über das gesamte Jahr meist nur wenige Worte notiert, nun schreibt er seine Eindrücke nahezu täglich nieder. Er will bezeugen und wahrscheinlich auch verarbeiten, was vor seinen Augen geschieht:

>»Auf offenen Güterwagen Sträflingskleider, junge Burschen und Mädchen, wie man hört aus Sachsen, alle halbtot, 14 Tage unterwegs, nur 400 Gramm Brot, wir geben alles, was wir haben, aber sie können nicht essen, kein Speichel. In einem Waggon zwölf tote Mädchen, im Ganzen 70 Tote, über 100 starben beim Ausladen, das Ghetto arbeitet fieberhaft, aber wohin mit den Leuten, alles verlaust, verwahrlost. Kaum ausgeladen, fünf neue Transporte. Schauderhaft. Männer, wie Tiere aussehend, Welle auf Welle, verhungert, halbtot, dann wieder Arbeiterinnen in demselben Zustand. Wir erkennen Bekannte: Mädchen im Oktober von hier nach Polen verschickt, sie erzählen grauenhafte Dinge, Birkenau: alle Kinder unter 14 und Arbeitsunfähige vergast, 20000 am Tage, man kann es nicht glauben, aber es sind glaubwürdige und ernste Menschen, wir kennen sie.«[12]

Die Versorgung der stetig steigenden Lagerinsassen wird immer schwieriger. Die Essensrationen werden noch einmal gekürzt: 650 Gramm Brot für vier Tage. Moritz hat eine schwere Augenentzündung. Else ist körperlich und seelisch stark gezeichnet. Sie ist kraftlos, schlaflos und besorgt, wie lange sie noch wird aushalten können. Doch sie arbeiten weiter, um ausreichend Brot zu haben.

>»Dienstag 1. Mai: Theos Geburtstag. Else kommt schon um sieben Uhr. Wir drücken uns nur die Hand und haben Tränen in den Augen. Mittwoch 2. Mai, Donnerstag 3. Mai, Freitag 4. Mai: Jeder Tag bringt neue Aufregungen und Gerüchte.«[13]

Bleistiftzeichnung von Moritz Gans,
entstanden in Theresienstadt im Mai 1945

Am 5. Mai 1945 überlässt die SS, die mit den chaotischen Zuständen zunehmend überfordert ist, dem Internationalen Roten Kreuz die Verantwortung für Theresienstadt. Unweit des Lagers kämpfen versprengte deutsche Einheiten gegen die vorrückende Rote Armee. Der Krieg ist hier noch nicht vorbei. Der Ältestenrat bittet die verbliebenen Gefangenen, Ruhe und Ordnung zu bewahren und das Lager noch nicht zu verlassen. Denn der Ort, der ihnen so lange ein Gefängnis war, könne nun etwas Schutz bieten. Den ganzen langen Tag des 8. Mai, an dem die Welt die Kapitulation feiert, wird vor den Toren des Lagers noch geschossen. Zwei Gefangene werden von Granaten getötet, einige weitere verletzt. Die Nervosität im Lager ist unermesslich: Werden sie nun, wo sie so lange ausgeharrt und überlebt haben, womöglich noch den letzten Gefechten des Krieges zum Opfer fallen? Gegen Abend werden die Schüsse weniger. Plötzlich, mit Einbruch der Dunkelheit, ist eine Frauenstimme zu hören, jiddische Worte: »A roite fun!« – »Eine rote Fahne!« Als kurze Zeit später immer lauter das Scheppern der Panzerketten zu vernehmen ist, erklingt im Innern des Lagers aus schwachen Kehlen kräftiger Jubel. Gegen 21.30 Uhr erreicht die Rote Armee Theresienstadt.

Doch mit dem Abzug des SS-Personals ist die Gefahr für Leib und Leben der zurückgelassenen Gefangenen noch nicht gebannt. Typhus, Fleckfieber und andere Krankheiten sind ausgebrochen. Die Ärzte des Roten Kreuzes, die nun Zugang zum Lager haben, sind hilflos. Nach der Befreiung sterben noch mehr als 1500 Menschen in Theresienstadt, darunter auch viele Mediziner und Krankenpfleger, die gekommen waren, um die Ausbreitung der Seuchen zu verhindern.

Durch die »Republik Schwarzenberg«

Manfred und sein Fahrer beschließen, sich im nahe gelegenen Zwickau noch einmal zu erkundigen, was sie im Erzgebirge erwartet. Doch eine eindeutige Auskunft kann oder will ihnen hier niemand geben. Auf dem Weg Richtung Aue gelangen sie an eine weitere Straßensperre, das Ende der amerikanischen Zone. Auf der anderen

Seite sind nur deutsche Soldaten und Zivilisten zu sehen. Manfred fragt den amerikanischen Wachposten, ob er weiß, wo die Russen sind. »Hab noch keine Russen gesehen. Da sind wohl keine im Erzgebirge. Wenn du es schaffst, dein Ziel zu erreichen und auch zurückzukommen, wird das sicher genauso aufregend wie einer deiner Kommandoeinsätze. Ich wünsche in jedem Fall viel Glück.« Ungewiss, was vor ihnen liegt, nehmen Manfred und Bob ihre Fahrt auf.

»AUE. Die Stadt ist noch deutsch. Deutsche Polizei auf der Straße, Tausende deutsche Soldaten. Ich stelle mich auf den Beifahrersitz. Sie umringen uns, ein Durchkommen ist unmöglich. ›Kommt ihr oder die Russen?‹ ›Kannst du uns gefangen nehmen?‹ Nach einer Weile kommen wir weiter. Die Stadt ist noch unzerstört und nicht geplündert – der letzte flüchtige Eindruck von Deutschland, wie es einmal aussah. Die Leute hier sind gut genährt und gut gekleidet. Sie sehen streng und verbittert aus. Einige Frauen weinen hysterisch. Ein finsteres Volk. Weiter. Ich habe Angst. Wir nehmen einen verwundeten deutschen Soldaten und seine Freundin im Jeep mit. Das bietet uns vielleicht etwas Schutz.«[14]

Der Jeep hat weder Dach noch Türen, lediglich eine kleine Windschutzscheibe, die das Sichtfeld schützt. Vorne rechts steht Manfred noch immer aufrecht im Wagen, am Steuer sitzt Bob. Auf die schmale Rückbank, wo ihr spärliches Gepäck und der Proviant für Theresienstadt lagern, quetscht sich nun der deutsche Soldat mit seiner Freundin. Der ramponierte Jeep kämpft sich über hügelige Straßen hoch ins Erzgebirge. Seit Monaten ist

Manfred fast ausschließlich durch zerstörte Ortschaften gekommen. Die Dörfer und Städte, durch die sie nun fahren, weisen keinerlei Spuren von Kämpfen auf.

> »Ich habe Angst, dass hier vielleicht Minen liegen. Überall sind Straßensperren und intakte Panzerabwehrgeschütze. Aber neben all dem bin ich überwältigt von der Schönheit der Landschaft. Steile Berge, bedeckt mit hohen, schlanken Tannen. Die Straße schlängelt sich sanft hindurch. Hier und da kleine rauschende Bäche. Das deutsche Mädchen auf der Rückbank ist klein, hat ein rundliches Gesicht, dunkle Haare und trägt die traditionelle Tracht des Erzgebirges: eine weiße Bluse mit bunten Blumen bestickt, ein schwarzes Kleid, ebenfalls in allen Farben bestickt. Sie sieht schrecklich hübsch aus und spricht diesen sehr süßen lokalen Dialekt. ›Das ist ein wunderschönes Land‹, sage ich. ›Ja, hierher kommt's ein jeder zurück, der von hier weggeht.‹ In SCHWARZENBERG steigen sie aus. [...] Mein Fahrer kommentiert: ›Das Ganze nützt mir gar nichts. Wenn wir jemals zurückkommen, wird mir all das hier niemand glauben.‹«[15]

Was Manfred damals sicher nicht weiß: Ein kleines Gebiet im Erzgebirge bleibt auch nach der Kapitulation der Deutschen »unbefreit« – für weitere 42 Tage. Weder die Rote Armee aus dem Osten noch die US-Armee aus dem Westen rücken hier ein. Bis heute kursiert die Theorie, dass die Ursache dafür ein simples geographisches Missverständnis war und sich die Russen und Amerikaner bei ihrer Absprache bezüglich der Demarkationslinie auf den Fluss Mulde verständigt haben, ohne zu beachten, dass drei Flüsse mit diesem Namen durch die Region fließen.

Es gibt allerdings zahlreiche weitere Theorien, warum das Erzgebirge von den Alliierten unbeachtet blieb. Die Bewohner der 41 Städte und Gemeinden im Landkreis Schwarzenberg sind jedenfalls verwirrt. Tausende Wehrmachtssoldaten, die sich auf dem Rückzug aus dem Osten befinden, nutzen die Gelegenheit und ziehen sich im Erzgebirge zusammen. Auch nach der Kapitulation treten dort noch ganze deutsche Verbände in Reih und Glied zum Morgenappell an. Unsicherheit macht sich in den unbesetzten Gebieten breit. Weder die alte noch eine neue Ordnung gilt im »Niemandsland«. Daher werden Aktionsausschüsse einberufen, die Strukturen schaffen sollen – einige, besonders im Ort Schwarzenberg, sind durch alte kommunistische Kader besetzt. Ihr Bestehen ist nur von kurzer Dauer. Doch diese Verhältnisse bieten ausreichend Raum für Spekulationen und Utopien. So kommt es, dass sich viele Mythen und Legenden um die Nachkriegswochen im Erzgebirge bilden. Den Mythos von der »Freien Republik Schwarzenberg« hat auch Stefan Heym geprägt. In seinem Roman *Schwarzenberg* inszeniert er ein Gedankenspiel, in dem die unbesetzte Region von einer sozialistischen Selbstverwaltung übernommen wird. Tatsächlich war der Schriftsteller damals nicht weit. Das Kriegsende erlebte er als Soldat der US-Armee in Bad Nauheim. Seine Biographie gleicht der von Manfred Gans auf erstaunliche Weise.

Auch Heym, 1913 unter dem Namen Helmut Flieg in Chemnitz geboren, wächst als Sohn jüdischer Eltern in Deutschland auf. Allerding verlässt er seine Heimat, gleich nachdem Hitler an die Macht kommt. Erst geht er nach Prag, dann in die USA. Dort wird er Mitglied der US-Armee und Teil der Ritchie Boys, einer Einheit deutschsprachiger Emigranten in den USA, die für besondere Einsätze im Krieg gegen die Deutschen eingesetzt wird. Wie bei der Three Troop ist auch für die Ritchie Boys die Sprache die wichtigste Waffe. Am 6. Juni 1944 landet Stefan Heym nur ein paar Kilometer westlich von Manfred an einem Strand in der Normandie. Den Vormarsch auf Deutschland begleitet er vor allem mit der Schreibmaschine, weniger mit dem Gewehr. Während Manfred die Offiziere der Wehrmacht von Angesicht zu Angesicht zur Aufgabe überredet, übermittelt Stefan Heym seine Botschaften an den Feind in Papierform. Er ist Sergeant einer Einheit für »Psychologische Kriegsführung« und arbeitet in dieser Funktion als Redakteur für die *Frontpost*, eine Zeitung der US-Armee, die zum Ziel hat, die deutschen Streitkräfte ideologisch zu beeinflussen und deren Gegenwehr dadurch zu schwächen. Zur selben Zeit, zu der Manfred nun in eigener Mission auf dem Weg nach Osten ist, um seine Eltern zu suchen, reist auch Stefan Heym unermüdlich durch das zerstörte Land, immer auf der Suche nach noch betriebsfähigen Druckereien, die auf Papier bringen, was er und die Alliierten den Deutschen zu sagen haben. Als er von Braunschweig zurück zu seiner Einheit nach Bad Nauheim muss, entscheidet er sich, einen Abstecher durch die russische Zone zu machen, um seine alte Heimatstadt Chemnitz zu sehen. In seiner autobiographischen Erzählung erinnert er sich:

»Wirkt da ein Heimweh? Nein, so schön war Chemnitz nie, und was ihm dort geschehen ist und seinem Vater und seiner Mutter, macht ihm den Ort nicht sympathischer; aber wiedersehen, wiedersehen möchte er die Stadt schon. Chemnitz ist wie ein Kapitel in seinem Leben, zu dem der Schluss noch fehlt.«[16]

Manfred und Stefan Heym sind sich trotz aller Parallelen wahrscheinlich nie begegnet. Dass Stefan Heym den protokollarischen Reisebericht von Manfred Gans kannte, ist ebenso unwahrscheinlich, doch die Szenen seines Romans *Schwarzenberg* erinnern stark an das, was Manfred im Mai 1945 in der Gegend erlebt und in seinem Reisebericht festhält.

»Nun sind wir am höchsten Punkt des Erzgebirges. Wir fahren in ein kleines Dorf mit circa 2000 Bewohnern. Dort sind 15 000 Wehrmachtssoldaten versammelt. Sie tragen noch ihre Waffen. ›Was ist das hier?‹, frage ich. ›Sammelstelle Infanteriedivision!‹ Unter ihnen sind auch Tausende deutsche Zivilisten, die zu fliehen versuchen, bevor der Rachefeldzug sie einholt. Abermals bin ich von weinenden Frauen umgeben. ›Wir können nicht unter den Russen leben. Sie rauben uns aus.‹ Ich erwidere: ›Eure Soldaten haben dasselbe getan in Polen, Russland, Holland.‹ Verdammt! Mir bleibt das Herz stehen. Was rede ich da zwischen 15 000 deutschen Soldaten? Sie reagieren nicht. Schließlich fällt einem mein perfektes Deutsch auf. Ich sage, sie sollen ruhig bleiben, und fahre langsam weiter. Meine Güte! Wenn ich hier nur plündern könnte. Ich wäre für den Rest meines Lebens ein reicher Mann, nur mit dem Gold und den Juwelen, die jeder, da bin ich sicher, irgendwo versteckt hält. Überall diese deutschen Mädchen mit strengen Gesichtern. Sie liegen bei den Soldaten in den Ecken. Viele tragen Hosen. Sie haben Sex-Appeal, sind eher der sportliche Typ. Doch die

deutschen Frauen können nicht mehr eigenständig denken. Wenn sie ihren Mund öffnen, kann man genauso gut
eine Schallplatte mit Goebbels-Propaganda auflegen.«[17]

Es geht weiter: bergauf, bergab. Die Bremsen sind nun
völlig hinüber. Auf den Straßen ist zum Glück fast nichts
los, dennoch entkommen Manfred und Bob nur um
Haaresbreite einer Kollision. Schließlich hat der Wagen
auch noch einen Platten. Sie können zwar kurzfristig einen neuen Reifen auftreiben, doch bergauf läuft der Motor wieder heiß. Gut 150 Kilometer muss der Jeep noch
durchhalten, denn an einen Ersatzwagen ist fernab der
Briten und Amerikaner nicht zu denken.

Plötzlich erkennt Manfred zwischen den vorbeiziehenden Menschen am Straßenrand britische Uniformen.
Es sind ehemalige Kriegsgefangene, die versuchen in den
Westen zu kommen.

»Sind die glücklich, uns zu sehen!! Manchen sieht man an,
dass sie eine harte Zeit hinter sich haben, andere wirken
noch ganz passabel. Das hängt wohl davon ab, in welchem Lager sie waren. Einige sind seit Weihnachten auf
der Straße. Die Deutschen haben sie 40 Meilen am Tag
marschieren lassen. Sie haben Schreckliches durchgemacht, aber alle sagen: ›Du wirst sehen, was sie mit den
Juden gemacht haben.‹ – ›Es gibt keine Strafe, die zu hart
für die Deutschen ist.‹«[18]

Nun kommen ihnen fast alle fünf Minuten kleine Gruppen befreiter britischer Kriegsgefangener entgegen. Manfred teilt Zigaretten aus. Sein Vorrat geht schnell zu Ende.
Er ermutigt sie, sich bis nach Karlsbad durchzuschlagen,

dort seien die Amerikaner gerade eingetroffen und mit etwas Glück könnten sie von dort ausgeflogen werden. Er selbst lässt Karlsbad links liegen und biegt hinter Sankt Joachimsthal nach Osten ab, auf die Hauptstraße Richtung Prag. Hinter Komotau treffen sie schließlich auf die russische Armee. Panzerkonvois, Lastwagen und alle Gattungen militärischer Fahrzeuge rollen ihnen entgegen. Manfred hält es nun kaum mehr auf seinem Sitz. Jedes Mal, wenn die Russen es ihm signalisieren, lässt er den Jeep für ein kurzes klärendes Gespräch stoppen. Eine russische Militärpolizistin erkundigt sich in gebrochenem Englisch, ob er Amerikaner sei und was er hier vorhabe. Die Konversation stockt. Manfred versucht es auf Deutsch. Sie ist begeistert und antwortet ebenfalls auf Deutsch: »Der britische Offizier spricht ja alle Sprachen, genau wie ich.« Überschwänglich umarmt sie Manfred und winkt ihn durch: noch 40 Kilometer bis Theresienstadt.

In Teplitz-Schönau erkundigt Manfred sich ein letztes Mal nach dem Weg und erfährt, dass Theresienstadt bereits vor einigen Tagen von russischen Truppen befreit wurde. Anders als in vielen Konzentrationslagern habe es wohl keine Massenexekutionen in den letzten Stunden gegeben. Am 14. Mai 1945, nach drei Tagen im Jeep, erreicht Manfred sein Ziel.

»Endlich THERESIENSTADT. Zivilisten weisen uns den Weg zum Ghetto. Ich dachte immer, ich würde in diesem Moment vor Aufregung sterben, aber ich bin einigermaßen gefasst. Ich spüre nur dasselbe komische Gefühl in der Magengrube, das ich sonst vor einem Fallschirmsprung habe. Die Wachen vor dem ›Lager‹ überprüfen uns. Ich sage ihnen, was ich hier will. Scheinbar habe ich ihre Aufmerksamkeit gewonnen, denn es kommt ein Hauptmann und sagt: ›Falls deine Eltern in dem Teil sind, in dem Typhus ausgebrochen ist, versprich mir, dass du sofort umkehren wirst.‹«[19]

Theresienstadt

Der Abend ist bereits angebrochen, als der britische Offizier Manfred Gans, alias Frederick Gray, das Ghetto Theresienstadt betritt. Ein massiver sternförmiger Festungsbau umgibt das Lager. Langsam fährt der Jeep durch einen Torbogen. Manfred steht auf dem Beifahrersitz und stützt sich auf die Frontscheibe.

»Ich begreife nun, was für ein Moment das ist. Da sind Menschen – Juden –, Tausende, überall. Sie sehen unterernährt, überarbeitet, aber noch relativ gut gekleidet aus. Westeuropäische Juden, jedes Gesicht scheint mir vertraut. Sie sind ganz unterschiedlichen Alters, doch alle wirken wie Greise. Grauenvoll!! Ich kann mich nicht einmal zwingen, ihnen zuzulächeln. Wir fahren sehr langsam. Manche sind zu schwach, um den Weg frei zu machen. Genau so sind wir in die befreiten Städte in Frankreich, Belgien und Holland gefahren. Die Menschenmasse war die gleiche, doch wie anders die Atmosphäre! Alle Augen sind auf uns gerichtet, aber sie sind zu fassungslos, um etwas von sich zu geben. Ich kann sie bloß grimmig ansehen.«[1]

Theresienstadt ist kein neu errichtetes Lager, sondern eine alte Garnisonsstadt. Die meist dreistöckigen Gebäudetrakte ziehen sich über Hunderte Meter entlang der Straßen einer quadratisch angelegten Planstadt. Manfred bittet Bob, den Jeep vor dem Registrierungsbüro anzuhalten. Bob wartet draußen, während Manfred das Gebäude betritt. Eine junge Frau arbeitet noch. Überrascht, aber freundlich und in gebrochenem Englisch begrüßt sie den Offizier. Manfred nennt den Namen seiner Eltern und bittet sie, in den Unterlagen nach ihnen zu suchen. Die junge Frau schlägt verschiedene Ordner auf. Plötzlich hält sie inne. »Sie sind wirklich noch hier, haben Sie ein Glück!!!« Die Frau wird ganz aufgeregt: »Ich werde gleich mit Ihnen kommen, ich sterbe fast vor Aufregung.«

Das Lager ist ursprünglich ausgelegt für circa 7000 Menschen. Als Manfred Theresienstadt erreicht, befinden sich knapp 30000 Menschen dort. Er, sein Fahrer und die Frau aus dem Registrierungsbüro bahnen sich den Weg zu der sogenannten Hamburger Kaserne, einem der größten Gebäudekomplexe im Lager. Dort sind vor allem die Juden aus den Niederlanden untergebracht. Die Unterbringung und auch das soziale Leben in Theresienstadt waren großteils nach ethnischen Gruppen gegliedert. Und da Manfreds Eltern aus den Niederlanden deportiert wurden, vermuten sie, dass auch Moritz und Else in der Hamburger Kaserne untergebracht sind.

»Wir kommen jetzt kaum noch durch die Menge. Wo leben all diese Menschen? Was für eine schreckliche Überfüllung! Das Licht in den Fenstern zeigt Betten und Tische aus rohem Holz. Überall gibt es zwei- und dreistöckige Etagenbetten. Stopp! Hier ist es. Das Mädchen erkundigt sich. Ich schicke sie vor und warte unten im Flur. Überall Menschen, keinerlei Privatsphäre! Ich werde etwas nervös. Verdammt, ich bin aus Flugzeugen gesprungen, jetzt lass ich mich doch nicht unterkriegen. Ich verschränke die Arme und schaue streng, das hilft.«[2]

Manfred schickt die junge Frau aus dem Registrierungsbüro vor. Sie soll seine Eltern vorbereiten, damit sie nicht zu schockiert sind, ihn so plötzlich vor sich stehen zu sehen. Vielleicht würden sie ihn auch gar nicht erkennen? Knapp sechs Jahre ist es her, dass sie sich zuletzt gesehen haben.

Manfred wartet, vielleicht eine, vielleicht auch zwei Minuten. Um ihn herum noch immer große Menschenmengen. Er blickt zu der Treppe, über die die junge Frau in die Unterkunft der Eltern verschwunden ist. Langsam folgt er ihr. Als er schließlich in der Tür steht, erblickt er sie. Manfred verharrt und kämpft damit, die Fassung zu bewahren. Moritz und Else können ihre Emotionen nicht zurückhalten.

»Plötzlich liege ich in ihren Armen. Sie weinen heftig. Es klingt fast verzweifelt. Ich schaue auf Vater, und obwohl ich mich auf einiges gefasst gemacht habe, muss ich auf die Zähne beißen, um nicht zu zeigen, wie schockiert ich bin. Er ist kaum wiederzuerkennen, komplett abgemagert, ein Wrack. Was für ein erschütternder Anblick. Doch dann kommt mir das Motto unserer Einheit in den Sinn: ›Don't panic!‹ Ich führe meine Eltern auf einen Balkon und dränge sie, sich hinzusetzen. Noch immer können sie vor lauter Tränen nicht sprechen. Einige ih-

rer Bekannten, gute Menschen, kommen und helfen, sie
zu beruhigen. Langsam kommt mir ein Lächeln über die
Lippen. Noch mehr Leute kommen und rufen ›Glück-
wunsch, Mazeltov!‹ Sie alle jubeln. Das beruhigt meine
Eltern. Vater hat sich nun gesammelt, und ein Blick in
sein Gesicht verrät mir, dass sein Geist absolut ungebrochen ist. Noch immer ist er der alte Realist und Idealist,
der er immer war. Die nächsten Stunden geben mir allen
Grund, ihn zu bewundern. Mutter ist gealtert, aber sie hat
etwas Farbe im Gesicht und wirkt nicht gebrechlich. Es
ist immer noch etwas Jugendliches an ihr.«[3]

Schnell macht die Nachricht aus der Hamburger Kaserne im Lager die Runde. Viele wollen an diesem freu-
digen Moment teilhaben, auch wenn es nur mit einem
Händedruck ist. So bildet sich vor dem Gebäude eine
Menschentraube. Einige junge Frauen bringen Blumen.
Manfred hält eine kleine improvisierte Ansprache. Er
berichtet vom Kriegseinsatz der Alliierten, vom D-Day,
den schweren Kämpfen in Frankreich, der Landung in
Walcheren, dem endlosen Winter in den Niederlanden
und den Menschenmassen, die quer über alle Straßen
Deutschlands ziehen und nach einer Zukunft suchen.
Vor allem wollen seine Zuhörer mehr über die Situation
in Palästina wissen. Manfred erfährt indessen aus ihren
Schilderungen erste Einzelheiten vom Leben im Ghetto,
die er bisher nur erahnen konnte.

»Sie haben mir von den Schrecken erzählt, die sie durchgemacht haben. Muss man sie hier wiederholen, nach all
den Berichten in der Presse? Nun erscheint mir alles noch
unerträglicher.«[4]

Auch wenn die NS-Propaganda Theresienstadt immer wieder euphemistisch als »Judensiedlung« darstellt und Historiker noch heute darüber debattieren, ob Theresienstadt eher ein Ghetto oder ein Konzentrationslager gewesen ist, war der Ort ein zentraler Baustein des nationalsozialistischen Vernichtungsfeldzuges gegen die jüdische Bevölkerung. Von den 140000 Menschen, die zwischen 1941 und 1945 nach Theresienstadt kamen, darunter 10000 Kinder, wurden von dort mehr als 80000 weiter nach Auschwitz deportiert, wo fast alle unmittelbar nach ihrer Ankunft ermordet wurden. Mehr als 30000 Menschen wurden in Theresienstadt getötet oder starben an den Folgen von Krankheiten und Unterernährung. Nur etwa einer von zehn Lagerinsassen überlebte den Holocaust.

»Ich muss mich besinnen, um normal denken zu können. Mir fällt ein, dass wir seit sieben Uhr morgens nichts gegessen oder getrunken haben. Es ist jetzt acht Uhr abends. Ich hole den Fahrer dazu. Er ist ein netter Londoner Junge und verfügt über das nötige Einfühlungsvermögen. Wir haben etwas ›Ersatzkaffee‹. Jemand besorgt Matzen [ungesäuertes Brot], das vom Pessach übrig ist! Mutter hat Kartoffelknödel. Wir reden über alles: unsere Verwandten, die Vergangenheit, die Welt im Allgemeinen. Wir sind jetzt alle sehr glücklich.«[5]

Spät am Abend sucht Manfred den russischen Kommandanten Major Kuzmin auf, der das Lager seit wenigen Tagen verwaltet. Er sitzt gerade in einer Besprechung mit seinen Mitarbeitern. Sie haben alle Hände voll zu tun, um nach der Befreiung dem Sterben im Lager Einhalt zu gebieten. Erst am Vortag war in Theresienstadt medizinische Hilfe der Roten Armee eingetroffen. Sechs Spitäler wurden eingerichtet, in denen nun über 4000 Patienten liegen. Kommandant Kuzmin verfügt, dass die Ghettoinsassen die gleichen Lebensmittelrationen wie seine Soldaten erhalten.

Manfred überreicht ihm sein Schreiben. Kuzmin, der schon von Manfreds Ankunft erfahren hat, erkundigt sich gleich, ob er seine Eltern gefunden habe. Als Manfred von dem Wiedersehen berichtet, erkennt er ein zartes Lächeln im Gesicht des Kommandanten. Doch dann wird er gleich wieder sachlich. Ob Manfred geimpft sei, will er wissen. Tuberkulose und Typhus seien im Lager außer Kontrolle. Manfred kann sein Soldbuch vorzeigen, in dem alle Impfungen gründlich protokolliert sind. Nach der Befreiung hatten bereits einige der Überlebenden von Theresienstadt, vor allem jene, die aus umliegenden Regionen kamen, auf eigene Faust versucht, sich aufzumachen. Da sich seither auch in einigen umliegenden Dörfern Typhus und Fleckfieber verbreitet hat, haben die Russen das Lager am Tag vor Manfreds Ankunft unter strikte Quarantäne gestellt. Keiner kommt mehr rein, keiner darf mehr raus. Doch der Kommandant drückt, wie er sagt, beide Augen zu und räumt Manfred wenige Stunden ein, die er bei seinen Eltern verbringen darf.

Es ist nun dunkel, ein sternenklarer Himmel. Bob, Manfreds Fahrer, beschließt, beim Auto zu bleiben und im Freien zu übernachten. Er wird noch immer von Menschen belagert, die nach Verwandten in England fragen. Manfred und Bob können den vielen einzelnen Anliegen nicht nachkommen, versprechen aber Briefe mitzunehmen, wenn sie diese bis zum nächsten Morgen erhalten. Endlich wird es etwas ruhiger.

Manfred hat das Bedürfnis, nun etwas Zeit allein mit seinen Eltern zu verbringen. Die Zimmergenossen räumen den Raum für Moritz, Else und Manfred. Die halbe Nacht tauschen sie sich aus. Manfred überreicht ihnen die Pakete, die er am Morgen vom US-Colonel in Oberlungwitz mitbekommen hat. Seine Eltern können ihren Augen kaum trauen.

»Vater weint fast, als ich ihm mehrere hundert englische Zigaretten gebe. Das wird ihn hier zum Millionär machen, sagt er. Wir öffnen eine der Proviantpackungen der Amerikaner. Selbst mir kommen sie wie ein Schatz vor.«[6]

Um drei Uhr nachts gehen die Eltern zu Bett. Bevor er einschläft, schreibt Moritz noch wenige Sätze in sein Tagebuch.

»Abends halb 7 Uhr auf der Terrasse, Manfred – nachts drei Uhr in meinem Bett: Alle Leiden der letzten Jahre sind vergessen, die Jungens leben, und aus Manfreds Munde und ihren Briefen sehe ich, sie sind dieselben geblieben. Ich liege bis 6 Uhr wach im Bett. Ich kann es immer noch nicht fassen, dass wir mit allen vereint sind. Das Gute, das Manfred uns brachte, und das Schlimme, was wir erlebten, es erscheint mir alles als ein Traum.«[7]

Auch Manfred zieht sich zurück. Er wird die ganze Nacht kein Auge zumachen.

»Was für ein Elend! Ich könnte die ganze Nacht weinen. Wie Vater sagte: ›Wir können es ihnen nie zurückzahlen.‹ Aber was können wir hoffen? Ich versuche Klarheit zu bekommen: Die Jungen werden ohne Zweifel durchkommen. Die meisten von ihnen, mit Ausnahme der Deutschen, wollen in ihr jeweiliges Land zurückkehren. Der Rest hofft auf Palästina. Doch werden die Engländer sie hineinlassen? Wird eine nationalistische Politik, die sich lediglich um die Existenz der Gesunden kümmert, nicht die letzten Hoffnungen der schwachen Individuen zunichtemachen? Auch meine Eltern wollen nach Palästina gehen, aber erst noch nach Holland, um sich zu erholen. Für viele stellt sich die ungeheure Frage, ob die befreiten Länder staatenlose Juden wieder in ihr Gebiet zurücklassen werden. Und für mich, weniger für sie, schwebt über all dem die große Frage: ›Wird es Frieden mit Russland geben?‹«[8]

Um sechs Uhr ist Manfred schon wieder auf den Beinen und gestattet sich eine frische Rasur. Bei einem Blick nach draußen stellt er fest, dass auch Bob schon munter ist und Else aus dem Versorgungspaket der Amerikaner bereits ein Frühstück gezaubert hat. Manfred will sich aber zunächst mit dem Sprecher der niederländischen Juden in Theresienstadt treffen: Professor Eduard Meijers war vor dem Krieg einer der maßgeblichen Juristen der Niederlande und ein hoch angesehener Mann im Land. In Theresienstadt gehört er dem Ältestenrat an. Auch er ist schwer gezeichnet von den letzten Monaten, doch sein Verstand ist klar. Er bittet Manfred, einen Brief einzustecken. Darin richtet er eindringliche Worte an die niederländische Königsfamilie – ähnlich denen, die er in einem Brief an einen befreundeten Professor bereits zwei Tage zuvor niederschrieb.

>Unser Zustand wird, je länger wir hier sind, umso bedrohlicher. Mit Blick auf die Infektionsgefahr müssen wir Holländer so schnell wie möglich weg von hier, wenn man nicht will, dass das letzte Restchen der holländischen Juden hier umkommt. Gebt dieses Schreiben allen Autoritäten zu lesen, auch Prinzessin Juliana! [...] Wir haben das Gefühl, von allen und jedem verlassen zu sein.
In großer Hast – Eduard Meijers«[9]

Manfred ist nun ebenfalls in großer Hast. Je später der Morgen, desto mehr Menschen kommen mit Briefen zu ihm. Manfred bittet eine junge Frau, die Briefe für ihn vorzusortieren. Einige drängen Manfred, mitfahren zu dürfen. Ein Mann bietet ihm an, die Leitung seiner drei Fabriken zu übernehmen, die er vor dem Krieg besaß: »Wenn Sie sich bis hierher durchschlagen konnten, sind Sie für den Job bestens geeignet.« Manfred muss alle Angebote ablehnen. Er hat seine Zweifel, ob die Russen ihn überhaupt noch herauslassen werden. Der russische Kommandant des Lagers hatte ihm unmissverständlich zu verstehen gegeben, dass er für ihn eine Ausnahme mache, aber nur für wenige Stunden, und dass Manfred niemanden mitnehmen dürfe. So wird die Abfahrt der beiden britischen Soldaten zu einer Blitzaktion – ganz so, wie Manfred es von vielen Einsätzen an der Front gewohnt ist.

»Um 10 Uhr sage ich dem Fahrer, er soll sich vor dem Haus bereithalten. Briefe kommen immer noch, einige Leute betteln verzweifelt um Gefälligkeiten. In einem kleinen Raum, weitab von der Menge, verabschiede ich mich von meinen Eltern. Dann eile ich nach unten, springe auf den Jeep und fahre mit Höchstgeschwindigkeit zum Tor. Der Wächter guckt mich zweifelnd an. Ich rufe: ›Engelsk Offizier‹, also salutiert er und öffnet das Tor. Im Jeep stehend jagen wir einmal an der Außenseite des Lagers entlang, um meinen Eltern zu zeigen, dass wir gut rausgekommen sind, dann sind wir weg.«[10]

Seine Eltern muss Manfred notgedrungen zurücklassen. Nicht nur wegen der Auflage der Russen. Es wäre auch zu gefährlich gewesen, mit Zivilisten im Jeep zurückzufahren, und die Strapazen der Tour wären für die geschwächten Eltern womöglich zu groß.

Auch wenn sie noch immer im Lager festsitzen, fährt Manfred mit dem guten Gefühl, dass die Eltern innerlich nun befreit sind. Tatsächlich schreibt sein Vater in sein Tagebuch:

»Else und ich bleiben zurück und studieren Karls, Theos, Rechas Briefe und tauschen Erinnerungen aus. Den ganzen Tag kommen Bekannte und gratulieren uns und wollen hören. Das ganze Ghetto nimmt Anteil an unserem Glück.«[11]

Während er Theresienstadt hinter sich lässt und die Rückreise zu seiner Einheit antritt, hallt die Aufregung des Wiedersehens noch in ihm nach. Auch der Rückweg bleibt aufreibend – nicht nur wegen der schlechten Straßenverhältnisse und ihres ramponierten Jeeps, der immer noch keine funktionierenden Bremsen hat. Jedes Mal, wenn sie anhalten wollen, lassen sie den Wagen auslaufen und springen bei langsamem Tempo heraus, um den Jeep dann mit der eigenen Körperkraft abzustoppen. Ständig begegnen ihnen britische und amerikanische Soldaten, die aus der Kriegsgefangenschaft kommen und nach Westen wollen. Vor ihnen bricht ein US-Soldat zusammen, die letzten Reste einer Uniform bedecken seinen Körper, der nur noch aus Haut und Knochen besteht. Manfred hat nichts mehr, was er verteilen kann. Alle Zigaretten und Lebensmittel hat er im Lager zurückgelassen. Immer wieder sammelt er einzelne Heimkehrer auf, die einen besonders erschöpften Eindruck auf ihn machen, und nimmt sie mit zum nächstgelegenen Hauptquartier der Alliierten. Drei Tage benötigen Manfred und Bob, bis sie ihre Einheit im niederländischen Goes wieder erreichen.

Ein Bericht geht um die Welt

Noch in der Nacht seiner Rückkehr bringt Manfred die Eindrücke seiner Reise zu Papier. Er schreibt, um seine Erlebnisse zu verarbeiten, aber auch, um die vielen Beobachtungen aus den chaotischen Nachkriegstagen festzuhalten – nicht nur für seine Familie und Freunde, er ist auch verpflichtet, dem befehlshabenden General, der ihm die Genehmigung erteilt hat, über seinen einwöchigen Ausflug Bericht zu erstatten. Manfred bittet einen Unteroffizier im Büro des Hauptquartiers in Goes, einige Kopien anzufertigen, und der setzt sich sogleich an die

Schreibmaschine und beginnt zu tippen. Bald nachdem er fertig ist, merkt sein Kamerad an, dass dieser Bericht ein wichtiges historisches Dokument sei, und fragt, ob er eine Kopie behalten dürfe. Manfred willigt ein und schickt auf schnellstem Wege ein Exemplar nach England, an seinen Bruder Theo. Theo sendet ein Telegramm an den Bruder Karl in Israel: »FRED BEI DEN ELTERN GESUND ABER GEZEICHNET«. Ein zweites Telegramm schickt er direkt hinterher: »FRED BERICHTET GEIST UNGEBROCHEN«.

In Windeseile erreicht der Reisebericht weitere Familienangehörige und Freunde auf der ganzen Welt. Einige Wochen später erhält Manfred aus allen Richtungen Glückwunschschreiben: »Alle müssen unglaublich stolz auf Dich sein, und ich bin es auch.« – »Mit all meiner Vorstellungskraft kann ich die Gesichter Deiner Eltern [bei Eurem Wiedersehen] bloß erahnen.« – »Lieber Freddie, das war wirklich das Beste, was ich seit Kriegsbeginn gelesen habe.« – »Lasst uns hoffen, dass sie bald da rauskommen – und alle anderen auch.« Auch Anita antwortet Manfred unmittelbar, nachdem sie Manfreds Bericht erreicht:

»Freddie, danke, dass Du mir den Bericht über Deine Reise nach Theresienstadt geschickt hast. Ich bin unglaublich froh, dass es Deinen Eltern gut geht. Ich wünsche ihnen viel Glück und dass sie bald wieder ein glückliches und gesundes Leben führen können. Ich bin überrascht, wie sie jemals dorthin gelangen konnten. Bitte richte ihnen Grüße von mir aus. Deine Schilderungen sind sehr gut, und ich fühlte mich fast so, als hätte ich die ganze Zeit neben Dir gesessen. Es muss eine unglaubliche Er-

Dear Seo
Just returned from Theresienstadt
parents fairly healthy though
terribly aged. Gave me quite
a shock. Going to see the
Neth Gov. to-morrow to get
all Jews from Holland back
Had the most adventurous
time ever. Europe in utter
Chaos. Was 100 miles behind
the Russian lines; they
gave no trouble at all.
Try and send Red Cross
parcels. Impossible from
here. Zorg report
follows.
Cheers
Freddie

Brief von Manfred an seinen Bruder Theo
nach der Rückkehr aus Theresienstadt

fahrung gewesen sein. Weißt Du, Lieber, ich frage mich
oft, wie Du Dich jemals wieder in ein normales Leben
einfinden können wirst? Nach diesen aufregenden Jahren.

Denkst Du nicht auch, dass es sich ziemlich seltsam anfühlen wird, wieder völlig unabhängig zu sein und sich
bloß Gedanken darüber machen zu müssen, wie man
das Geld für Essen und Unterkunft zusammenbekommt.
Klar, ich weiß, dass es der Traum eines jeden Soldaten
ist, nach einer gewissen Zeit entlassen zu werden, aber es
wird bestimmt auch schwierig werden.«[12]

Alle gratulieren. Doch noch sind Moritz und Else weder in Sicherheit noch in Freiheit. Sie sitzen weiterhin in
Theresienstadt fest, wo die Krankheiten weiter um sich
greifen. Manfreds Mission ist noch nicht zu Ende. Aber
er hat einen Plan.

Rückkehr

Königin Wilhelmina kehrt Anfang Mai 1945 mit ihrer
Tochter Juliana in ihre niederländische Heimat zurück.
Die letzten fünf Jahre hat sie in London und später in
Kanada im Exil verbracht. Nun überquert sie aus Belgien
kommend die Grenze. Sie will die Rückkehr ganz bewusst vollziehen. Im Örtchen Eede steigt Königin Wilhelmina aus ihrem gepanzerten Wagen aus und schreitet
feierlich über die Grenze, die extra für diesen Anlass
durch eine dicke Mehlspur auf dem Boden markiert ist.
Rechts und links stehen alliierte Soldaten, die salutieren,
und Landsleute, die ihr zujubeln. Zurück in den Niederlanden residiert sie mit ihrer Tochter Juliana zunächst in
der Nähe von Breda, auf dem Landgut Anneville im Südwesten der Niederlande – unweit von Goes, wo Manfred

mit seiner Einheit stationiert ist. Er weiß vom Aufenthaltsort der Königsfamilie, da er mit einer Adjutantin der Königsfamilie gut bekannt ist.

Am 20. Mai 1945, einen Tag nach seiner Rückkehr aus Theresienstadt, fährt Manfred mit seinem Jeep auf dem Landgut Anneville vor – bei sich trägt er den Brief von Professor Meijers, den dieser ihm in Theresienstadt mitgegeben hat und der an die niederländische Königsfamilie adressiert ist. Er erfährt, dass nicht die Königin, sondern ihre Tochter Prinzessin Juliana für die Repatriierung niederländischer Juden zuständig sei. Manfred wird gebeten, im Empfangssaal des Landgutes auf sie zu warten. Prinzessin Juliana hat Gäste und kaum Zeit, kommt aber kurz heraus, um sich das Anliegen des britischen Offiziers anzuhören. Manfred berichtet in wenigen Worten von der Situation im Ghetto. Er überreicht ihr den Brief, und die Prinzessin bittet ihn, bei ihrer Adjutantin einen Termin für die kommenden Tage zu machen. Dann wollen sie gemeinsam beraten, wie man die niederländischen Juden aus Theresienstadt zurückholen könne. Doch zu dem Gespräch kommt es nicht.

Manfred wird aus Goes abgezogen und mehrere 100 Kilometer weiter nach Osten, nach Deutschland versetzt. Von dort kann er sich nun nicht mehr persönlich um die Rückkehr der niederländischen Juden und seiner Eltern kümmern. Doch auch ohne seine Unterstützung wird sofort alles Nötige in die Wege geleitet, und es gelingt, einen Transport für die in Theresienstadt festsitzenden niederländischen Juden zu organisieren.

Am 21. Juni 1945 besteigen Moritz und Else Gans endlich ein Flugzeug in Pilsen. Während sie an Bord gehen, wissen sie noch nicht, wohin die Maschine sie bringen wird, und noch weniger, was danach auf sie wartet. Hauptsache, das Lager hinter sich lassen! Moritz Gans notiert in sein Tagebuch:

> »16 Uhr, verladen, fliegen ab, Wetter prachtvoll, herrlicher Flug. Else flugkrank. Ich genieße. 19.30 Uhr: Wir landen, wo sind wir? Doch Eindhoven, Freude, Abtransport Empfang Philipsfabriken. Endlich zurück, herrlich!«[13]

Doch werden sie bleiben können? Schon in Theresienstadt grenzten sich die niederländischen Juden von den deutschen Juden ab, die aus den Niederlanden deportiert wurden. Sie hofften, so einen besseren Status unter den Inhaftierten behaupten zu können. In Theresienstadt half ihnen das nicht. Aber nun in Freiheit ist unklar, ob auch die ursprünglich deutschen und nun staatenlosen Juden in den Niederlanden bleiben dürfen. Einen Tag nach der Rückkehr notiert Moritz:

> »Ärztliche Untersuchung, Lautsprecher, Else nervös. Staatenlose sollen nach Deutschland zurückgebracht werden. Niederländer gehen andauernd ab, wir bleiben. 24. Juni: Ich versuche alles, um unsere Entlassung nach Eindhoven zu erreichen. L. Jacoby kommt, hat Obdach für uns. Mittwoch 5 Uhr. Ich habe die Papiere, unsere Bagage ist bereits unten. Mit Else und Ludwig überschreite ich den Absperrungsdraht: nach 26 Monaten und zwei Tagen wieder freie Menschen. In unserem ersten Privatquartier. Johan Vestersstraat 46. Schlafen zum ersten Mal wieder in Freiheit und in einem Bett.«[14]

Es grenzt fast an ein Wunder, dass Moritz und Else Gans sowie ihre drei Söhne Karl, Manfred und Theo die Vernichtungspolitik der Nationalsozialisten überlebt haben. Doch wo sind die vielen Geschwister der Eltern, wo die Nichten und Neffen, Cousins und Cousinen? Ein reger Briefverkehr setzt ein. Alle suchen fieberhaft nach Hinweisen und Lebenszeichen. Die Nachricht, dass Moritz und Else in Sicherheit sind, macht ihnen Mut in diesen ungewissen Tagen. Aus den USA schreiben Moritz' Bruder Isidor und seine Frau Hilde:

»Meine Lieben, es lässt sich nicht schreiben, um Euch zu sagen, wie glücklich wir sind. Euch gesund zu wissen und wieviel leichter es uns ist, wenigstens Euch, meine Lieben, gerettet zu wissen. Wir alle sind so nervös und so unglücklich über all die Nachrichten, die zum Teil so schrecklich sind, aber leider waren wir ja nicht in der Lage, nur irgendetwas bis jetzt für Euch alle zu tun. […] Leider haben wir von Paula und Meta keinerlei Nachrichten, von Ernst und Suse, aber nicht von den Kindern. Von Abraham und Helene, Berta und Bennie und wo sind all die anderen? Lieber Moritz, ich bin sicher, dass Du alles daransetzen wirst, um das herauszufinden. Und unser armer Vater, wo mag er nur sein. Ich glaube, er lebt nicht mehr, wüsste man nur, wo er wäre?«[15]

In das Glück über das eigene Schicksal mischen sich jedoch zunehmend Trauer und Entsetzen, da immer mehr Informationen, Berichte und Bilder über das Ausmaß der Judenvernichtung an die Öffentlichkeit gelangen. Moritz und Else schreiben der Familie von ihrem Glück und zugleich von den Verlusten der Familie:

»Wir gehören schon zu den ›Auserwählten‹, dass wir in ganzer Zahl diese Höllenzeit gesund überstanden. Wenn es uns so ganz dreckig ging – ich mich auch am Ende der körperlichen Kraft fühlte – Möken [Kosename für Moritz] sah, der durch Entkräftung wie ein Bettler aussah, war es nur der Gedanke an die Kinder, der uns wieder aufrichtete. Alles hat sich gelohnt. Voilà Manfred, unser Stürmer links! – Das war das größte Erlebnis unseres Lebens. Der Junge steht drei Tage nach Kriegsschluss vor uns. Das zu beschreiben ist unmöglich. […] Seit dem Tage waren wir wieder Menschen. Mit einem Schlage hatte sich das Ghettotor für uns aufgetan. […] Ganz traurig ist Mökens Mischpoke mitgenommen. Meta mit der ganzen Familie, Paula mit Mann, Bertas ältester Sohn Philipp mit Familie (Frau und Kinder) – alle Opfer in Polen. Bertas jüngster Sohn Alfred in Bergen-Belsen verhungert. Frau und Töchterchen kamen zurück. […] Ernsts sechsjähriger Sohn wurde allein aufgefangen. Polen.«[16]

Etwa 30 Mitglieder der Großfamilie Gans wurden während des Holocaust ermordet. 64 Juden, die in Borken geboren sind oder dort zeitweise lebten, wurden getötet. Drei Viertel der Juden, die zu Kriegsbeginn in den Niederlanden lebten, wurden in den Konzentrationslagern ermordet. Nur etwa 5000 kehrten zurück. In keinem der von Deutschland besetzten Länder ist die Zahl der jüdischen Opfer so groß gewesen.

Von Freddie zu Manfred

Manfred ist kaum eine Woche zurück von seiner Reise nach Theresienstadt, da erreicht ihn an seinem Einsatzort in Goes die nächste Hiobsbotschaft. Das 41st Royal Marine Commando wird nun nach Deutschland beordert – doch damit nicht genug:

»Also Anita, setz Dich bitte hin. – Sitzt Du? Gut, dann halt Dich kräftig am Stuhl fest – ja, genau so. Was glaubst Du, wo das 41st Royal Marine Commando jetzt stationiert wird? – Du hast es erraten. Du bist immer so verdammt schnell. Borken in Westfalen. Ausgerechnet dort! Ich versichere Dir, das hat nichts mit mir zu tun. Wir wurden hierhergeschickt, um einige sehr spezielle Aufträge zu übernehmen, und nun – da sind wir. Inzwischen haben mich die Menschen erkannt, und die Nachricht hat sich wie ein Lauffeuer verbreitet. Oh, übrigens, die erste Person, die mich erkannte, war ein Mädchen, das früher als eine der lokalen Schönheiten galt (jetzt ist sie mit dem Sprössling verheiratet). Ich wusste gar nicht, dass ich damals eine bekannte Person war. Und bitte glaube mir, dass ich mich weder damals der ›Rassenschande‹ noch mich jetzt der Fraternisierung hingegeben habe.«[1]

Dass Manfred von Hunderten Orten, an die man ihn hätte schicken können, nun ausgerechnet in Borken landet, ist wohl Zufall. Zumindest hat Manfred nicht selbst darum gebeten. Im Gegenteil: Für ihn ist das eine heikle Situation. Denn es kommen nun immer mehr Leute zu ihm, die glauben, dass er ihnen aufgrund seiner Stellung helfen kann.

Er hat nun regelmäßig in seinem Elternhaus zu tun, wo das Hauptquartier des A.M.G. (Allied Military Government) untergebracht ist. Eines Tages läuft ihm dort plötzlich sein alter Biologielehrer Herr Dahmen über den Weg. Manfred erkennt ihn unmittelbar, und nach einem kurzen Augenblick realisiert auch Herr Dahmen, wer ihm da in der Uniform eines britischen Offiziers gegenübersteht. Freundlich und interessiert erkundigt er sich, wie es Manfred ergangen sei. Der berichtet von seinem Einsatz an der Front, seiner Reise nach Theresienstadt und dem Wiedersehen mit seinen Eltern. Dann verabschiedet er sich eilig, weil er an anderer Stelle erwartet wird. Nach einigen Wochen steht Herr Dahmen dann plötzlich wieder vor ihm – diesmal sucht er Manfred ganz bewusst auf. Schon vor ihm hat manch ehemaliger Lehrer Manfred um eine Entnazifizierung gebeten. Er solle offiziell bestätigen, dass sie keine Nazis gewesen seien, und sie damit vor einer Strafverfolgung schützen. Nun hofft auch Herr Dahmen, dass Manfred ein gutes Wort für ihn einlegen werde. Er argumentiert, dass er Manfred und seine Brüder doch nicht »verpetzt« habe, als sie ihm damals im Rassenkundeunterricht so vehement widersprachen. Hätte er damals Meldung gemacht, wären sie, und womöglich auch ihr Vater, sicher im Gefängnis gelandet. Tatsächlich steht Manfred einigen seiner ehemaligen Lehrer wohlwollend gegenüber, wie etwa seinem Klassenlehrer Tinnefeld, nicht so Herrn Dahmen. In einem Interview Jahre später erinnert er sich, was er ihm entgegnete:

> »Herr Dahmen, wir wollen nicht reden über 20 Millionen Russen, die gefallen sind, wir wollen nicht reden über sechs Millionen tote Juden, wir wollen nicht reden über 250 000 alliierte Soldaten, die in Europa gefallen sind, wir wollen nur reden über die 200 Borkener Jungs, die gefallen sind, das ist Ihre Verantwortung! Für die sind Sie verantwortlich! Denn wenn einer, der Doktor der Biologie ist, so einen Quatsch von der Rassenkunde verzapft, dann ist das seine Verantwortung. Auf keinen Fall werde ich unterstützen, dass Sie Ihre Entnazifizierung bekommen. Fertig!«[2]

Während Manfred den Lehrern und anderen ehemaligen Funktionsträgern in der Stadt nicht ausweichen kann, meidet er zunächst den Kontakt zu Gleichaltrigen. Einige Zeit später wird bei der britischen Militärregierung allerdings eine junge Frau angestellt, die Manfred aus Jugendzeiten noch gut kennt. Dort kann er ihr nicht aus dem Weg gehen, wie er Anita schreibt:

> »Wir begannen zu diskutieren, und ich war sehr daran interessiert, mehr über die Ansichten einiger meiner alten Klassenkameraden zu erfahren. Von ihr und zwei anderen Kerlen, die ich später traf und die gerade zurückgekehrt waren, habe ich den überraschenden Eindruck gewonnen, dass sie mich in erster Linie als einen ihrer alten Leute betrachten. Niemand findet es komisch, mich in britischer

Uniform zu sehen, dagegen finden sie es höchst seltsam, dass ich einen sehr großen Groll gegenüber der Zeit verspüre, in der ich mit ihnen zusammen war. – Dann ging ich zum Bürgermeister! Er hatte soeben den ersten Plan für den Wiederaufbau von Borken vorgelegt. Das wird wohl 20 Jahre dauern. Stolz zeigte er mir den Plan und die genauen Details einer riesigen Synagoge, die sie mit eingeplant haben. Er war sehr überrascht, als ich ihm klarmachte, dass keiner von uns zurückkommen wird. Er konnte es nicht verstehen. Die Menschen dort werden nicht begreifen, dass auch ihre eigenen Juden in den Gaskammern einen erbärmlichen Tod gestorben sind.«[3]

Major Cyril Montague Dobbs, der Kreiskommandant der Militärregierung, erfährt von Manfreds persönlicher Beziehung zu Borken und dessen besonderer Kenntnis der Stadt. Er bittet ihn, sich der Militärverwaltung in Borken doch längerfristig anzuschließen. Manfred lehnt ab. Hatte er bei seinen ersten Begegnungen in der Heimat noch Hoffnung, dass sich die Deutschen bald schon ihrer Verbrechen stellen würden, verzweifelt er nun zunehmend an ihrer Ignoranz. Er schreibt an Anita:

»Glaube bitte nicht eine Minute lang, dass die Deutschen noch fügsam sind. Wenn ich jetzt mit verschiedenen Leuten spreche, die ich kenne, merke ich, dass die Männer zwar teilweise ihre Lektion gelernt haben, die Frauen aber gar nichts dazugelernt haben: bis zum Rand gefüllt mit Nazi-Propaganda. Egoismus ist nicht das richtige Wort dafür. Sie sind einfach nur schrecklich. Glücklicherweise spielen sie keine Rolle mehr. Wenn wir unseren Frieden mit Russland halten, wird Deutschland nie wieder auferstehen, falls uns das nicht gelingt – nun, das könnte die größte Katastrophe aller Zeiten werden. Es erübrigt sich zu sagen, dass ich auf der Straße einige giftige Blicke bekomme – nicht, dass es mich stört. Nur könnte es eines Tages auch mal eine Kugel sein.«[4]

Wiedersehen in Freiheit

Zurück in den Niederlanden vermittelt man Moritz und Else über drei Ecken ein Zimmer bei einer Familie in Eindhoven. Wenige Tage nach ihrer Ankunft reist Manfred aus Borken an, um sie nun in Freiheit zu besuchen. Er bringt zwei »deutsche Hühner« mit, die zum Schabbat geschlachtet werden sollen. Nachdem er die Adresse erreicht und seinen Jeep abgestellt hat, geht er zum Haus, das er jedoch verschlossen vorfindet. Er sieht sich um, aber niemand ist zu sehen. Es dauert eine Weile, bis er eine Stimme freudig rufen hört: »Er ist da!«. Es ist seine Mutter, die, als sie die Straße entlangkommt, schon von weitem den britischen Jeep sieht.

Ein prächtiges Festessen wird aufgetischt. Zum ersten Mal seit Jahren speisen Moritz und Else in diesen Tagen wieder an einem gedeckten Tisch, essen mit Messer und Gabel von Tellern und trinken aus Gläsern. Moritz ist wenige Tage zuvor 60 Jahre alt geworden, betont aber, dass er, nun in Freiheit, mit jedem Tag wieder jünger werde. Manfred ist erstaunt, wie gut sich die Eltern seit ihrem Wiedersehen in Theresienstadt schon erholt haben. Das Wochenende vergeht wie im Fluge. Noch immer gibt es so viel zu erzählen.

Am Sonntagmorgen bricht Manfred zeitig wieder auf, allerdings noch nicht zu seiner Einheit nach Borken. Seine Route führt ihn gut 200 Kilometer Richtung Norden. Noch einmal begibt er sich auf die Suche. Diesmal will er seine Oma Bertha, Elses Mutter, finden. Sie hatte sich zusammen mit ihrer Tochter und ihrem Schwiegersohn in Marssum in der Provinz Friesland versteckt. Als Moritz und Else dort verraten und deportiert wurden, blieb Oma Bertha auf einem anderen Hof unbehelligt.

Mit der letzten bekannten Anschrift seiner Großmutter in der Tasche fährt Manfred quer durch die Niederlande. Das Wetter ist hervorragend, und die Straßen sind in einem besseren Zustand als auf der anderen Rheinseite. Nur einmal, kurz vor dem Ziel, muss Manfred eine ziemlich beschädigte und entsprechend wacklige Brücke passieren. Nach gut drei Stunden erreicht er die Provinzhauptstadt Leeuwarden. Auf der Landstraße in Richtung Marssum hält er an, um eine Frau nach dem Weg zu fragen. Er reicht ihr den Zettel mit der Adresse, und sie erklärt ihm den Weg. »Ich nehme an, du kommst, um ›Oma‹ zu suchen?«, fügt sie mit einem Lächeln hinzu.

Seit Kindertagen lieben Manfred und seine Brüder ihre herzliche und humorvolle Oma und haben vor dem Krieg häufig die Ferien bei ihr in Völksen verbracht. Das letzte Mal gesehen hat Manfred sie, bevor die Eltern ihn 1938 nach England schickten.

Nun passiert der britische Militärjeep die Einfahrt zu einem eher einfachen Bauernhof. Manfred steigt aus und fragt, ob hier Hausnummer 345 sei und eine Familie De Jong wohne. Noch bevor die Bäuerin ihm antworten kann, sieht er seine kleine Oma in großen Schritten aus dem Wohnhaus stürmen. Ihre 84 Jahre scheint sie für einen kurzen Moment vergessen zu haben. Manfred überlegt noch, wie er seine Oma begrüßen soll, da fällt sie ihrem Enkel bereits um den Hals und drückt ihm dicke Küsse auf die Backe. Aus dem Stall kommen der Bauer und ein Hilfsarbeiter, um das freudige Ereignis mitzuerleben. Es dauert, bis sich die Aufregung legt, dann führt Oma Bertha ihren Enkel ins Haus, setzt sich in ihren Sessel und nimmt die Stricknadeln wieder auf. Er soll ihr von allem berichten und ja nichts auslassen. Frau De Jong tischt ein festliches Abendbrot auf, und Manfred revanchiert sich mit mehreren Packungen Zigaretten. Ein Schatz, den sie durchaus verdient hätten, meint Oma Bertha, die von Familie De Jong über drei Jahre lang versteckt worden ist. Die Bäuerin ist immer noch erleichtert und auch verwundert, warum die Deutschen sie nie geholt haben. »Ach, so 'ne alte Schatulle geht doch bald eh tot, die will man nicht mehr haben«, antwortet die Oma lapidar. Mittlerweile sei sie als »Oma« in Marssum genauso bekannt wie früher in Völksen.

Wenige Wochen später werden Moritz und Else die Mutter wieder zu sich zu holen. Im Sommer 1945 ist es allerdings noch fraglich, wo und wie es für sie weitergeht. Nach einigem Hin und Her erhalten sie die niederländische Staatsbürgerschaft und haben damit nach Jahren endlich wieder ein Ausweispapier in der Hand. Lange bleiben wollen sie allerdings nicht. Ob sie nach Palästina oder England auswandern, ist noch unklar. Nur eines ist sicher: Nach Borken werden sie nicht zurückkehren.

Von dort hat Manfred nur wenig Erfreuliches zu berichten. Als er sieht, wie die Borkener die heimkehrenden Soldaten bejubeln, deutet er das nicht als Ausdruck ihrer Erleichterung über das Wiedersehen, sondern als

Indiz für einen noch nicht überwundenen Militarismus. In einem Brief an Anita schreibt er einige Tage später:

»Was ist nur los mit dieser Stadt. Die Söhne des ›Vaterlandes‹ kehren nun massenhaft zurück, und wir müssen mit unseren Augen das märchenhafteste Spektakel aller Zeiten bezeugen: eine geschlagene Armee, die ihrem eigenen Volk nichts als Elend gebracht hat und nun den großartigsten Empfang aller Zeiten genießt. Jedes Mal, wenn eine Wagenladung von ihnen hier durchfährt, kommt die ganze Bevölkerung, besonders die Mädchen, heraus, und alle jubeln und jubeln. Niemals werden wir in England einen solchen Empfang erhalten, und das ist gut so, denn ich mag diese Verherrlichung der Soldaten nicht.
Mehrere Vertreter der Stadt sind mit ihren Anliegen zu mir gekommen, und ich habe sie schließlich abgewiesen. Ich sage ihnen ganz offen, dass, wenn die sogenannten Intellektuellen nicht endlich anfangen, ihr Volk über Antisemitismus, Kriegsschuld und so weiter aufzuklären, ich nicht gewillt bin, eine ihrer Petitionen zu berücksichtigen – auch wenn ich früher Bürger dieser Stadt war.«[5]

Manfred legt einem der Briefe ein Foto bei, auf dem er ernst, aber durchaus siegesbewusst vor dem Familienhaus in Borken posiert. Bei Anita kommen Erinnerungen hoch:

»Mein Lieber, Du kannst Dir kaum vorstellen, wie überrascht ich war, als ich Deinen letzten Brief mit den Bildern des Hauses erhielt. Für eine Minute wünschte ich mir, ich könnte bei Dir sein und mit Dir durch die Felder hinter dem Haus ziehen, dann in Deinem Zimmer sitzen

*Manfred vor dem Hauptquartier der britischen Militär-
regierung in Borken, seinem Elternhaus, Juni 1945*

und plaudern. Nach einem tollen Abendessen an dem
großen runden Tisch im Speisezimmer würden wir uns
schließlich einfach auf der Couch im geräumigen Wohn-
zimmer zurücklehnen und Musik hören. Aber, wie gesagt,
das war nur eine Minute lang, dann war ich sofort wieder
in New York und bin sehr dankbar und glücklich darüber.
Ich bin froh, dass Du an mich gedacht hast, als Du zum
ersten Mal durch Euer Haus gegangen bist, wir hatten
eine gute Zeit in diesen fünf Tagen, die ich bei Euch verbracht habe. Das ist alles schon lange her und bloß eine
schöne Erinnerung, eine der wenigen, die wir an dieses
Land haben. Aber das Haus hat ja auch wirklich nichts
mit dem Land zu tun. Wenn man es doch nur mit allem,
was dazugehört, hierher oder nach England verpflanzen
könnte, wie viel freier und glücklicher unsere Gedanken
wären.«

Anita will wissen, ob Manfred seinen Eltern erzählt habe, dass sie einander schreiben. Manfred hat seinen Eltern schon bei der ersten Begegnung in Theresienstadt von ihr erzählt. Auch Anitas Mutter weiß nun, dass sie sich wieder schreiben. Sie ist davon offenbar nicht begeistert, aber untersagt es ihrer Tochter auch nicht mehr.

»Ja, das Leben spielt den Menschen alle möglichen eigenartigen Tricks vor. Davon bin ich immer mehr überzeugt. Ich glaube nicht, Freddie, dass wir die Einzigen sind, die so fühlen; der Krieg hat uns allen eine Lektion erteilt. Wir mussten mit unseren eigenen Augen bezeugen, dass auch den Aufrichtigsten nichts erspart geblieben ist, während ... ach, was soll's? Lass uns einfach die Hoffnung auf ein besseres und gerechteres Leben nicht aufgeben: eine Welt, in der man leben kann. Wir werden es wahrscheinlich nicht mehr erleben, aber ich bin überzeugt, dass die Welt beziehungsweise das Universum mal eine vollendete Utopie sein wird. [...] Das ist es, wofür man den Glauben braucht.«[6]

Im September 1945 kehren Moritz und Else zurück nach Zandvoort, wo sie bereits nach der Flucht aus Deutschland einige Zeit lebten und noch Freunde haben. Hier können sie sich nun langsam wieder ihren eigenen Alltag einrichten. Moritz schreibt seinen Verwandten:

»Meine Lieben, es geht uns gut, und seit acht Tagen sind wir wieder in einem eigenen Häuschen. Es ist dies ein besonderer Vorzug, denn hier ist keine Wohnung zu haben. Aber die hiesige politische Gemeinde sorgte famos für uns und gab uns ein Häuschen, welches einem Nazi gehörte und von ihr beschlagnahmt wurde. Wir sind sehr froh darüber, denn jetzt können wir Manfred wenigstens in unseren eigenen Wänden haben. Mit unseren Möbeln haben wir auch Glück gehabt. Freunde von uns konnten uns circa 90 Prozent retten. Nur Wäsche, Kleider und Messumen ist futsch. [*Messumen* ist das jiddische Wort für Geld.] Aber wir retten uns schon. Die Hauptsache, wir können wieder kochen, und Else schläft seit acht Tagen wieder auf ihrer Matratze. Ich noch nicht, aber in dem Bett vom Volkshersteller liegt es sich immer noch besser als in der Holzkiste mit Strohsack der letzten zweieinhalb Jahre.«[7]

Um ein paar Einnahmen zu haben, vermieten die beiden schon bald Gästezimmer in ihrem Häuschen, das nicht weit vom Strand liegt. Manfred besucht die Eltern in dieser Zeit jeden zweiten Sonntag und erlebt, wie sie langsam in die bürgerliche Lebenswelt der Vorkriegszeit zurückfinden.

»Oh Mann, wenn Du schon lange kein Zuhause mehr hattest, ist es verdammt seltsam, an einen Ort zu kommen, der alle Vorzüge eines Zuhauses hat: Eltern, großer Komfort, Möbel, die Du kennst usw. Und trotzdem kannst Du Dich nicht an die Vorstellung gewöhnen, dass dies dein Zuhause ist. Mutter ist immer noch auf jedermanns Wohlbefinden bedacht, wie sie es damals in Friedenszeiten immer war, ziemlich komisch, wenn man sich vor Augen hält, was man alles durchgemacht hat, aber trotzdem ist es verdammt schön, dass jemand einen solchen Aufwand betreibt.«[8]

Bei einem von Manfreds Besuchen bittet Moritz seinen Sohn, ihn nach Leeuwarden zu begleiten. Nun, da sie eine Unterkunft haben und auch die Oma wieder bei ihnen ist, will er in Erfahrung bringen, wo die Wertsachen geblieben sind, die er vor dem Krieg dem Polizisten Smouter anvertraut hat. Moritz war bereits zu Ohren gekommen, dass Smouter während der letzten Kriegsjahre auf großem Fuße gelebt und sich zunehmend komisch verhalten habe; im Frühjahr sei er dann völlig abgetaucht. Nun ist er wieder aufgetaucht und steht im Dienst der Polizei in Drachten, nicht weit von Leeuwarden, wo Moritz und Manfred ihn treffen. Als sie ihn zur Rede stellen, eröffnet Smouter ihnen, dass er die Kassette mit den Wertsachen doch an Moritz Neffen Alfred übergeben habe. Moritz ist perplex. Will Smouter ihm wirklich weismachen, dass er, als erfahrener Polizist, die Wertsachen zur besseren Aufbewahrung an einen untergetauchten Juden im Versteck übergeben hat? Und noch misstrauischer macht ihn, dass dieser ausgerechnet Moritz' Neffen Alfred nennt, der – wie Smouter wohl weiß – im Konzentrationslager umgekommen ist und sich dazu nicht mehr äußern kann. Zumal sein Neffe Alfred, der einige Wochen mit ihnen zusammen in Bergen-Belsen war, nie davon gesprochen hat, dass Smouter ihm die Kassette anvertraut habe. Bevor Moritz seiner Wut Luft machen kann, schaltet sich Manfred in das Gespräch ein. Die Jahre in der Armee haben ihn gelehrt, wie man nüchtern, aber bestimmt Ansagen macht – und die Uniform eines britischen Offiziers verleiht ihm zusätzlich Autorität. Er warnt Smouter, dass dies seine letzte Chance sei, mit der Wahrheit herauszurücken, und macht ihm erneut klar, dass der Inhalt der Kassette das letzte Vermögen seines Vaters sei, nachdem die Deutschen ihm bereits alles andere genommen hatten. Doch Smouter blockt ab. Moritz und Manfred erstatten Meldung bei der Polizei. Es kommt zum Prozess und Smouter wird schließlich verurteilt. Von ihrem Vermögen bekommen Moritz und Else jedoch nur einen Teil zurück.

Verhöre

Nach fünf Wochen verlässt Manfred seine Heimatstadt Borken. Er wird weiter ins Ruhrgebiet nach Recklinghausen beordert. Dort bauen die Briten gerade das No. 4 Civilian Internment Camp auf. Schon vor Kriegsende hatten die Westalliierten beschlossen, auf ihrem Vormarsch potenzielle Kriegsverbrecher und hochrangige Nationalsozialisten zu internieren. Bei ihrem Vormarsch nach Deutschland trugen sie bereits Listen bei sich, auf denen aktive und überzeugte Mitglieder der Partei und der SS aufgeführt sind. Als Manfred in Recklinghausen eintrifft, sind im Internierungslager bereits mehrere tausend Personen inhaftiert, wie er Anita schreibt:

»Darunter ist ein Teil der Wachleute von Buchenwald, Bergen-Belsen und von verschiedenen anderen berüchtigten Orten, aber abgesehen von diesen einfachen Fällen – ich verstehe nicht, warum wir sie nicht erschießen dürfen – versichern uns alle in diesem Lager (mit Ausnahme eines gutaussehenden, etwas verrückten BDM-Mädchens, das der Spionage verdächtigt wird), dass sie nie Nazis gewesen seien. Du bist wahrscheinlich daran interessiert zu wissen, ›wie sie sind‹. Nun, das ist ganz einfach, sie sind nicht einmal interessant. Angefangen bei den untersten Einheiten, dem einfachen KZ-Personal: Das sind bloß Berufsverbrecher, die hochgradig gestört sind, es gibt nicht einen, der normal ist. Unser Regimentsfeldwebel (ein phantastischer und erfahrener alter Mann) bemerkte neulich: ›Wenn diese Kerle enthauptet würden, müsste man ihnen sagen, dass sie tot sind, sonst würden sie es nicht mitbekommen.‹

Dann die hohen Parteifunktionäre: Das sind meist überambitionierte Männer, denen jedes Mittel recht war, ihre eigene Karriere voranzubringen. Sie sollten die härtesten Strafen bekommen, weil sie von ihrer Natur aus am wenigsten gestört sind. SS & Gestapo: die ewig kriechenden und gehorsamen Typen, Fanatismus habe ich unter ihnen weniger entdeckt (ich nehme an, die Fanatiker zogen die Uniform an und kämpften); ich würde sagen, sie wurden ›als Kind zu heiß gebadet‹ (Verstehst Du, was ich meine?).«[9]

Manfred ist einer von knapp 20 Ermittlungsoffizieren. Er wohnt während dieser Zeit recht luxuriös in einer der noch erhaltenen und von den Briten beschlagnahmten Stadtvillen. Doch von dem Luxus hat er wenig, denn die langen Tage verbringt er in einer kleinen und ungemütlichen Verhörstube im Internierungslager. Stoisch beackern Manfred und die Ermittlungsteams einen Fall nach dem anderen. Täglich werden neue Verdächtige ins Lager gebracht. Einige Untersuchungen sind schnell abgehakt, manche Gefangene kommen nach kurzer Zeit wieder frei, andere werden über Monate immer wieder verhört. Geht es um Dritte, dann geben sich viele Internierten durchaus gesprächig; geht es um ihre eigene Rolle während der Kriegsjahre, sind die meisten eher wortkarg.

>»Hier gibt es wirklich nicht eine Person (mit Ausnahme des genannten Mädchens), die den Mut hat, aufzustehen und zu sagen: ›Hier bin ich, meine Ideale sind Nazi-Ideale, und ich werde nicht einen Zentimeter von ihnen abrücken.‹ Nein, sie alle wimmern, wenn wir sie verhören, niemand war jemals mehr als ein einfacher Zugführer, und jeder hat alles getan, um seine Position zu nutzen, um die schlimmsten Verbrechen abzuwenden und so weiter und so fort.«[10]

Was Manfred in Recklinghausen beobachtet, deckt sich mit zahlreichen Beschreibungen anderer Beobachter innerhalb der alliierten Einheiten, die bei ihren Untersuchungen auf ein merkwürdig unbeteiligtes Volk stoßen. Stefan Heym weiß über seine (Wieder-)Begegnungen mit Deutschen Ähnliches zu erzählen. Umfassend berichtet Saul Padover, selbst in Wien aufgewachsen, davon. Als Nachrichtenoffizier der US-Armee fährt er durch Deutschland, führt Hunderte Interviews und beginnt ein Psychogramm der deutschen (Nachkriegs-)Bevölkerung zu erstellen. Padover trifft auf Scham-, aber kaum auf Schuldgefühle. Von Mitgefühl mit den Opfern spürt er kaum etwas, ebenso wenig klingt Empörung über die Gräueltaten an; dafür muss er sich jede Menge Selbstmitleid anhören sowie sich stets wiederholende Relativierungen: Hitler habe die Deutschen ganz gemein betrogen, er habe doch den Sieg und reichlich Urlaub versprochen. Schuldig seien nur der Führer und seine engen Gefolgsleute, man selbst trage keine persönliche Verantwortung.

»Du wirst kaum überrascht sein, dass ich hier langsam überschnappe, wenn ich genau die Männer zu meinen Füßen habe, die einst unsere größten und verlässlichsten Unterdrücker waren.«[11]

Seit Theresienstadt fragt sich Manfred immer wieder, wie nun mit den Deutschen umzugehen sei. Manchmal steht ihm der Sinn bloß nach Rache, dann besinnt er sich und realisiert, dass ihm das weder Befriedigung noch Befreiung bringt. In anderen Momenten fragt er sich wiederum, ob nicht alle auf die eine oder andere Weise einen Teil der Schuld tragen, er selbst eingeschlossen. Wären 1933 alle Deutschen, auch die Juden und die Regierungen im Ausland, nicht bloß auf ihre eigene Situation und ihre Interessen bedacht gewesen, sondern gemeinsam und entschieden auf die Barrikaden gegangen, hätte man das ganze Unglück, das über die Welt gekommen ist, dann vielleicht verhindern können? Er hat viele Fragen, aber keine Antworten.

Manfred fremdelt mit dem Land, in dem er geboren und aufgewachsen ist. Immer mehr sehnt er das Ende seines Militärdienstes herbei. Jede Woche erreichen ihn neue Bekanntmachungen aus London bezüglich der Frage, ob und wann die Soldaten, die sich für den Krieg verpflichtet haben, zurück ins zivile Leben dürfen. Auch Anita hofft, dass Manfred Deutschland bald verlassen kann.

»Wie hast Du die Feiertage verbracht? Gab es eine Synagoge in der Nähe, oder denkst Du gar nicht daran, dorthin zu gehen? [...] Und, wie läuft es bei Dir? Mensch, ich habe Angst zu fragen, aber ich werde es wagen: ›Bist Du schon in England angekommen?‹. Ok, ich frage besser nicht mehr, aber verrate mir, was mit Dir los ist, und warum in aller Welt wirst Du nicht endlich aus der Armee entlassen?«[12]

Für die Feiertage, das Neujahrsfest Rosch ha-Schana, ist Manfred extra in ein Auffanglager für Displaced Persons nahe Diepholz gefahren. Er wollte mit dem jüdischen Militärseelsorger für die dort gestrandeten Juden einen gemeinsamen Abend gestalten. Doch als er eintrifft, ist die Gruppe schon nach Schweden verlegt worden. So verbringt er den Feiertag recht einsam, ähnlich wie im Vorjahr, als er das Neujahrsfest in der Kanalisation von Dünkirchen erlebte, und doch ganz anders.

Die Hoffnungen auf eine baldige Rückkehr nach England zerschlagen sich. Die Regierung in London verspricht zwar unentwegt, dass man die Demobilisierung schnell vorantreiben werde. Doch zunächst sind die älteren Soldaten mit einer abgeschlossenen Berufsausbildung an der Reihe, damit sie schnell an ihre Arbeitsplätze zurückkehren und die Industrie in England wieder in Schwung bringen können. Zudem gibt es einen Mangel an Offizieren in den Reihen der britischen Militärregierung. Bis es für Manfred also so weit ist, kann es noch ein ganzes Jahr dauern – sofern bis dahin nicht ein neuer Krieg ausgebrochen ist. Manfred legt also alle Pläne für sein ziviles Leben wieder beiseite und lotet aus, wie er seine restliche Zeit in der Armee bestmöglich gestalten kann. Er stellt sich bei verschiedenen Abteilungen vor und übernimmt

ganz unterschiedliche Aufgaben: Bei Osnabrück durchläuft er eine Weiterbildung zum Mathematikdozenten im
Militär, im Harz soll er Möglichkeiten zum Aufbau einer
Gebirgsjägereinheit erkunden, für einige beglückende
Wochen ist er als Mittelstreckenläufer für Sportwett-
kämpfe abgestellt. Tagsüber muss er bloß seine Läufe ab-
solvieren und bekommt dafür üppig zu essen und Mas-
sagen. Schließlich wird er vom Office of Public Opinion
mit einer Untersuchung betraut, für die er Interviews mit
der deutschen Zivilbevölkerung durchführen soll.

Aufbauarbeit

Im Herbst 1945 wird das 41st Royal Marine Commando
nach Hongkong verlegt. Dorthin will Manfred auf keinen Fall. Es ist schon sonderbar. Die Befehlshaber in
der britischen Armee, die ihn als deutschen Flüchtling
anfangs nicht haben wollten, wollen ihn nun nicht mehr
entlassen. Zumindest kann Manfred erwirken, dass er
nicht nach Asien geschickt wird – seine Deutschkenntnisse sind zu wertvoll. Schließlich wird Manfred der britischen Control Commission in Deutschland zugeteilt.
Diese beordert ihn nach Gladbeck, ins nördliche Ruhrgebiet. Auch Gladbeck ist völlig zerstört. In den Trümmern
leben 60 000 Menschen, deren Alltag organisiert werden
muss. Gemeinsam mit nur zwei Kollegen beaufsichtigt
Manfred nun den Wiederaufbau des zivilen Lebens. Er
ist für die Bereiche Gesundheitswesen, Bildung, Ver-
kehr und Presse verantwortlich. Zwar stehen ihm Ex-
perten der britischen Armee beratend zur Seite, aber die

Organisation vor Ort liegt ganz bei ihm. Die Fülle der Aufgaben ist immens. Um ihnen nachzukommen, beschäftigt die britische Militärregierung mittlerweile auch zahlreiche Deutsche. Manfred beklagt, dass viele seiner Offizierskollegen auch Personen einstellen, die – so sein Eindruck – den Nationalsozialisten durchaus nahestanden. Offenbar geht es den Briten primär darum, dass die Arbeit in den Behörden und Betrieben effizient und reibungslos erledigt wird. Ob jemand Teil des NS-Regimes war, rückt zunehmend in den Hintergrund. Manfred handhabt das anders. Als einer seiner Verwaltungsmitarbeiter, an dessen Gesinnung er zweifelt, sich immer mehr Befugnisse herausnimmt, entlässt er ihn kurzerhand – obwohl er weiß, dass er schwer zu ersetzen sein wird.

Als stellvertretender Kommandant der Militärverwaltung in Gladbeck soll er nun auch die Entnazifizierung der zivilen Bevölkerung überwachen.

»Gestern war die erste Sitzung unseres neu eingerichteten Entnazifizierungsausschusses. Er besteht aus dem Oberbürgermeister, den Führern der drei Parteien und zwei Beamten, die für ihr antinazistisches Verhalten bekannt sind. Wenn auch nur einer von ihnen Einspruch gegen eine Person auf einem offiziellen Posten erhebt, wird diese gefeuert. Die Führer von Kommunisten und SPD hier sind tolle Kerle und haben zehnmal so viel Demokratieverständnis wie ein Dutzend britischer Offiziere zusammen, trotzdem war ich überrascht zu sehen, wie viele Fälle sie NICHT abgelehnt haben. Ich hatte gedacht, dass sie die ganze Stadt ausmisten würden. Also lag die endgültige Entscheidung bei uns, und wir haben sechs von zwölf verhandelten Fällen aussortiert, den Status und das Gehalt von zwei weiteren herabgesetzt und die anderen vier im Dienst gelassen. Das war aus meiner Sicht eine saubere Sache.«[13]

Wo auch immer Manfred nun hinkommt, hat er eine Liste mit gesuchten Personen bei sich. Es ist gleichermaßen von Vorteil wie von Nachteil, dass er die Sprache der Besiegten spricht und bei vielen der schwierigen Fälle die Verhöre selber führen kann. Tatsächlich stellen diese Befragungen nicht selten eine große Belastung für ihn dar, denn einige Auseinandersetzungen erschüttern Manfreds Glauben an die Menschheit, der noch nicht ganz verloren ist, erneut.

»Es ist unglaublich, wie viele Menschen durch bloße Boshaftigkeit ihre Nachbarn völlig ruiniert haben. Meiner Meinung nach besteht die Tragödie des Faschismus nicht so sehr aus den großen Verbrechen wie dem Krieg und den KZs, sondern aus der Gemeinheit, der Kleingeistigkeit, der völligen Boshaftigkeit und Korruptheit und dem materialistischen Egoismus und der Brutalität, die bei einem Durchschnittsbürger (eines jeden Landes!!!!) zum Vorschein kommen, sobald die Fesseln der allgemeinen Gesetze außer Kraft gesetzt sind. Wo man hinschaut (abgesehen von den 10 Prozent wirklich guter Menschen), findet man Leute, die das allgemeine Chaos genutzt haben, um nicht nur fremde Menschen zu verraten oder zu betrügen, sondern auch ihre besten Freunde und engsten Verwandten.«[14]

Manfred bewohnt während seiner Zeit in Gladbeck ein eigenes Zimmer in einem städtischen Haus. Gelegentlich kommt eines der Dienstmädchen rein und kümmert sich um das Feuer. Bücher und Briefe sind seine wesentliche Freizeitbeschäftigung. Da die Kameraden aus seiner Einheit abgezogen sind und er selbst in den letzten Monaten ständig neuen Aufgaben an unterschiedlichen Orten nachging, hat er kaum noch vertraute Menschen um sich. Doch eine neue Freundschaft findet er in Gladbeck. Täglich kommt ihn Isidor Kahn besuchen. Er ist der einzige verbliebene Jude in der Stadt. Vor dem Krieg führte er, wie Manfreds Vater Moritz, einen erfolgreichen Textilhandel. Die Kriegsjahre hatte er in verschiedenen Verstecken überlebt. Nun ist er froh, Manfred getroffen zu haben, und fragt ihn gleich bei der ersten Begegnung, ob er ihm einen Tallit und Tefillin besorgen könne. Die Bitte reicht Manfred unmittelbar an die Wislickis in Manchester weiter und kann seinem jüdischen Freund wenig später Gebetsschal und Gebetsriemen überreichen. Herr Kahn bedankt sich mit einem üppigen Schabbat-Mahl.

»Ich wünschte, Du wärst auf einer unserer Schabbat-Nachmittagspartys dabei, denn wenn er anfängt, Geschichten über die Jahre zu erzählen, in denen er ›im Untergrund‹ lebte, wird es so kurios, dass man es kaum beschreiben kann. Auf der anderen Seite hat er nahezu seine ganze Familie verloren, und das hat ihn fast völlig zerstört. Sein Hass kennt keine Grenzen. Ich bin sicher, dass er die einzige Person in dieser Stadt ist, die die Rationskürzungen begrüßt. Im Moment lebt er von den Paketen, die er von seinen Verwandten über mich erhält.«[15]

Zwei Jahre später wird Moritz Gans, nachdem er die Anteile seiner Textilfirma zurückerhalten hat, diese auf Bitte seines Sohnes an Isidor Kahn übertragen.

Manfred wird noch einmal befördert und hat nun den Rang eines Captains. Er hat nach wie vor viel zu tun. Doch gefordert zu sein gefiel ihm schon immer. Gerade als er sich in seiner Rolle als stellvertretender Kommandeur der britischen Militärregierung in Gladbeck eingearbeitet hat, ereilt ihn eine niederschmetternde Nachricht. Manfred wird darüber informiert, dass das Kriegsministerium in London »nach reiflicher Überlegung« beschlossen hat, keine deutschstämmigen Offiziere mehr in der Militärregierung zu beschäftigen. Er muss seine Stelle aufgeben. Während eines kurzen Urlaubs in England erfährt er dann, dass auch die versprochenen Studienplätze an den englischen Universitäten, die für die jungen Kriegsheimkehrer reserviert wurden, nicht mehr zur Verfügung stehen. Um die vielen Neuigkeiten und unklaren Optionen für sich zu sortieren, schreibt er nun immer öfter an Anita:

> »Ich bin oft deprimiert, und wenn man bedenkt, welche Turbulenzen ich gerade durchlebe, ist das nur eine ganz normale körperliche Reaktion. Wenn man dauernd so voller Nervenkitzel und Aufregung ist, muss man sich gelegentlich auch mal in andere Stimmungslagen begeben. Solange man andere Leute mit seinen Launen nicht belästigt, denke ich nicht, dass sie stören. Meine Güte, ich würde alles dafür geben, Dich in einem Abendkleid zu sehen! Vielleicht werde ich ja eines Tages dieses Vergnügen haben.«[16]

Wiederannäherung

Manfred und Anita haben sich in den letzten sieben Jahren Hunderte Briefseiten geschrieben, aber sie haben sich nicht ein einziges Mal gesehen. Seit ihrer Romanze im Sommer 1938 haben sich die Umstände beider Leben drastisch verändert. Sie sind erwachsen geworden, haben Flucht, Verfolgung und Krieg überlebt.

> »Ich bin so froh, dass es Dir gut geht, jetzt, da das Schlimmste vorbei ist. […] Ich frage mich nur, ob wir uns verstehen würden. Glaubst Du, wir würden es schaffen, oder sollen wir es nicht vielleicht besser beim Schreiben belassen? Das wäre das Sicherste.«[17]

Bei allem, was Manfred erlebt habe, solle er doch mal ein Buch schreiben, ermuntert ihn Anita. Manfred ist skeptisch.

> »Was das Schreiben eines Buches betrifft, kennst Du doch meine Einstellung: Ich glaube nicht, dass meine bisherigen Erfahrungen in meinem Leben sehr einzigartig sind oder einzigartig waren. Zurück zu einem normalen Leben? Also, obwohl ich gelegentlich meinen Lebensweg plane, habe ich nicht die Absicht, mich wieder in ein bequemes ›Spießer-Dasein‹ zu begeben.«[18]

Anita hat bei dem Rundfunksender CBS in New York eine Aufgabe gefunden, die sie ausfüllt. Sie arbeitet für Arthur Godfrey, einen der bekanntesten Radio- und Fernsehmoderatoren der vierziger Jahre. Am Wochenende genießt sie mehr und mehr die New Yorker Clubs und Bars. Sie ist 22 Jahre alt, gesellig und attraktiv. Anita hat viele Verehrer. Immer wieder schreibt sie Manfred, dass sie Heiratsanträge bekommt. Sie lehnt sie allesamt ab. Manfred ist dennoch etwas irritiert, vielleicht auch ein bisschen eifersüchtig, und beklagt, dass sie doch nicht so mit ihren Männern vor ihm prahlen solle.

> »Dein Brief vom 30. ist einfach zu viel des Guten. Zumindest der eine Satz darin, wo Du mir von Deinem Freund erzählst, der Dir gerade einen Heiratsantrag gemacht hat. […] Du musst schon eine recht attraktive Person sein. Ich hoffe aber, dass Du weißt, was Du tust, wenn Du all diese Chancen auslässt.«[19]

Etwas schnippisch fügt er später hinzu, dass sie mit ihrer großen Sammlung an Heiratsanträgen ja nun alle Techniken kenne, um ihn in dieser Angelegenheit irgendwann einmal beraten zu können. Zudem sei es ohnehin höchste Zeit, dass sie sich von Angesicht zu Angesicht wiedersähen.

> »Ich habe das Gefühl, dass wir uns zu sehr idealisieren, und wahrscheinlich würde sich viel davon bei einem Treffen von Angesicht zu Angesicht in Luft auflösen. Nun, wir werden sehen.«[20]

Gleichzeitig berichtet Manfred schonungslos von dem hübschen französischen Dienstmädchen in Gladbeck, von einer guten Bekanntschaft in den Niederlanden oder einer engen Freundin, die er noch vor dem Krieg in Wales kennengelernt hat. Vielleicht ahnen beide bereits, dass ihr wirkliches Glück jenseits des Atlantiks liegt, doch in den Briefen tasten sie sich nur vorsichtig vor.

»Nein, ich prahle nicht damit, dass mir zu jeder vollen Stunde ein Heiratsantrag gemacht wird – im Gegenteil, wenn das der Fall wäre, wäre es ein schönes Durcheinander. Das Ganze ist einfach zu lustig, um es zu beschreiben, also lassen wir es sein. Manchmal habe ich das Gefühl, dass Du falsche Vorstellungen von mir hast. Ich glaube, selbst wenn man noch so sehr versucht, in einem Brief man selbst zu sein, so wird es doch nie dasselbe sein, als wenn man miteinander redet. Vielleicht interpretiert der Empfänger die Dinge oft anders, als sie gemeint sind, das passiert mir, glaube ich, auch manchmal mit Deinen Briefen. Du hast einmal sehr richtig gesagt: ›Es ist Zeit, dass wir uns treffen‹, und dabei wird wahrscheinlich ein Großteil der ›Zuckerschicht‹ abbröckeln; ha ha ha, aber was für eine Überraschung, wenn es sie gar nicht gibt.«[21]

In ihren Briefen hat Anita immer wieder ihre Sorge ausgedrückt, dass der Krieg Manfred verändert haben könnte. Darüber hat sie während der Kriegszeit kaum geschrieben. Nun, nach Kriegsende, kann oder will sie ihre Befürchtungen nicht mehr zurückhalten.

»Aus all Deinen Briefen habe ich herausgelesen, dass Du so schrecklich egozentrisch geworden bist, dass keine andere Person außer Dir selbst wichtig ist, und wenn doch, dann nur zu Deinem eigenen Vergnügen oder Komfort! Ich wollte das nicht sagen, aber Du hast ja irgendwie darum gebeten. Ich nehme an, der Krieg hat viel damit zu tun, natürlich wird da das eigene Leben das Wichtigste.

Trotzdem ist das keine Entschuldigung. Ich habe das nicht wahrgenommen, weil Deine Briefe nicht persönlich sind, wie Du sagst. Ich denke, die sind super, genauso, wie ich möchte, dass Du schreibst, ich genieße sogar Deinen Sarkasmus. Nein, Lieber, was ich gesagt habe, lese ich zwischen den Zeilen. Ich weiß, dass der Krieg blutig ist und einen Menschen hart macht. Dennoch gibt es Freundlichkeit und Verständnis in dieser Welt. Wie Du sagtest: ›Alle deine Träume sind wahr geworden‹, das ist in Ordnung, aber verstecke Dich nicht allzu sehr dahinter. Manchmal habe ich das Gefühl, Du denkst, dass Du Superman bist. Du warst immer sehr selbstsicher, und bestimmt ist das äußerst hilfreich und notwendig, um im Leben voranzukommen. Doch man findet nur selten Größe in einem Menschen, der erfolgreich ist und sich das zu Kopf steigen lässt. Ich sage nicht, dass dies bei Dir der Fall ist. Doch es könnte dazu kommen. Vielleicht ist das britisch, wenn man es so nennen will? Aber für uns hier in Amerika und im Allgemeinen ist Bescheidenheit und Verständnis für andere, auch für Außenseiter, der edelste Charakterzug eines jeden Menschen. – Freddie, erinnerst Du Dich, als Du die Matric-Prüfung verhauen hast und Dein Vater als Erstes schrieb: ›Ich bin froh, das kann auch mal eine gute Lehre für Dich sein!?‹ Oh Gott, ich will hier nicht stumpf predigen. Außerdem bin ich wahrscheinlich eh zu sehr involviert. Ich möchte nur, dass Du weißt, warum Du nicht weißt, was Du mich fragen sollst.«[22]

Ob Anita diesen Brief jemals abgeschickt hat, ist unklar. Er liegt den Unterlagen im Archiv bei, aber es gibt keine unmittelbare Antwort von Manfred, der doch sonst meist schnell auf ihre Kritik reagiert. Auf das, was gewesen ist, will er nicht weiter eingehen:

»Genug von diesem Unsinn. Was wird aus dieser Welt, wenn sich zwei Menschen über Tausende von Kilometern schreiben, um sich gegenseitig Märchen zu erzählen?«[23]

Zurück ins zivile Leben

Manfred hat nun mehr als fünf Jahre im britischen Militär gedient, sein Leben riskiert und es zu einem höheren Offiziersrang gebracht, doch Brite ist er immer noch nicht. Während Polen, Franzosen und Dänen, die im No. 10 Inter Allied Commando für die Briten gekämpft haben, ohne größere Schwierigkeiten eingebürgert werden, bleibt Innenminister Herbert Morrison gegenüber den deutschen Flüchtlingen in den Reihen der Armee skeptisch. Mehrere Abgeordnete im britischen Unterhaus haben das Anliegen noch während des Krieges auf die Tagesordnung gebracht, doch Morrison wollte nicht nachgeben und verwies darauf, dass sein Ministerium die zusätzlichen Anträge nicht bearbeiten könne, da in Kriegszeiten wichtigere Dinge anlägen. Nach Kriegsende setzt sich der Skipper Bryan Hilton-Jones, der aus deutscher Gefangenschaft wohlbehalten nach England zurückgekehrt ist, in einem Schreiben an das Ministerium entschieden für seine Männer ein. Auch Anita versteht nicht, warum die Briten so zögern. Die USA hatten allen Flüchtlingen, die in die Armee eintraten, bereits vor ihrem Einsatz die Staatsbürgerschaft in Aussicht gestellt:

»Bist Du mittlerweile eigentlich britischer Staatsbürger geworden? Ich werde immer schrecklich wütend, wenn ich von Fällen wie Deinem höre, aber lass mich besser erst gar nicht damit anfangen.«[24]

Manfred selbst beteuert, dass er lange Zeit gar kein Brite werden wollte, er sei mit dem Land immer noch nicht richtig warm geworden. Er finde auch nicht, dass die Briten ihm gegenüber eine besondere moralische Verpflichtung hätten. »Sicherlich wissen die genauso gut wie wir, dass wir eigentlich nicht für sie gekämpft haben.« Da nun das Ende seiner Militärzeit bevorsteht und er bald wieder als Zivilist sein Leben organisieren muss, will er jedoch versuchen, den britischen Pass zu bekommen. Schließlich eröffnen sich im Sommer 1946 neue Einbürgerungsmöglichkeiten. Manfred füllt sofort alle entsprechenden Formulare aus:

»Bei Gott, wenn sie mich vor ein Gremium oder so etwas vorladen, werden sie ein, zwei Dinge zu hören bekommen. Was das Reisen betrifft, so wird die Einbürgerung wahrscheinlich einen großen Unterschied machen, aber was den Job betrifft, so glaube ich nicht, dass sie etwas ändern wird, da die britischen Behörden die blöde Gewohnheit haben, immer noch ›geborene Briten‹ vorzuziehen! Bitte drücke beide Daumen, dass die derzeitige Rekrutierungsoffensive in England ein großer Erfolg wird, denn davon wird die zukünftige Geschwindigkeit unserer Entlassung aus dem Militär abhängen.«[25]

In seinen wenigen freien Stunden ist Manfred häufig damit beschäftigt, irgendwelchen Bitten nachzukommen:

Für manche soll er Nachforschungen nach dem Verbleib von Verwandten anstellen, für andere Pakete ausliefern. Durch seine gute Stellung stehen ihm viele Möglichkeiten offen. Bei engen Freunden fällt es ihm nicht so schwer, den einen oder anderen Gefallen auszuschlagen, wenn es ihm zu viel wird. Doch den Anliegen der Freunde seiner Eltern kann er sich nur schwer verweigern, für seine Eltern tut er alles.

Sein Vater Moritz versucht indessen, eine Entschädigung für die Enteignungen in der Heimat zu bekommen. Mehrere Male fährt Manfred für ihn nach Borken, um Unterlagen zum Haus zu besorgen. Dort hilft ihm Hermann Finke. Derselbe Angestellte der Stadtverwaltung – so erinnern sich die jüdischen Borkener –, der bereits vor Kriegsbeginn einigen von ihnen bei der Flucht behilflich war, auch den Eltern. Moritz und Else planen inzwischen, ihrem ältesten Sohn Karl nach Palästina zu folgen. Sobald ihr Antrag auf Entschädigung beantwortet ist, wollen sie sich auf den Weg machen.

»Der alte Mann (also mein Vater) zerbricht sich den Kopf darüber, dass nun, wo wir etwas von seinem Geld gebrauchen könnten – was wir alle gar nicht haben wollen, seit wir die Schule verlassen haben –, nichts mehr übrig ist für den Neuanfang. Insbesondere war es sein großer Ehrgeiz – schon als er das KZ verließ und noch nicht wusste, was aus ihnen werden würde –, Karl einen eigenen Bauernhof zu beschaffen und dort mit ihm zu leben. Dass es nicht klappt, ist unsere geringste Sorge, aber er macht sich schwere Vorwürfe, und das tut mir sehr leid.«[26]

Wieder »Gans« sein

Bevor Manfreds Militärzeit sich dem Ende zuneigt, rückt er noch einmal an die »Front«. Die Front, das sind im Frühjahr 1946 die Verhöre mit deutschen Kriegsverbrechern. Nachdem er die Militärregierung in Gladbeck verlassen musste, kommt Manfred zum No. 5 Civilian Internment Camp in Staumühle bei Paderborn. Es ist das zweitgrößte Internierungslager in der britischen Besatzungszone, und ein Jahr nach Kriegsende sitzen hier noch immer knapp 10 000 potenzielle Kriegsverbrecher ein, die auf ihren Prozess warten – unter ihnen viele prominente Fälle. Manfred trifft auf Aufseher aus Auschwitz und andere einflussreiche Nationalsozialisten wie Alfried Krupp von Bohlen und Halbach (»das Krüppchen, ein fieser Typ«), der in seinen Rüstungsfabriken Zehntausende Zwangsarbeiter schuften ließ.

> »Der neue Job entpuppt sich als äußerst spannend. In gewisser Weise zwar eher negativ, und spannend nicht in dem Sinne, wie ein Medizinstudium interessant sein mag, sondern in der Art, wie ein guter Thriller packend ist. Einige der Geschichten, die im Laufe der Verhöre ans Licht kommen, sind zu unglaublich, um in Worte gefasst zu werden, und offenbaren einen tiefen Einblick in den doch erstaunlichen menschlichen Charakter.«[27]

Von morgens um neun Uhr bis abends um sechs Uhr dauern die Befragungen. In der Abteilung Review and Interrogation sind keine deutschen Mitarbeiter zugelassen, deshalb muss Manfred die anfallende Schreibarbeit nach den Verhören selbst erledigen. Ohne die Unterstützung einer Handvoll weiterer deutschsprachiger Juden in ihren Reihen, da ist Manfred sich sicher, würden sie das Pensum nicht annähernd schaffen. Die Arbeitstage sind lang und fordernd: »Ich fühle mich, als hätte ich zwei Fallschirmsprünge hintereinander gemacht, denn diese Verhöre verlangen ein hohes Maß an Konzentration.«[28]

Das Lager Staumühle liegt weit außerhalb der Stadt, und die alte Gaststätte, in der Manfred untergebracht ist, befindet sich noch einmal ein Stück vom Lager entfernt. Er wird gut versorgt, findet in der Abgeschiedenheit aber wenig Ausgleich. Die aufregenden Momente des Tages verschwimmen zunehmend »in einem Ozean der Langeweile«. Anzeichen von Müdigkeit und Einsamkeit dringen nun immer stärker zwischen den Zeilen von Manfreds Briefen hervor. Doch ein Ende ist in Sicht.

> »Liebe sollte nicht rationiert werden, aber Du weißt, dass in der Armee alles rationiert wird (sogar Brot, wie wir zu unserem Leidwesen feststellen müssen), und was die Liebe angeht, so ist es einfach unvorstellbar, wie knapp sie hier ist. (Kannst Du nachvollziehen, was ich damit sagen will?) Trotzdem denke ich, dass ich viel davon für Dich übrighaben könnte.«[29]

An einem Samstag im August 1946 verlässt Manfred, der bis dahin immer noch unter dem Namen Frederick Gray gelebt hat, die Armee. Innerhalb von 24 Stunden wird aus dem Offizier der britischen Militärregierung mit eigenem Auto und einem eigenen Mitarbeiterstab ein Zivilist ohne festes Einkommen und Unterkunft. Gleichzei-

Anita im Mai 1945 in New York

tig legt er seine falsche Identität wieder ab. Viele seiner
Three-Troop-Kameraden werden ihren englischen Namen ihr Leben lang beibehalten. Unter seinen Brief, in
dem er Anita vom Ende seiner Militärzeit berichtet, ergänzt Manfred eine kleine handschriftliche Notiz:

»Bald werde ich wieder GANS sein.«

Zurück in England kann er sich nun ganz um seine Einbürgerung kümmern. Sechs Jahre zuvor, als er Soldat im Pioneer Corps wurde, hat Manfred bereits zum ersten Mal König George VI. seine Treue geschworen. Dennoch war er während des gesamten Krieges kein Brite. Nun, im Mai 1947, leistet Manfred den fast identischen Treueeid noch einmal, diesmal, um endlich britischer Staatsbürger zu werden: »Ich schwöre beim allmächtigen Gott, dass ich seiner Majestät König Georg VI. die Treue halte und seinen Erben und Nachfolgern nach dem Gesetz stets die Treue halten werde.«

In einem dicken Ordner im Londoner Nationalarchiv findet sich nur zwei Seiten hinter Manfreds Einbürgerungsakte die Urkunde von Maurice Latimer, seinem Kameraden aus der Three Troop, mit dem er Seite an Seite in der Normandie und Walcheren gekämpft hat.

Anita erhielt bereits am 9. Mai 1945, einen Tag nach der deutschen Kapitulation, die lang ersehnte Staatsbürgerschaft der USA. Stolz lässt sie sich zu diesem Anlass vor der Skyline von Manhattan fotografieren. Einen Abzug schickt sie an Manfred.

Zusammenkunft

Zurück im zivilen Leben kommt Manfred zunächst wieder bei Leo und Luise Wislicki in Manchester unter, bei denen er bereits wohnte, kurz bevor er zum Militär kam. Wo und wie es für ihn nun aber weitergehen kann, ist völlig offen.

»Ich persönlich hätte nichts dagegen, in den USA neu an-
zufangen, auf lange Sicht glaube ich aber nicht, dass ich
mich an ein Land binden will. Bisher ist es mir immer
leichtgefallen, Freundschaften zu schließen, und man findet überall sympathische Menschen, also habe ich keine
Angst, von hier wegzugehen. Mich hier niederzulassen
hätte natürlich einige Vorteile, nur wäre es auf Dauer
schwierig, ein passendes Umfeld zu finden, in dem man
sich wohlfühlt. Ich weiß nicht, ob Du das verstehst: Die
Menschen, die ich vor dem Krieg kannte, waren meist or-
thodoxe Juden, in deren Welt ich nicht mehr recht passe.
Die Menschen, mit denen man während des Krieges lebte
und starb, waren eine gute Gemeinschaft, solange man
gemeinsam unterwegs war, aber die wenigen unter ihnen,
mit denen ich wirklich eng war, sind jetzt in alle Winde
verstreut. Jetzt fängt man wirklich wieder ganz von vorne
an – was mir eigentlich gut gefällt.«[30]

Manfred erkundigt sich, welche Möglichkeiten es gibt,
in die USA einzureisen. Ein Visum, so erfährt er schnell,
gibt es nur für Geschäftsleute oder wenn man eine Ehe
schließen will. Als er beim Konsulat vorspricht, fragt
man ihn, ob er die Frau, die er besuchen will, denn auch
heiraten wolle. Manfred antwortet unverblümt, dass er
nach acht Jahren, während der er sie nicht gesehen habe,
kaum eine Antwort auf die Frage geben könne. Er bekommt ein verständnisvolles Lächeln, aber kein Visum
für die USA.

Zur gleichen Zeit erhält Manfred einen Studienplatz in
Manchester, den er nicht verfallen lassen will. Es zeichnet
sich also ab, dass Manfred nicht in die USA gehen wird.
Aber was ist mit Anita?

»Da sind wir also; ich sehe nun wirklich keine Chance
rüberzukommen, und alles, was ich vorschlagen kann, ist,
dass Du nach England kommst. In diesem Fall bin ich
gerne bereit, 50 Prozent zum Ticketpreis beizusteuern.
Nein, ich mache keine Witze, das ist ein ernsthafter Vorschlag, schließlich müssen wir ja irgendwann zur Sache
kommen. Denk mal darüber nach.«[31]

Nun versucht also Anita ihr Glück. Sie hat eine Freundin, die vor kurzem nach England ausgewandert ist.
Aber auch sie erhält die Einreiseerlaubnis nur, um dort
zu heiraten. Ein anderer Freund will ihr jedoch helfen,
zunächst ein Geschäftsvisum für England zu bekommen.
Das würde die Dinge einfacher machen. In Anitas Fall
reicht es allerdings nicht, die Behörden zu überzeugen,
sie muss auch noch die Eltern überreden. Die Mutter hält
das Vorhaben ihrer Tochter für keine gute Idee. Sie kenne
Manfred doch kaum, und England sei weit weg.

»Ich glaube nicht, dass Deine Eltern allzu falschliegen,
wenn sie denken, dass Du in dieser Angelegenheit etwas verrückt bist, denn es würde mich nicht wundern,
wenn wir beide am Ende noch ›in der Schlangengrube‹
landen. Ich habe meinen Eltern noch nicht gesagt, dass
Du vielleicht herkommst, aber möglicherweise haben sie
eine vage Ahnung, dass ich doch irgendwann in die Staaten gehen könnte. Ich glaube nicht, dass es ihnen gefallen wird, aber dagegen können sie nichts machen. Und
wenn sie während des Krieges da gewesen wären, hätte es
auch viele Entscheidungen gegeben, die ihnen nicht gefallen hätten – so wie bei einigen meiner Freunde, die mich
immer von dem Weg abbringen wollten, den ich schließ-

lich genommen habe. Es ist immerhin mein verdammtes
Leben.«[32]

Manfred und Anita sind sich einig: Sie wollen sich über
den Willen der Eltern hinwegsetzen. Mit den Hürden der
Behörden ist es komplizierter. Anitas Antrag auf ein Geschäftsvisum wird abgelehnt. Manfred versichert ihr, dass
er sich darum kümmern werde, doch er kann nichts aus-
richten. Der Antrag ist offensichtlich schon in der britischen Botschaft in Washington zurückgewiesen worden.

»Wie geht es Dir, my lady? Schiebst Du immer noch
Frust? In Deinem Brief klangst Du allerdings wieder ein
wenig versöhnt. Wahrscheinlich bist Du zu dem gleichen
Schluss gelangt wie ich, dass es auf ein paar Monate mehr
oder weniger nicht ankommt, die Enttäuschung wartet
noch früh genug auf Dich.«[33]

Das Jahr 1946 vergeht, ohne dass es vorangeht, aber Manfred und Anita geben nicht auf. Anfang des darauffolgen-
den Jahres haben ihre Bemühungen endlich Erfolg. Anita
bekommt ein zeitlich befristetes Visum für Großbritannien. Die beiden beginnen, konkrete Pläne zu machen.
Im Frühjahr, wenn Manfred Semesterferien hat, soll es
so weit sein.

»Ich glaube nicht, dass ich wirklich Angst davor habe,
dass Du herüberkommst, aber es gibt da einen Gedanken,
bei dem ich mich ziemlich unwohl fühle. Falls Du sehr
enttäuscht sein solltest, wenn Du endlich hier bist, weil all
die Wunschbilder, die Du von mir hast, verblassen, dann
würdest Du Dich nach Deiner Rückkehr gegenüber Dei-

nen Freunden und Deiner Familie, von denen die meisten sicher alles über diese Geschichte wissen, wahrscheinlich ziemlich schlecht fühlen.«[34]

Manfred studiert mittlerweile Chemie in Manchester. Seine Zielstrebigkeit hat er nicht verloren. Er lernt und lernt. Mitte März sind die ersten Prüfungen an der Universität – kurz darauf folgt dann eine Prüfung ganz anderer Art.

»Dies ist mein letzter Brief an mein kleines Traummädchen; wenn wir uns jemals wieder schreiben werden, werde ich zumindest wissen, an wen ich schreibe. Vielleicht gefällt mir die Realität besser als der Traum, vielleicht nicht … Ich bin offen für alles. Und es war alles toll, so wie es war, und es soll mit einem wirklich schönen Brief enden. […] Ich habe nur noch keine Zeit, an alles zu denken, aber wenn die Prüfungen vorbei sind, wird das ganz anders sein, und ich nehme an, dann wird die ganze Nervosität aufkommen. […] Also, Anita, ich wünsche Dir eine gute Zeit auf der Queen Elizabeth, angeblich soll man sich auf einer Seefahrt ja leicht verlieben, nun ja, das tue jetzt bitte nicht, und ich hoffe, dass der Typ, den Du auf der anderen Seite treffen wirst, sich dann gut benimmt (das wäre ja mal was). Ein letztes Mal Küsse aus der Ferne, wir sehen uns in Southampton.«[35]

Schweren Herzens kündigt Anita ihre Stelle bei CBS. Dass sie mehrere Monate Urlaub oder eine Freistellung bekommt, ist in dieser Branche und in diesen Jahren undenkbar.

Mitte März 1947 legt in Manhattan die *QUEEN ELI-*

ZABETH ab. Mit an Bord ist Anita Lamm. Es ist ihre zweite Atlantiküberquerung. Vor dem Krieg verließ sie Deutschland in Richtung New York. Nun kehrt sie nach Europa zurück, um einen Mann zu treffen, den sie als 14-Jährige zuletzt gesehen hat. Mittlerweile ist Anita 23 Jahre alt. Während der Überfahrt schreibt sie einen Brief an die Eltern:

»Die Leute sind freundlich und nett, aber weit und breit kein reicher Millionär zum Verlieben – das wäre auch das Letzte, was ich gerade gebrauchen könnte.
Dienstag: Bisher alles einfach nur prima – der erste Morgen war etwas schwierig, bis ich mich an das Boot gewöhnt habe, aber jetzt weiß ich schon gar nicht mehr, dass ich auf dem Meer bin.
Mittwoch:
Das Wetter ideal.
Ich fühle mich gut.
Das Boot schaukelt.
Ich denke an Euch.
Donnerstag: Noch einen Tag, meine Lieben, und ich werde in England sein. Was dann passiert, weiß ich nicht, und alles, was ich tun kann, ist zu hoffen und zu wünschen, dass, was auch immer ich mache und entscheide, das Richtige sein wird.«[36]

Am 28. März 1947, pünktlich um 15.30 Uhr, macht die *QUEEN ELIZABETH* in Southampton fest. Die Sonne scheint. Es ist sehr warm. An Deck steht Anita und sucht mit ihren Augen die Hafenmole ab. Doch sie kann Manfred nicht finden. Sie muss sich gedulden. Die Passagiere dürfen das Schiff erst verlassen, wenn die Einreiseunterlagen im Hafen abgearbeitet sind. Das dauert Stunden. Noch an Bord erreicht sie eine Nachricht von Manfred: Er erwarte sie im Hafen. Um 19 Uhr geht Anita an Land. Während sie darauf wartet, dass der Zoll ihr Gepäck abfertigt, sucht sie verzweifelt nach ihrem Freund. Sie befürchtet allmählich, dass sie ihn verpasst haben könnte, was eine ziemliche Katastrophe wäre. Wo und wie soll sie ihn dann finden? Sie ist schon dabei, mit dem Schaffner zu klären, dass er ihr Gepäck für einen späteren Zug nach London zurückhalten soll, als plötzlich aus dem Nichts ein fremder Mann sie umarmt.

>Nach all meinen erfolglosen Versuchen, die richtige Person zu erblicken, war ich sehr glücklich, dass Fred mich erkannt hat – ich hatte schon angefangen, ihn in allen möglichen Kerlen, die am Dock rumstanden, zu vermuten.«[37]

Nach neun Jahren stehen sich Manfred und Anita wieder gegenüber. Die erste Begegnung dauert nur ein paar Augenblicke. Anita muss in den Zug nach London springen, für den sie bereits ein Ticket hat, Manfred fährt mit einer anderen Bahn hinterher. Er hat gerade noch Zeit, ihr die Adresse eines Hotels zuzustecken. Es dauert ein paar Stunden, bis die beiden sich dann um Mitternacht in der Lobby des Hotels Imperial im Zentrum von London endlich in Ruhe begrüßen können. Schon nach wenigen Tagen schreibt Anita ihren Eltern in New York und kann sie beruhigen:

>Also – hier bin ich, und ich bin sehr glücklich. Fred ist wirklich liebevoll und überhaupt nicht so streng und hart,

Manfred und Anita, Aberdovey 1947

wie wir es alle befürchtet haben. Er ist sehr gut zu mir, und wir könnten nicht besser miteinander auskommen. Aber bevor Ihr mich gleich scharf verurteilt, weil ich mir zu schnell ein Bild von Manfred mache – Ihr könnt mir vertrauen und müsst Euch keine Sorgen machen, dass ich unvernünftig bin oder irgendetwas überstürze. Wir sind uns beide sehr bewusst, dass es notwendig ist, sich viel, viel länger und besser kennenzulernen. Wir haben zu Hause oft über diese Dinge gesprochen, und ich und Fred wissen genau, welche Gefahren auf uns warten könnten, wenn wir jetzt dumm und unvernünftig werden. Also, Ihr Lieben, beruhigt Euch.«[38]

Bereits nach einigen Wochen verlängert Anita ihr Visum und bleibt schließlich ein knappes halbes Jahr. Die bei-

Manfred und Anita, Hochzeit in New York, Juli 1948

den besuchen Moritz und Else in Holland und reisen
an viele Orte, die Anita nur aus den Briefen der letzten
Jahre kennt. Sie radeln über die Dünen von Walcheren,
wo noch kaputte Panzer stehen, und wandern durch die
Berge bei Aberdovey, wo Manfred, wie er sagt, »neu geboren wurde«. Ende Mai verloben sich die beiden. Die
Wislickis, die über Jahre die Briefe zwischen Manfred
und Anita weitergeleitet haben, organisieren eine kleine
Party für sie. Im September muss Anita zunächst zurück
in die USA. Doch diesmal verabschieden sie sich mit der
Gewissheit, dass sie sich wiedersehen werden.

Nun ist es ein Leichtes für Manfred, das Heiratsvisum
für die USA zu bekommen. Ein halbes Jahr, nachdem
Anita ihre Reise zurück nach New York angetreten hat,
betritt er in Southampton das polnische Passagierschiff

Else und Moritz Gans mit ihren drei Söhnen,
Israel in den fünfziger Jahren

BATORY. Es liegt nur wenige Kilometer entfernt von
dort, wo er vier Jahre zuvor mit einem Truppentransporter Richtung Normandie abgelegt hat. Am 12. Juli 1948
läuft sein Schiff im Hafen von Manhattan ein. Anita wartet bereits am Pier auf ihn. Kurz vor der Abfahrt hatte er
ihr noch schnell ein Telegramm geschickt:

»Off, to marry you!«

Zehn Jahre nachdem sie sich in Borken ineinander ver-
liebten, haben Manfred und Anita nun zueinandergefun-
den. Sie leben zunächst in Manchester, bis Manfred sein
Bachelor-Studium dort abgeschlossen hat, und ziehen
kurz darauf in die USA. Manfred setzt sein Studium am
MIT in Boston fort und macht anschließend Karriere als

Chemieingenieur. Das Paar bekommt zwei Kinder, Aviva und Daniel. Die Familie bezieht schließlich ein Haus am Hudson River, im Schatten der Skyline von Manhattan.

Manfreds Bruder Theo studiert zunächst Landwirtschaft in Kalifornien und wandert 1952, wie sein Bruder Karl, nach Israel aus, »um die Wüste erblühen zu lassen«. Die Eltern, Moritz und Else, folgen ihren Söhnen kurze Zeit später in den neu gegründeten Staat Israel. Die einstige Heimat Borken ist im Kopf wie auf der Karte nun weit weg.

Wiedersehen in Borken

Im Laufe seines Arbeitslebens reist Manfred durch die ganze Welt. Ein Jahr lebt die Familie in Frankreich, ein halbes in Spanien, mehrere Monate ist er in Japan, und jeden Monat fliegt er für seine Firma nach London; als Berater für die UN agiert er in Kuba, China, Indien und Vietnam. Von Zeit zu Zeit führt ihn sein Job auch nach Deutschland, manchmal sogar ins Ruhrgebiet. Doch es kommt ihm in diesen Jahren nicht in den Sinn, einen Abstecher ins nahe gelegene Borken zu machen. Anita und er haben sich in den USA ein Leben aufgebaut. Ihre Herkunft ist in den Hintergrund gerückt; vielleicht auch, weil sie spüren, dass das Land, in dem sie aufgewachsen sind, noch nicht so weit ist, dass sie es wiedersehen wollen.

Deutschland braucht Jahrzehnte, bis es beginnt, sich seiner Geschichte zu stellen, und das Schweigen langsam gebrochen wird. In vielen Familien wird über den Krieg nur verhalten gesprochen und der Holocaust oft ganz ausgeblendet. Noch bis in die sechziger Jahre wird der Völkermord an den Juden im Schulunterricht in Westdeutschland nur marginal behandelt. In der jungen

Bundesrepublik werden bei Gedenkveranstaltungen zum Kriegsende die Verbrechen der Deutschen oft aufgerechnet mit dem Leid der Heimatvertriebenen und Bombengeschädigten, ohne dabei den Ursprung allen Übels zu beachten. Selbst als die Bewegung der 68er die Rolle der Elterngeneration zunehmend hinterfragt, steht im Privaten wie in der Politik oft Schweigen vor Reflexion. Noch Anfang Mai 1985 legt Helmut Kohl, gemeinsam mit dem US-Präsidenten Ronald Reagan, auf dem Soldatenfriedhof in Bitburg Kränze vor Gräbern von Soldaten der Waffen-SS nieder. Drei Tage später, am 8. Mai, setzt der damalige Bundespräsident Richard von Weizsäcker mit einer der wirkmächtigsten Reden der Nachkriegszeit einen Kontrapunkt. In 45 Minuten führt er eine geschichtspolitische Wende in (West-)Deutschland herbei – gerade er, der selbst als Wehrmachtsoffizier sechs lange Jahre an der Front kämpfte und dessen Vater als Staatssekretär im Auswärtigen Amt ein wichtiger Funktionsträger im NS-Regime war. Vor dem Nürnberger Kriegsverbrechertribunal hatte Weizsäcker als junger Rechtsanwalt dem Vater noch zur Seite gestanden und nach Worten suchen müssen, um dessen Schuld zu mildern. Nun, vier Jahrzehnte später, wählt er Worte, die die Schuld ins Zentrum des deutschen Geschichtsbewusstseins stellen. Anlässlich des 40. Jahrestags des Kriegsendes spricht er vor dem Deutschen Bundestag und Bundesrat. Er fordert mit seinen Worten vor dem Bonner Plenum besonders all jene heraus, die ebenfalls noch als Soldaten am Krieg teilgenommen haben. Seine Rede zur deutschen Geschichte macht Geschichte:

»Der 8. Mai war ein Tag der Befreiung. Er hat uns alle befreit von dem menschenverachtenden System der nationalsozialistischen Gewaltherrschaft. Niemand wird um dieser Befreiung willen vergessen, welche schweren Leiden für viele Menschen mit dem 8. Mai erst begannen und danach folgten. Aber wir dürfen nicht im Ende des Krieges die Ursache für Flucht, Vertreibung und Unfreiheit sehen. Sie liegt vielmehr in seinem Anfang und im Beginn jener Gewaltherrschaft, die zum Krieg führte. Wir dürfen den 8. Mai 1945 nicht vom 30. Januar 1933 trennen. Wir haben wahrlich keinen Grund, uns am heutigen Tag an Siegesfesten zu beteiligen. Aber wir haben allen Grund, den 8. Mai 1945 als das Ende eines Irrweges deutscher Geschichte zu erkennen, das den Keim der Hoffnung auf eine bessere Zukunft barg.«[1]

Innerhalb kurzer Zeit wird Weizsäckers Rede in millionenfacher Auflage abgedruckt und auf Hunderttausende Tonträger gepresst. Weizsäckers Sätze klingen heute kaum noch progressiv, stoßen 1985 neben viel Zustimmung allerdings auch auf Ablehnung. Etliche Parteikollegen Weizsäckers (etwa der CDU-Fraktionsvorsitzende Alfred Dregger oder Bayerns Ministerpräsident Franz Josef Strauß) kritisieren dessen Rede und fordern – lange bevor eine wirkliche Aufarbeitung der NS-Zeit überhaupt begonnen hat –, doch endlich einen »Schlussstrich« zu setzen. Unter Historikern entfacht sie eine Debatte über die Singularität und Vergleichbarkeit der nationalsozialistischen Verbrechen. Weizsäckers Rede inspiriert Menschen im ganzen Land. An vielen Orten wächst das Interesse an einer ernsthaften Auseinandersetzung mit den Verbrechen im Nationalsozialismus – auch in Borken.

Dort untersucht die Studentin Mechtild Oenning (später Mechtild Schöneberg) in den achtziger Jahren im Rahmen ihrer Diplomarbeit die Rolle der katholischen Kirche im Nationalsozialismus. Bei ihrer Forschung wird sie auf die längst verschwundene und fast vergessene jüdische Gemeinde ihrer Heimatstadt aufmerksam. Sie findet Namen, recherchiert die Adressen von ehemaligen jüdischen Bewohnern aus Borken, die den Holocaust überlebt haben, und sendet in alle Richtungen Briefe aus. Datiert auf den 24. Dezember, den Heiligen Abend 1987, erreicht sie eine erste Antwort. Sie kommt von Herbert Jonas, Manfreds Cousin, der 1925 in Borken geboren wurde und nun in den USA lebt. Er freue sich, dass sich endlich einmal jemand um die jüdische Geschichte in Borken, seiner Heimatstadt, kümmere, und sichert seine Unterstützung zu, damit die jüdische Geschichte Borkens erforscht werden kann. Herbert Jonas leitet die Anfrage an Hans-Fried Gans weiter, einen anderen Cousin, der sie dann an Manfred schickt. Manfred informiert seine Brüder Theo und Karl und die wiederum viele weitere ehemalige Borkener in Israel. Mechtild Oenning und einige Mitstreiterinnen führen bald Korrespondenzen mit über 20 ehemaligen Borkenern.

1988 jährt sich das Novemberpogrom zum 50. Mal. Mechtild, die in der Zwischenzeit zur Stadtverordneten gewählt wurde, kann den Rat der Stadt und Bürgermeister Josef Ehling dafür gewinnen, die nun im Ausland lebenden Mitglieder der ehemaligen jüdischen Gemeinde in ihre einstige Heimat einzuladen.

Die Telefon- und Faxleitungen zwischen den USA, Israel und den Niederlanden laufen heiß. Unter den einstigen

Borkener Juden, die in den letzten Jahrzehnten kaum Kontakt nach Deutschland hatten, aber vielfach untereinander Kontakt hielten, wird intensiv diskutiert. Soll und will man der Einladung folgen? Auf welche Menschen und vor allem welche Haltung wird man in Borken treffen? Für einige ist der Weg nach Borken noch zu schmerzlich, sie schlagen die Einladung aus, aber weit mehr, als man in Borken zu hoffen wagte, sagen zu. Manfred zögert zunächst, doch nachdem er die Studienarbeit von Mechtild gelesen hat, ist er überzeugt: Die junge Generation stellt sich offenbar den dunklen Kapiteln der Geschichte ihrer Stadt und ihres Landes – und schließlich bietet die Einladung auch eine gute Möglichkeit, etwas Zeit mit seinen Brüdern und Schwägerinnen zu verbringen. Manfred, Anita, die Brüder Theo und Karl und 35 weitere Besucher kündigen sich an. Eine Bitte haben sie allerdings: Sie möchten nicht nur feierlich im Rathaus empfangen werden, sondern auch in den Schulen der Stadt sprechen dürfen. Diese Anfrage wird seitens der Stadt und Schulen nur zu gerne erfüllt.

Bereits im Flugzeug treffen Manfred und Anita auf einen Teil der Gruppe. Quer durch die Reihen tauschen sie sich die halbe Nacht über ihre gemischten Gefühle bezüglich der Reise aus. Einer aus der Runde, Howard Hahn, merkt scherzend, aber durchaus noch verunsichert an, dass die Einladung ja auch eine Falle sein könne, um die Borkener Juden endgültig fertigzumachen.

Um sechs Uhr morgens landet die Maschine in Düsseldorf. Am Flughafen wartet Mechtild, um die Gruppe in Empfang zu nehmen. Mit der ersten Begegnung kehrt bei Manfred die Zuversicht zurück, dass es eine gute Entscheidung war, die Reise anzutreten. Ein Bus der Stadt steht bereit, und mit dem ersten Licht erreichen sie die Vororte von Borken. Alle schauen aus dem Fenster dem grauen Tag entgegen. Je näher sie der Stadt kommen, desto mehr Erinnerungen tauchen auf: eine Allee, die sich kaum verändert hat, ein Ortsschild, das an eine Bekanntschaft im Nachbarort erinnert, dann das Gefängnis, in dem in der Pogromnacht vor 50 Jahren die Jüdinnen und Juden der Stadt eingesperrt wurden. Die Müdigkeit ist im Nu verflogen.

Bei der Ankunft am Hotel erwartet die hungrigen Gäste ein üppiges Frühstück sowie ein großes Hallo. Mit manchen aus der Runde steht Manfred in engem Austausch, andere hat er seit seiner Kindheit nicht mehr gesehen. Die Gruppe ist bunt gemischt. Überzeugte Atheisten aus den Kibbuzim in Israel treffen auf streng orthodox lebende New Yorker Juden. An alles ist gedacht. Hans-Fried Gans hat aus Amsterdam eine Wagenladung koscheres Essen mitgebracht, und seine Frau Billy erklärt dem staunendem Küchenpersonal, was für die kommenden Tage zu beachten sei.

Schon am Nachmittag beginnt eine lange Tour durch die Wohnstuben der Stadt. Die Liste der Einladungen ist lang. Glücklicherweise haben Manfred und seine Brüder noch immer ein Faible für die üppige regionale Kuchenkultur. Sie werden meist herzlich empfangen, führen spannende Diskussionen, spüren aber bei manch einem Gespräch auch Unbehagen. Einige Kommentare erinnern sie schmerzvoll an alte Zeiten.

Am Abend folgt das offizielle Programm. Es ist dunkel, neblig und kalt, ähnlich wie in jener Nacht 50 Jahre zuvor, der sie nun gedenken wollen. Gut 250 Menschen sind auf einem Parkplatz im Stadtzentrum zusammengekommen, genau dort, wo einst die jüdische Schule und die Synagoge standen. Der Platz ist unbeleuchtet, nur einzelne Taschenlampen werfen ein flackerndes, schwaches Licht auf die Menschenmenge. Umso kräftiger erstrahlt das Foto der alten Synagoge, das an eine Hauswand projiziert wird. Der Pfarrer der Stadtgemeinde eröffnet die Gedenkfeier. Manfred ist erstaunt, wie textsicher die Borkener in jedes Gebet und jedes Lied einstimmen. Dann legt sich sein Bruder Theo einen Tallit über den Kopf und übernimmt das Mikrofon. Auch er stimmt ein Gebet an, und zwar auf Hebräisch: »El Maleh Rachamim« (»Gott voller Erbarmen«). Kurz darauf stimmen die jüdischen Gäste ein und sprechen gemeinsam das Kaddisch, das Gebet für die Verstorbenen.

»Und auf einmal, wahrscheinlich zum ersten Mal in der 750-jährigen Geschichte dieser Stadt und den Jahrhunderten jüdischen Lebens dort, hallt durch die Gassen und die Mauern ein hebräisches Lied. Immer haben wir auf Hebräisch gesungen, in der Schule und auch zu Hause, aber nie in der Öffentlichkeit, nie im Freien und schon gar nicht innerhalb der wiederhallenden Mauern dieser Stadt.«[2]

Nach der Gedenkfeier sitzt die Reisegruppe noch lange im Hotel zusammen, um die Eindrücke des Abends auszutauschen und zu verarbeiten. Die Nacht ist kurz, denn schon am nächsten Vormittag sollen einige von ihnen in den Klassenzimmern der Borkener Schulen stehen. Manfred besucht das Borkener Berufskolleg. Er berichtet den Schülern von seiner Kindheit und Schulzeit in der Stadt, von der Zeit im Militär und der späteren Stationierung. Kaum ist er fertig, da prasseln von allen Seiten Fragen auf ihn ein. Der Schulgong ertönt, doch die Aufmerksamkeit ist ungebrochen. Schließlich beendet der Lehrer den Vortrag. Doch bevor Manfred aufbrechen kann, hat sich eine Traube von Schülern und Lehrern um ihn herum gebildet, die ihre Fragen noch loswerden wollen. Ziemlich erschöpft, aber glücklich kehrt Manfred ins Hotel zurück.

Die folgenden Tage bleiben intensiv. Die Brüder Gans besuchen ihr Elternhaus, wo sie von den neuen Besitzern herzlich empfangen werden. Manfred und Anita lassen sich den mittlerweile zugesperrten Dachboden aufschließen, auf dem sie sich vor einem halben Jahrhundert zum ersten Mal küssten. Gemeinsam mit der Gruppe der Rückkehrer enthüllen sie im Ortsteil Gemen eine Stele zum Gedenken an die Synagoge und die jüdische Gemeinde. Darauf ist zu lesen: »Wir ließen es geschehen und bedachten nicht die Folgen. Haben wir daraus gelernt?«

Dann zieht es sie zum jüdischen Friedhof. Dort sprechen sie ein weiteres Kaddisch: für diejenigen, die noch während der Kriegsjahre in Borken gestorben waren, aber ohne Beistand beerdigt wurden, und für die Borkener, die in den Vernichtungslagern umkamen und denen die Würde einer letzten Ruhestätte versagt geblieben ist. Eigentlich wäre ihr Platz zwischen den Gräbern der Vorfahren an diesem Ort gewesen. Allein dafür, ihrer zu gedenken, habe sich die Rückkehr gelohnt, findet Manfred.

Voll mit Eindrücken und einer Vielzahl neuer Einladungen im Gepäck steigen sie nach einer Woche in den Flieger nach New York. Wie im Anschluss an seine Reise nach Theresienstadt schreibt Manfred auch 1988 direkt nach seiner Rückkehr aus Borken seine Gedanken auf:

»15. November, 1988. Wir sind zurück in den USA und noch völlig aufgewühlt. Dies war die zweitemotionalste Erfahrung meines Lebens, nur übertroffen von der Befreiung meiner Eltern aus dem Konzentrationslager. Diese Woche hat uns in vergangene Zeiten zurückversetzt. Wir sind in ein Leben eingetaucht, das mehr als 50 Jahre hinter uns liegt, an das wir uns kaum noch erinnern und nach dem wir uns auch nie zurücksehnten. Nun haben wir uns versammelt mit allen überlebenden Juden, die heute in Israel, den USA, in Holland leben. Großzügig und aufmerksam wurden wir von den Nachfahren derer eingeladen, deren Feindseligkeit uns vor einem halben Jahrhundert vertrieben hat. Wir wurden aufgespürt von einer kleinen engagierten Gruppe, die sich im Geiste der Aufrichtigkeit und mit Blick auf ihre Kinder verpflichtet hat, sich mit den dunklen Seiten der Geschichte ihrer Stadt und ihres Landes auseinanderzusetzen.«³

Auch bei Anita, die zwar nicht aus Borken stammt, aber mit dem Ort viele Erinnerungen verbindet, hinterlässt die Reise tiefe Eindrücke, die sie ebenfalls zu Papier bringt. »Kaddisch nach fünfzig Jahren« betitelt sie ihren fünfseitigen Bericht.

»Wir haben aus dieser ganzen Erfahrung gelernt: nämlich dass wir die wenigen, vor allem die Jungen, die die Hand reichen, um aus der Geschichte zu lernen, und diejenigen,

Manfred mit Schülern auf dem jüdischen Friedhof
in Gemen, Januar 1990

die sich der Vergangenheit stellen wollen, nicht abweisen können und dürfen; solange einige von uns noch da sind, können wir ihnen helfen, aus ihrem Dilemma herauszukommen. Ich habe außerdem erfahren, dass viele von uns – vielleicht nicht unbedingt ich selbst, weil die Geschichte mich doch gnädig behandelt hat – noch nicht bereit waren, sich diesen Dingen zu stellen, und sie weggeschlossen haben. Auch ich fühle mich nicht gerade wohl in Deutschland, doch wenn es dort nun eine Aufgabe zu erledigen gibt, dann will ich sie annehmen. Ich weiß noch nicht, wie oft wir zurückkehren werden, aber ein Anfang ist gemacht.«[4]

Anita wird nicht mehr nach Borken zurückkehren. Bald nach der Rückkehr aus Deutschland erkrankt sie an Krebs. 1991, im Alter von 67 Jahren, stirbt sie.

Manfred ist entsetzt, als er 1994 erfährt, dass in Borken, wo sie doch so herzlich empfangen wurden, der jüdische Friedhof geschändet wurde. Dennoch, oder gerade deswegen, kehren er, seine Brüder wie auch viele weitere ehemalige jüdische Bewohner Borkens nun nahezu jährlich zurück, um in den Schulen von ihrer Geschichte, dem Holocaust und dem Judentum zu erzählen. Im Laufe der Jahre entstehen neue Freundschaften in der einstigen Heimat.

Ein Denkmal für Aberdovey

Einige Zeit nach Manfreds erstem Besuch in seiner einstigen Heimatstadt Borken kündigt sich ein weiteres Wiedersehen an. Mehr als 50 Jahre nach Gründung ihrer Spezialeinheit wollen die Veteranen der Three Troop noch einmal zusammenkommen. Ihre Ausbildung war intensiv und ihr Auftrag außerordentlich. Doch da sie alle unterschiedlichen Kommandos zugeordnet waren, hatten sich die Mitglieder der Three Troop aus den Augen verloren, zumal jeder nach dem Krieg damit beschäftigt war, sich ein ziviles Leben aufzubauen. Nun leben sie auf der ganzen Welt verstreut: in England, den USA, Australien, Kanada, der Schweiz. Einige wenige sind auch nach Deutschland und Österreich zurückgekehrt. So blieben nur einzelne Freundschaften bestehen. Erst als sie ihre, meist erfolgreichen, beruflichen Karrieren zu Ende gebracht haben, beginnen viele der Veteranen, sich wieder mit ihrer Zeit in dieser ungewöhnlichen Einheit auseinanderzusetzen. Nun wollen sie sich in Aberdovey treffen, dem Ort, an dem sie »neu geboren wurden«, und gemeinsam ein Denkmal einweihen, das an ihren Einsatz, vor allem aber an die 20 gefallenen Kameraden aus ihrer Einheit erinnert.

Am 15. Mai 1999 ist es so weit. 22 ehemalige Three-Troop-Soldaten kommen in dem walisischen Küstenort zusammen, auch Manfred ist dabei. Da Anita nicht mehr lebt, begleitet ihn sein Sohn Daniel. In einem kleinen Park mit Blick aufs Meer versammeln sie sich. Hochdekorierte und hochbetagte Vertreter der britischen Armee sind angereist, und zahlreiche Dorfbewohner, die sich noch an die Soldaten mit dem komischen Akzent erinnern, füllen die Reihen. Zur Einstimmung singt ein Chor der Gemeinde einige walisische Lieder. Die Veteranen der Three Troop bilden einen Halbkreis um einen großen Stein, auf dem in großen Buchstaben zu lesen ist:

»In Gedenken an die Soldaten der Three Troop, No. 10 Inter Allied Commando, die 1942–1943 während ihrer Ausbildung zu ihrem speziellen Kriegseinsatz herzlich in Aberdovey aufgenommen wurden. Zwanzig von ihnen sind im Kampf gefallen.«

Um die Worte, die nun in diesen Stein gemeißelt stehen, wurde vorab in Dutzenden Briefen gerungen. Manche bestehen darauf, dass die Einheit nun endlich als das tituliert werde, was sie gewesen ist: eine jüdische Einheit; andere wehren sich vehement gegen diese Zuschreibung. Sie seien doch nicht wegen ihres Judentums ausgewählt worden, sondern weil sie Deutsch sprachen. Zahlreiche Stimmen ringen miteinander um die eine oder andere Deutung. Manfred positioniert sich zwischen diesen beiden Lagern. Ihm persönlich ist seine jüdische Identität durchaus wichtig, auch wenn sein Glaube schon lange nicht mehr von der orthodoxen Lebensweise bestimmt wird, mit der er aufgewachsen ist. Zu würdigen, so Manfred, sei jedoch nicht ihre jüdische Herkunft, sondern ihr Beitrag, den sie zum Sieg über den Nationalsozialismus geleistet hätten.

Wenn heute vom deutschen Widerstand gegen das NS-Regime gesprochen wird, dann beziehen sich viele auf den gescheiterten Umsturzversuch deutscher Offiziere und Generäle rund um den 20. Juli 1944, auf Anschläge wie dem von Georg Elser oder die Aufklärungsaktionen der Weißen Rose um Sophie und Hans Scholl. Dass auch die Geschichte der Three Troop, wenngleich in ganz anderer Form, als ein Teil des deutschen Widerstandes verstanden werden kann, wird bisher kaum erwogen. In der Literatur und den Gedenkstätten wird nur selten vom jüdischen Widerstand berichtet – und wenn, dann meist nur von einzelnen Aktionen im Untergrund, Aufständen in den Lagern und Ghettos, wie etwa in Warschau 1943. Mitunter wird auch auf die Jüdische Brigade verwiesen, eine jüdische Einheit innerhalb der britischen Armee, die sich in Palästina bildete und von dort, allerdings erst kurz vor Kriegsende, gegen die Deutschen und Italiener vorrückte. In den Listen der Gedenkstätte Deutscher Widerstand tauchen zwar einige Namen der Ritchie Boys auf, unter anderem auch die Verdienste von Stefan Heym. Hinweise zu den gut 80 Deutschen und Österreichern, die in den Reihen der Three Troop kämpften, fehlen jedoch auch in diesem Kontext.

In Großbritannien wird ein gutes Jahr nach Kriegsende das Geheimnis der Three Troop gelüftet und über die »deutschen Soldaten« in den Reihen der Briten berichtet. Der *Daily Express* zitiert am 24. Oktober 1946 die Worte von Lord Louis Mountbatten, der kurz zuvor erstmals öffentlich vom Eifer und den Verdiensten der Einheit sprach:

> »Nicht ein Einziger von ihnen sagte nein – und keiner von ihnen ließ uns im Stich. Es sind Männer wie diese, nach denen wir beim Aufbau eines neuen Deutschlands suchen müssen.«[5]

Beim Wiedersehen in Aberdovey ist Manfred bereits an Parkinson erkrankt. Das Reisen fällt ihm zunehmend schwer. Noch einmal, im Jahr 2000, kommt er nach Borken, spricht in Schulen, trifft alte Bekannte. 2010, im Alter von 88 Jahren, stirbt Manfred Gans in seinem Haus in der Nähe von New York. Borkener Schüler pflanzen einen Baum, um an die Gans-Brüder, viele weitere ehemalige jüdische Bewohner und deren Botschaft zu erinnern. Die Geschichte der Familie Gans ist spätestens jetzt wieder ein Teil der Stadt Borken – und Borken ein Teil der Familiengeschichte.

Epilog

Langsam rollt unser Bus die Bocholter Straße entlang. Fast alle sind von ihren Sitzen aufgesprungen, auf die rechte Seite des Busses geeilt und strecken ihre Köpfe nun dicht an die Fensterscheiben. Aus einer der Reihen höre ich die Stimme Avivas, Manfreds Tochter: »Da ist es! Ich erkenne es wieder.« Der Busfahrer hält an, und die Reisegruppe, 18 Nachfahren der Familie Gans, springen hinaus in einen blühenden Vorgarten. Daniel, Manfreds Sohn, holt Fotos aus seiner Tasche, blickt auf die alten Bilder in seiner Hand, dann wieder hoch zum Haus vor ihm und erkennt immer mehr Merkmale des Hauses wieder. Es sehe noch genauso prächtig aus wie früher, ruft er. Der heutige Besitzer, ein Rechtsanwalt, ist glücklicherweise über den Besuch der Familie informiert und begrüßt die Gäste kurz nach ihrem Eintreffen mit Sekt, Schnittchen und offenen Türen; die Gläser sind kaum geleert, da sind alle schon im Innern verschwunden. Bald schauen die freudigen Gesichter der Enkel und Großenkel von Moritz und Else Gans aus allen Fenstern des (Groß-)Elternhauses.

Aviva ist vorher noch nie in Borken gewesen und ist umso glücklicher, die Orte, von denen sie so viel gehört hat, nun zu erkunden. Vor allem spürt sie, wie diese Reise all die Cousins und Cousinen, die über die Welt verstreut leben, auf eine ganz neue Weise miteinander verbindet. Sie alle haben von ihren Eltern und Großeltern Geschichten aus der einstigen Heimat gehört. Nun puzzeln sie die einzelnen Informationen und Anekdoten zu einem Gesamtbild zusammen.

Nach dem Besuch im »Hause Gans« geht es zum Hotel Lindenhof, dem Ort, an dem Manfred, seine Brüder und die übrigen jüdischen Gäste bei ihrer ersten Rückkehr 1988 eindrückliche Tage verlebten. Wie damals lädt auch diesmal die Bürgermeisterin der Stadt die Gruppe zur gemeinsamen Schabbat-Feier ein, bei der nun die nächste und übernächste Generation der Familie Gans auf Borkener Bürger trifft. Der Austausch ist rege, und es ergeben sich lange und intensive Gespräche. Doch so aufwühlend der Halt in Borken auch ist, bleibt er diesmal, wie schon auf Manfreds Reise im Mai 1945, nur ein kurzer Zwischenstopp auf dem Weg in Richtung Osten.

Nach einer Woche erreichen wir Theresienstadt. An diesem Tag im August sind nicht viele Besucher da, nur einige Bewohner des Ortes sitzen vor den Läden und Häusern. Das ehemalige Ghetto ist heute Gedenkstätte und zugleich eine zaghaft besiedelte, unwirkliche tschechische Kleinstadt. Die Familie Gans zieht durch die Straßen, passiert das Krematorium, macht Halt an der Hamburger Kaserne, wo Moritz und Else untergekommen waren. Für Daniel, Manfreds Sohn, eröffnet die Reise ein neues Bild auf diesen Ort.

»Wir wussten zwar, dass sie in Theresienstadt waren. Aber meine Großmutter erzählte von den Rezepten, über

die sie in den Lagern sprachen. Solche Geschichten hat
sie uns erzählt, nicht jedoch von den Schrecken und der
Angst, die sie gefühlt haben müssen. Uns wurde als Kindern nicht vermittelt, dass wir Überlebende des Holocaust sind.«[1]

Für alle, besonders für Dylan Gans, Manfreds Enkelsohn,
20 Jahre alt, ist die Reise und die damit verbundene Auseinandersetzung mit der Geschichte seiner Großeltern
und Urgroßeltern prägend:

»Mir wird einfach immer bewusster, woher wir kommen.
Und jetzt in Deutschland zu sein, auf diesem Trip, ist eigenartig für mich. Dieses wunderschöne Haus zu sehen,
das meine Familie verlassen musste. Ich kann mir kaum
vorstellen, wie sich das angefühlt hat und was es bedeutete, so einen Verlust zu überwinden. Es ist wirklich aufwühlend, all die Orte zu erleben, wo mein Großvater aufwuchs und wo er gewesen ist, als er in meinem Alter war;
nachzuempfinden, was er durchgemacht und was er alles
gesehen hat. Dass nun die ganze Familie hier vereint ist,
18 Leute, die sich gemeinsam auf seine Spuren begeben
haben ... Also, ich glaube, er ist gerade superglücklich.«[2]

Danksagung

Dieses Buch wäre ohne die Hilfe zahlreicher Menschen nicht entstanden. Ihnen allen gilt mein Dank, einige möchte ich hier namentlich nennen:

An allererster Stelle danke ich den Familien Gans, Ziv und Kaddar, die ich auf ihrer Reise in die Familiengeschichte begleiten durfte, die mich mit großer Offenheit an ihrer Spurensuche teilhaben ließen und unzählige Materialien zur Verfügung stellten. Aviva und Daniel, die Kinder von Manfred und Anita Gans, möchte ich in besonderer Weise nennen. Sie schenkten mir Vertrauen und ließen mich tief in das Archiv ihrer Eltern eintauchen.

Ich danke Norbert Fasse, der mich auf die spannende Lebensgeschichte von Manfred Gans aufmerksam machte. Seine Anfrage ermöglichte es mir, die Spuren von Manfred Gans überhaupt erst zu finden. Der stetige Austausch half mir, ihnen über die Jahre weiter zu folgen.

Ich danke den vielen Historikerinnen und Historikern, auf deren Arbeit ich aufbaue. Der Dank gilt in diesem Kontext vor allem dem Arbeitskreis Jüdisches Leben in Borken und Gemen und den vielen vergleichbaren Initiativen im ganzen Land. Für Borken sei hier vor allem Mechtild Schöneberg genannt. Ohne ihre Kontaktauf-

nahme zur Familie Gans und den vielen anderen jüdischen Familien hätte die Vergegenwärtigung dieser
Biographie kaum erfolgen können. In diesem Zusam-
menhang will ich auch den vielen kompetenten und hilfs-
bereiten Menschen in den Archiven danken, vor allem
Judith Cohen vom United States Holocaust Memorial
Museum, die sich in hervorragender Weise dem Nachlass
der Familie Gans angenommen hat.

Ich danke den Menschen, mit denen ich in unterschiedlichen Stadien der Arbeit in wertvollem Austausch
stand: Malte Berndt, Sandra Holtrup, Brunhilde Valder,
die die Reise der Familie ebenfalls begleiteten, Stefanie
Wolter, Jasper Stephan und Julius Noack, die bei der
Transkription und Recherche halfen.

Ich danke den Menschen, die bereits vorherige Ausar-
beitungen dieser Biographie betreuten oder an ihnen mit-
wirkten: Regina Tanne, Christian Staas, Benjamin Leers,
Markus Köster, Ralf Haarmann, Jeremias Koschorz, Lu-
cia Schulz und Elias Reichert. Allen voran sind hier Tim
Kehl und Christina Ebelt zu nennen, mit denen ich intensiv zu dem Podcast gearbeitet habe, der eine wesentliche
Grundlage dieses Buches darstellt.

Dass aus dem Podcast ein Buch wurde, verdanke ich Se-
bastian Ritscher, der mich mit der Anfrage, ob ich ein
Buch zu dem Thema schreiben wolle, überraschte und
alles Weitere in die Wege leitete. Ebenso danke ich dem
Verlag: Erik Riemenschneider für das Vertrauen und die
sehr gute Zusammenarbeit sowie Angela Volknant für
das wertvolle Lektorat.

Ich danke Carin, meiner Frau, die mir den Raum gab,
auch in einer turbulenten Zeit Ruhe zum Schreiben zu

finden, und bei allen Fragen und Zweifeln da ist. Noah und Paul danke ich für all das Glück, das sie mir schenken.

Zu guter Letzt danke ich meinem Vater, der mit viel Hingabe Hunderte Briefseiten transkribierte, dabei auch die dünnsten Bleistiftnotizen und schwierigsten Handschriften entschlüsselte, der mit viel Wissen und Weisheit das Manuskript kommentierte, der mir aber vor allem das Interesse an Geschichte und Geschichten vermittelte und so maßgeblich zum Inhalt dieses Buches beitrug.

Erläuterungen zu den Quellen und Verzeichnis der Literatur

Die hier beschriebene Geschichte beruht im Wesentlichen auf den Unterlagen, zu denen mir Daniel und Aviva, die Kinder von Manfred und Anita Gans, den Zugang ermöglichten. Das sind vor allem fünf große Kartons mit Briefen und Fotos, die heute als *Manfred Gans Collection* im United States Holocaust Memorial Museum in Washington lagern. Der wesentliche Teil darin besteht aus über 1000 Briefseiten, die Manfred und Anita miteinander austauschten. Während der ersten Phase der Korrespondenz (1938–1939) schrieben sie sich auf Deutsch. Die Auszüge sind hier wortgetreu eingebunden. Lediglich einzelne Schreibfehler wurden korrigiert beziehungsweise an die aktuelle Rechtschreibung angeglichen. Einen Großteil der späteren Briefe (1943–1948) verfassten sie auf Englisch. Diese sind hier in deutscher Übersetzung eingearbeitet. Hunderte weitere Briefe, die Manfred an seine Brüder, andere Familienmitglieder und Freunde (wie etwa die Wislickis) schrieb und von ihnen empfing, sind ebenfalls Teil des Bestands.

Neben diesen Briefen hinterließ Manfred mehrere ausführliche Reiseberichte (etwa von seiner Reise nach

Theresienstadt im Mai 1945 sowie seinen späteren Reisen nach Borken). Zudem führte er zwischen 1937 und 1943 einen Notizkalender, der ebenfalls erhalten ist und in unterschiedlicher Ausführlichkeit Hinweise zu seinem Alltag liefert.

Die dargestellten Erlebnisse von Moritz und Else Gans beruhen auf mehreren Korrespondenzen mit ihren Geschwistern sowie Moritz' Tagebüchern: Ein Tagebuch schrieb er während der Zeit in den Niederlanden, das andere während der Zeit in den Lagern Westerbork, Bergen-Belsen und Theresienstadt. Zahlreiche Dokumente und Akten, die weitere wichtige Hinweise und Fakten zur Einordnung liefern, ergänzen den umfassenden Bestand.

Die genannten Quellen sind Schriftzeugnisse von Ereignissen, die zumeist bald nach ihrem Erleben niedergeschrieben wurden und damit einen unmittelbaren Eindruck der Zeit widerspiegeln. Dort, wo keine zeitgenössischen Dokumente vorliegen, konnte ich auf verschiedene Erinnerungen zurückgreifen, die Manfred Gans in hohem Alter in zahlreichen Interviews schilderte sowie in seinem Buch *Life gave me a chance* festhielt.

Nicht mehr alle Beschreibungen lassen sich überprüfen, aber in ergänzenden und umfangreichen Recherchen in Archiven und Büchern hat sich bestätigt, was Manfred in seinen Briefen und Interviews schilderte. Widersprüche zwischen seinen Erzählungen und der Aktenlage traten dabei kaum hervor.

Die hier aufgeführten Schilderungen folgen den Quellen. Nur ganz vereinzelt und stets sehr behutsam wurden Szenen atmosphärisch leicht ausgeführt und knappe Interpretationen durch den Autor ergänzt.

Die folgende Auflistung gibt einen Überblick, welche Materialien bei der Ausarbeitung des Buches ergänzend zu der beschriebenen *Manfred Gans Collection* im United States Holocaust Memorial Museum (USHMM) maßgeblich waren.

ARCHIVBESTÄNDE

Imperial War Museum, London
Hier liegen der Nachlass verschiedener Three-Troop-Veteranen und diverse Interviews, die der Historiker Ian Dear mit ihnen führte.

Leo Baeck Institute, New York
Hier befindet sich die Lilo Goldenberg Family Collection. Diese beinhaltet den Nachlass mit zahlreichen Briefen, Erinnerungen und Dokumenten von Manfreds Gans' Schwägerin Lilo Goldenberg, geborene Lilo Lamm.

NIOD Instituut voor Oorlogs-, Holocaust- en Genocidestudies
sowie *Nationaal Archief Den Haag*
Hier befinden sich Unterlagen, die die Planung zur Rückführung der niederländischen Juden aus Theresienstadt dokumentieren und dabei auch über die Rolle von Manfred Gans in diesem Prozess Auskunft geben.

The National Archives, London
Hier lagern unter anderem die Einsatztagebücher der Three Troop, des No. 10 Inter Allied Commando, des 41st Royal Marine Commando sowie die Einbürgerungs- und Beförderungsurkunde von Manfred Gans (dort geführt als Frederick Gray).

Stadtarchiv Borken
Hier finden sich diverse Bestände der lokalen Presse, Verwaltung und Schule, die Auskunft über die Rolle der Familie Gans und der jüdischen Gemeinde in Borken geben.

Tresoar Archiv, Leeuwarden
Hier sind die Prozessakten zum Fall Smouter archiviert. Darin finden sich Hinweise auf die Erlebnisse von Moritz und Else Gans während ihrer Zeit in den Niederlanden.

Villa ten Hompel, Münster
Hier lagern unter anderem Dokumente und Korrespondenzen zu den Besuchen von Manfred Gans in Borken in den achtziger und neunziger Jahren.

AUFZEICHNUNGEN UND INTERVIEWS

Interview mit Manfred Gans, geführt von Ian Dear 1987 in London. In englischer Sprache, Gesamtlaufzeit circa fünf Stunden. (Im Bestand des Imperial War Museum, London.)

Interview mit Manfred Gans, geführt von Hans-Jörg Modlmayr bei einem Besuch 1999 in Borken. In deutscher Sprache, Gesamtlaufzeit circa fünf Stunden. (Im Bestand der Villa ten Hompel, Münster.)

Interview mit Manfred Gans, geführt von Amy Reuben 2004. In englischer Sprache, Gesamtlaufzeit circa viereinhalb Stunden. (Im Bestand des United States Holocaust Memorial Museum, Washington.)

»Moritz Gans – Snapshots aus seinem Leben.«
Mehrseitiges Gedicht zur Lebensgeschichte von Moritz Gans anlässlich seines 70. Geburtstags, verfasst von seinem Weggefährten Ephraim Günsberg. Israel 1955.

Far and beyond – The story of Gershon Kaddar. Unveröffentlichte Niederschrift der Lebenserinnerungen von Gershon Kaddar (geboren als Karl Gans). Israel 2012.

Remembering Ted. Unveröffentlichte Erinnerungen an Theo Kaddar (geboren als Theo Gans). Israel 2018.

Unknown Warriors. Eine Hörfunksendung von BBC Radio
Wales über die Three Troop. Laufzeit 90 Minuten. BBC
1999.

BÜCHER

Adler, H. G.: *Theresienstadt 1941–1945. Das Antlitz einer
Zwangsgemeinschaft.* Tübingen: J. C. B. Mohr 1960.

Bauer, Christian; Rebekka Göpfert: *Die Ritchie Boys. Deutsche Emigranten beim US-Geheimdienst.* Hamburg: Hoffmann und Campe 2005.

Benz, Wolfgang: *Theresienstadt. Eine Geschichte von Täu-
schung und Vernichtung.* München: C. H. Beck 2013.

Bierhaus, August: *Es ist nicht leicht, darüber zu sprechen. Der
Novemberpogrom 1938 im Kreis Borken.* Borken 1988.

Buruma, Ian: *45 – Die Welt am Wendepunkt.* Aus dem Englischen von Barbara Schaden. München: Carl Hanser Verlag
2014.

Dear, Ian: *Ten Commando 1942–1945.* London: Grafton
Books 1989.

Fritsch, Bruno: *Engelbert Niebecker (1895–1955).* Bielefeld:
Verlag für Regionalgeschichte 2015.

Fry, Helen: *German Schoolboy, British Commando.
Churchill's secret Soldier.* Stroud: The History Press 2010.

Gans, Manfred: *Life gave me a chance.* Eigenverlegt 2010.

Glaser, Hermann: *1945 – Ein Lesebuch.* Frankfurt am Main:
Fischer Taschenbuch Verlag 1995.

Hájková, Anna: *The Last Ghetto.* Oxford: Oxford University
Press 2020.

Heym, Stefan: *Nachruf*. München: Bertelsmann 1988.

Heym, Stefan: *Schwarzenberg*. München: Bertelsmann 1984.

Hüser, Karl: »*Unschuldig*« *in britischer Lagerhaft? Das Internierungslager No. 5 Staumühle 1945–1948*. Köln: SH-Verlag 1999.

Kern, Steven: *Jewish refugees from Germany and Austria in the British Army, 1939–45*. University of Nottingham: Nottingham 2004.

Leasor, James: *Unternehmen Nimrod. Wie Hitler getäuscht wurde*. Aus dem Englischen von Ilse Winger. Wien: Paul Zsolnay Verlag 1982.

Leihgton-Langer, Peter: *X steht für unbekannt. Deutsche und Österreicher in den britischen Streitkräften im Zweiten Weltkrieg*. Berlin: Berlin Verlag 1999.

Lieb, Peter: *Unternehmen Overlord. Die Invasion in der Normandie und die Befreiung Europas*. München: C.H. Beck 2014.

Lustiger, Arno: *Zum Kampf auf Leben und Tod. Das Buch vom Widerstand der Juden 1933–1945*. Köln: Kiepenheuer & Witsch 1994.

Masters, Peter: *Striking Back. A Jewish Commando's War Against the Nazis*. Novato: Presidio 1997.

Müller, Helmut: *Fünf vor null. Die Besetzung des Münsterlandes 1945*. Münster: Aschendorff Verlag 2005.

Oenning, Mechtild: *Borken und die katholische Kirche zur Zeit des Nationalsozialismus*. Borken 1988.

Padover, Saul: *Lügendetektor: Vernehmungen im besiegten Deutschland 1944/1945*. Aus dem Englischen von Matthias Fienbork. Frankfurt am Main: Eichborn 1999.

Pracht-Jörns, Elfi: *Jüdisches Kulturerbe in Nordrhein-West-falen. Teil IV: Regierungsbezirk Münster.* Köln: J.P.Bachem Verlag 2002.

Schöneberg, Mechtild; Thomas Ridder; Norbert Fasse: *Die Jüdischen Gemeinden in Borken und Gemen.* Bielefeld: Verlag für Regionalgeschichte 2010.

Ullrich, Volker: *Acht Tage im Mai. Die letzten Wochen des Dritten Reichs.* München: C.H.Beck 2020.

Wehler, Hans-Ulrich: *Deutsche Gesellschaftsgeschichte, Band 4: Vom Beginn des Ersten Weltkrieges bis zur Grün-dung der beiden deutschen Staaten 1914 – 1949.* München: C.H.Beck 2008.

Wember, Heiner: *Umerziehung im Lager. Internierung und Bestrafung von Nationalsozialisten in der britischen Be-satzungszone Deutschlands.* Essen: Klartext Verlag 2007.

ARTIKEL UND AUFSÄTZE

Benz, Wolfgang: *Zwischen Amnesie und Erinnerungskultur – Die Deutschen und der 8. Mai 1945*, in: Deutschland Archiv, 24.5.2019, Online unter: www.bpb.de/291762

Borchert, Wolfgang: *Unterwegs – Generation ohne Abschied,* in: Dunker, Axel: »Draußen vor der Tür« und andere Werke. Stuttgart: Reclams Universal-Bibliothek 2018, S. 89–91.

Commando Troop was all German, in: *Daily Express* vom 24. Oktober 1946, S. 5.

Fasse, Norbert: »*... all die Geisteskämpfe, die unbewußt die Volksseele durchkämpft«: Zum »weltanschaulichen Ge-päck« des katholischen Milieus im westlichen Münsterland 1918–1933*, in: Westfälische Forschungen, Vol. 56, 2006, S. 237–264.

Goodman, Michael: *In search of a lost Commando: a personal account of No. 3 »X« Troop, No. 10 Inter-Allied Commando*, in: Journal of Intelligence History, Vol. 15, 2016, S. 42–58.

Gulland, Diana: *Basque and Jewish refugees at Tythrop House, Kingsey, 1937 to 1940*, in: Records of Buckinghamshire, Vol. 54, 2014, S. 179–200.

Hammerstein, Katrin; Birgit Hofmann: *»Wir [...] müssen die Vergangenheit annehmen« – Richard von Weizsäckers Rede zum Kriegsende 1985*, in: Deutschland Archiv, 18.12.2015, Online unter: www.bpb.de/217619

Hájková, Anna: *»Poor devils« of the Camps. Dutch Jews in Theresienstadt, 1943–1945*, in: Yad Vashem Studies, Vol. 43, 2015, S. 77–111.

Hubalek, Claus: *Unsre jungen Jahre*, in: Die Stunde Eins. Erzählungen, Reportagen, Essays aus der Nachkriegszeit. München: Deutscher Taschenbuchverlag 1982, S. 8–12.

Jeffreys-Jones, Rhodri: *Inter-Allied Commando Intelligence and Security Training in Gwynedd: The Coates Memoir*, in: Intelligence and National Security, Vol. 30, 2015, S. 545–559.

Lobeck, Lenore: *Missbraucht und entzaubert – der Mythos der Freien Republik Schwarzenberg*, in: Deutschland Archiv, 7.5.2020, Online unter: www.bpb.de/308577

Lordick, Harald: *Das Landwerk Neuendorf 1932–1943 – Berufsumschichtung, Hachschara, Zwangsarbeit*, in: Pilarczyk, Ulrike; Ofer Ashkenazi; Arne Homann (Hg.): Hachschara und Jugend-Alija. Wege jüdischer Jugend nach Palästina 1918–1941. Gifhorn 2020, S. 135–163.

Löw, Andrea: *Widerstand und Selbstbehauptung von Juden im Nationalsozialismus*, in: Aus Politik und Zeitgeschichte (APUZ), Vol. 27, 2014, Online unter: www.bpb.de/apuz/186872

Vogt, Adolf: *»Werwölfe« hinter Stacheldraht – Das Internier-tencamp Recklinghausen-Hillerheide (1945–1948)*, in: Ves-tische Zeitschrift. Recklinghausen 1994–1997, S. 395–472.

Weizsäcker, Richard: Rede zur Gedenkveranstaltung zum 40. Jahrestag des Endes des Zweiten Weltkrieges in Europa. 8. 5. 1985, Online unter: http://www.bundespraesident.de/SharedDocs/Downloads/DE/Reden/2015/02/150202-RvW-Rede-8-Mai-1985.pdf

Westerhoff, Hermann; Achim Wiedemann: *»Dann gaot wej no Dobbs!« Lieutenant Colonel Cyril Montague Dobbs, 1945 bis 1949 Kommandant des 208 Military Government Detachment und »Kreis Resident Officer« in Borken*, in: Unser Bocholt. Zeitschrift für Kultur und Heimatpflege, Jahrgang 63, 2012, S. 5–19.

WEBPORTALE (Auswahl)

http://gegendasvergessen-borken.de/index.html
Die Seite umfasst mehrere Kurzbiographien und Stamm-bäume Borkener Juden; Ergebnisse eines Schulprojekts des Arbeitskreises Jüdisches Leben in Borken und Gemen.

http://www.ghetto-theresienstadt.de/index.htm
Privat geführtes und umfangreiches Online-Lexikon zum Getto Theresienstadt.

https://www.jewishvirtuallibrary.org/no-3-jewish-troop-of-the-no-10-commando
Datenbank der Mitglieder der Three Troop, No. 10 (Inter-Allied) Commando.

https://www.pamatnik-terezin.cz
Offizielle Internetseite der Gedenkstätte Theresienstadt, die unter anderem eine Onlinedatenbank mit Informationen zu den ehemaligen Häftlingen bietet.

https://www.yadvashem.org
Umfasst die größte Datenbank zu den Opfern des Holocaust sowie zahlreiche Sammlungen und Dossiers, unter
anderem zu den jüdischen Einheiten, die gegen das
NS-Regime kämpften.

Anmerkungen

RÜCKKEHR ZUM URSPRUNG

1 Aus dem Reisebericht von Manfred Gans vom 20. Mai 1945
2 Ebd.
3 Ebd.

JUGEND IN BORKEN

1 Brief von Manfred an Anita, 12. Juli 1938

FREMD IN ENGLAND

1 Brief von Manfred an Anita, 2. August 1938
2 Ebd.
3 Brief von Anita an Manfred, 2. Mai 1939
4 Brief von Anita an Manfred, vermutlich Dezember 1938
5 Brief von Manfred an Anita, 9. September 1938
6 Brief von Manfred an Anita, 27. Oktober 1938
7 Auszug aus dem »Emigrantensong« von Willy Katzenstein, London 1939, unveröffentlicht
8 Brief von Manfred an Anita, 22. August 1938
9 Brief von Manfred an Anita, 9. Oktober 1938
10 Ebd.

8 Ebd.

9 Brief von Manfred an Anita, 28. August 1944

10 Brief von Anita an Manfred, 12. November 1944

11 Brief von Manfred an Anita, 9. September 1944

12 Brief von Anita an Manfred, 20. Oktober 1944

13 Brief von Manfred an Anita, 28. November 1944

14 Brief von Manfred an Anita, 7. Dezember 1944

15 Ebd.

16 Brief von Anita an Manfred, 10. Januar 1945

17 Brief von Anita an Manfred, 24. Dezember 1944

18 Brief von Anita an Manfred, Januar 1945

19 Brief von Manfred an Anita, 31. März 1945

20 Brief von Manfred an Anita, 30. März 1945

21 Brief von Manfred an Anita, 31. März 1945

22 Brief von Anita an Manfred, 3. Juli 1945

23 Brief von Manfred an Anita, 8. Februar 1945

24 Brief von Anita an Manfred, 9. März 1945

25 Brief von Manfred an Anita, 29. April 1945

26 Brief von Anita an Manfred, 19. April 1945

27 Brief von Erna Beihoff an Manfred, 1. April 1945

28 Tagebuch von Moritz Gans, Eintrag vom 27. Januar 1944

29 Ebd.

30 Brief von Manfred an Anita, 5. Mai 1945

MAI 1945

1 Aus dem Reisebericht von Manfred Gans vom 20. Mai 1945

2 Ebd.

3 Ebd.

4 Aus: Borchert, Wolfgang: *Unterwegs – Generation ohne Abschied.* 1947.

5 Aus: Hubalek, Claus: *Unsre jungen Jahre. Tagebuch eines Zwanzigjährigen.* 1947.

6 Aus dem Reisebericht von Manfred Gans vom 20. Mai 1945

7 Ebd.

8 Ebd.

9 Ebd.

10 Ebd.

11 Tagebuch von Moritz Gans, Eintrag vom 20. April 1945

12 Tagebuch von Moritz Gans, Eintrag vom 21. April 1945

13 Tagebuch von Moritz Gans, Eintrag vom 1. bis 4. Mai 1945

14 Aus dem Reisebericht von Manfred Gans vom 20. Mai 1945

15 Ebd.

16 Aus: Heym, Stefan: *Nachruf.* S. 188

17 Aus dem Reisebericht von Manfred Gans vom 20. Mai 1945

18 Ebd.

19 Ebd.

THERESIENSTADT

1 Aus dem Reisebericht von Manfred Gans vom 20. Mai 1945

2 Ebd.

3 Ebd.

4 Ebd.

5 Ebd.

6 Ebd.

7 Tagebuch von Moritz Gans, Eintrag vom 14. Mai 1945

8 Aus dem Reisebericht von Manfred Gans vom 20. Mai 1945

9 Zitiert aus einem Brief von Eduard Meijers datiert vom 12. Mai 1945 in Theresienstadt.

10 Aus dem Reisebericht von Manfred Gans vom 20. Mai 1945

11 Tagebuch von Moritz Gans, Eintrag vom 15. Mai 1945

12 Brief von Anita an Manfred, 3. Juli 1945

13 Tagebuch von Moritz Gans, Eintrag vom 21. Juni 1945

14 Tagebuch von Moritz Gans, Eintrag vom 23. und 24. Juni 1945

15 Brief von Isidor und Hilde Gans an Moritz und Else Gans, 30. Juni 1945

16 Brief von Else und Moritz Gans an Henny Schloss (in Palästina), 12. Juli 1945

VON FREDDIE ZU MANFRED

1 Brief von Manfred an Anita, 1. Juni 1945

2 Zitiert aus dem Interview von Manfred Gans mit Hans-Jörg Modlmayr, Borken 1999.

3 Brief von Manfred an Anita, 21. Dezember 1945

4 Brief von Manfred an Anita, 1. Juni 1945

5 Brief von Manfred an Anita, 18. Juni 1945

6 Brief von Anita an Manfred, 30. Juli 1945

7 Brief von Else und Moritz Gans an Henny Schloss (in Palästina), 14. September 1945

8 Brief von Manfred an Anita, 19. Februar 1946

9 Brief von Manfred an Anita, 14. Juli 1945

10 Ebd.

11 Ebd.

12 Brief von Anita an Manfred, 10. September 1945

13 Brief von Manfred an Anita, 3. Januar 1946

14 Brief von Manfred an Anita, 15. Dezember 1945

15 Brief von Manfred an Anita, 12. März 1946

16 Brief von Manfred an Anita, 30. März 1946

17 Brief von Anita an Manfred, 5. Juni 1945

18 Brief von Manfred an Anita, 14. Juli 1945

19 Brief von Manfred an Anita, 14. November 1945

20 Brief von Manfred an Anita, 28. Juni 1945

21 Brief von Anita an Manfred, 15. Dezember 1945

22 Brief von Anita an Manfred, 5. Juni 1945

23 Brief von Anita an Manfred, 19. November 1945

24 Brief von Anita an Manfred, 30. Juli 1945

25 Brief von Manfred an Anita, 30. März 1946

26 Brief von Manfred an Anita, 30. August 1946

27 Brief von Manfred an Anita, 26. Mai 1946

28 Ebd.

29 Brief von Manfred an Anita, vermutlich 23. Juni 1946

30 Brief von Manfred an Anita, 27. August 1946

31 Brief von Manfred an Anita, 12. Juli 1946

32 Brief von Manfred an Anita, 2. November 1946

33 Brief von Manfred an Anita, 14. Dezember 1946

34 Brief von Manfred an Anita, 10. März 1947

35 Ebd.

36 Brief von Anita an ihre Eltern, 25. März 1947

37 Brief von Anita an ihre Eltern, 30. März 1947

38 Ebd.

WIEDERSEHEN IN BORKEN

1 Rede von Richard von Weizsäcker im deutschen Bundestag in Bonn am 8. Mai 1985

2 Aus dem Reisebericht von Manfred Gans vom 14. November 1988

3 Ebd.

4 Aus dem Reisebericht von Anita Gans, Dezember 1988

5 Commando Troop was all German, in: *Daily Express* vom 24. Oktober 1946. S. 5.

EPILOG

1 Zitiert aus dem Interview von Daniel Gans mit dem Autor, Goes 2016.

2 Zitiert aus dem Interview von Dylan Gans mit dem Autor, Borken 2016.

Bildnachweis

United States Holocaust Memorial Museum, Washington, DC sowie Daniel Gans und Aviva Gans-Rosenberg: S. 23, 89, 152, 197, 234 , 242, 244

United States Holocaust Memorial Museum, Washington, DC sowie das Manfred Gans Estate: S. 26, 27, 33

Leo Baeck Institute, New York: S. 39, 243

Aviva Gans-Rosenberg und Daniel Gans: S. 61, 83, 85, 211

Giora Kaddar: S. 174

Imperial War Museum, London: S. 131

Trotz intensiver Bemühungen ist es uns nicht gelungen, die Rechteinhaber sämtlicher Bilder ausfindig zu machen. Nachweisbar berechtigte Ansprüche bitten wir an den Verlag zu richten.